上市公司内部控制信息披露与股权资本成本研究

罗孟旎　著

中国财经出版传媒集团
中国财政经济出版社

图书在版编目（CIP）数据

上市公司内部控制信息披露与股权资本成本研究／罗孟旎著．--北京：中国财政经济出版社，2022.11

ISBN 978－7－5223－1731－1

Ⅰ.①上…　Ⅱ.①罗…　Ⅲ.①上市公司－企业内部管理－研究－中国　②上市公司－会计分析－研究－中国　Ⅳ.①F279.246

中国版本图书馆 CIP 数据核字（2022）第 196851 号

责任编辑：李　静　　　　　　责任校对：徐艳丽

责任印制：张　健

上市公司内部控制信息披露与股权资本成本研究

SHANGSHI GONGSI NEIBU KONGZHI XINXI PILU YU GUQUAN ZIBEN CHENGBEN YANJIU

中国财政经济出版社 出版

URL：http：//ckfz. cfeph. cn

E－mail：cfeph@ cfeph. cn

社址：北京市海淀区阜成路甲 28 号　邮政编码：100142

营销中心电话：010－88191537

天猫网店：中国财政经济出版社旗舰店

网址：https：//zgczjjcbs. tmall. com

北京中兴印刷有限公司印刷　　各地新华书店经销

成品尺寸：170mm×240mm　16 开　15 印张　246 000 字

2022 年 11 月第 1 版　2022 年 11 月北京第 1 次印刷

定价：86.00 元

ISBN 978－7－5223－1731－1

（图书出现印装问题，本社负责调换）

本社质量投诉电话：010－88190744

打击盗版举报热线：010－88191661　QQ：2242791300

内容摘要

股权资本成本[①]这一概念在资本市场发展过程中扮演着重要角色，是现代理财学中最为核心的概念之一，被广泛运用于企业投资、筹资、股利决策以及会计估价和绩效评估等领域。《新帕尔格雷夫货币金融大辞典》指出：资本成本是商业资产投资者要求获得的预期收益率。以价值最大化为目标的公司管理者把资本成本作为投资项目的贴现率或最低回报率。换句话说，股权资本成本就其本质而言，其是一种机会成本。此项问题之所以重要的原因在于其对提高股票市场效率和资源的优化配置产生的重大影响，而这些重大影响对于混合所有制经济背景下的中国资本市场而言更是意义非凡，因此，如何降低公司股权资本成本一直是理论界和实务界关注的焦点之一。

降低股权资本成本的前提条件之一就是保证资本市场的有效运行，而保障资本市场有效运行的前提条件则是真实可靠完整及时的信息披露，尤其是内部控制信息披露。上市公司内部控制各个部分的构建和运行状况形成了内部控制信息，它是公司非财务信息的重要组成部分，具备了非财务信息的所有特征，如空间上的广泛性，时间上的延续性，非货币形式记载，内容更定性更真实可信等。因此，上市公司披露的内部控制信息是投资者衡量企业经营状况和绩效水平的重要依据，越来越受到投资者的重视和青睐。换句话说，投资者掌握了内部控制信息就意味着掌握了作出正确投资决策的科学依据。正因如此，完善上市公司内部控制信息披露体系对于提高公司绩效，保护投资者利益，降低资本成本而言意义重大。此外，由于中国特定的政治经济体制和特殊的混合所有制经济背景，国家股东属于最为强势的控股股东，对被投资企业的内部控制制度与内部控制信息披露体系建设有着重大的影响。

然而现有针对内部控制信息披露与股权资本成本的研究成果缺少统一且

---

① 股权资本成本全书用 *re* 表示。

有针对性的“强制披露阶段”上市公司内部控制信息披露质量评价指标体系，且无法排除资本市场噪音的影响，大多基于内部控制信息披露质量这一单一因素进行直接关系分析，研究视角相对单一，鲜有基于股票流动性或投资风险视角研究内部控制信息披露与股权资本成本相关性的文献，研究方法大多采用单因素研究法，忽视了制度变迁、股票流动性、投资风险等其他变量对内部控制信息披露质量与股权资本成本之间的双因素或多因素影响机理分析，存在一定的研究缺陷。为了弥补现有缺陷，本书采用层次分析法和最大熵权赋值法，依据会计信息质量特征、内部控制五大组成要素、内部控制信息两大核心特征和四项特有属性，最终确立四个一级指标、20个二级指标和23个三级指标，构建更适合本书实际情况和研究需要的“强制披露阶段”中国上市公司内部控制信息披露质量测评 D 指数，进一步完善内部控制信息披露质量评价指标体系，明确内部控制缺陷对股权资本成本的直接影响和间接影响及其作用路径，从内部控制缺陷信息和证券市场投资风险角度出发，结合股东异质性因素，全面深入研究上市公司内部控制信息披露与股权资本成本相关关系。通过本书研究，为政府部门合理配置监管资源、内部控制政策制定科学性与合理性的提高、企业管理层建立预警机制、投资者改善投资决策、国有企业（以下简称国企）“混改”进路的推进提供了理论依据和现实工具。

全书共分为9章。第1章绪论。基于研究背景提出本书的研究主题，并分析本书的理论意义与现实意义，然后阐述本书整体的研究结构和内容，介绍本书的研究方法和技术路线，最后归纳本书的创新之处。第2章研究综述。围绕内部控制信息披露与股权资本成本相关关系层面内容，具体从内部控制信息披露重要性研究、内部控制信息披露及内部控制缺陷披露影响因素研究、内部控制信息披露及内部控制缺陷披露经济后果研究、内部控制信息披露质量测评模型与测评方法研究和内部控制信息披露与股权资本成本相关性研究五个层面着手，对国内外相关理论与实证研究成果分别进行梳理与综述，为后文研究内部控制信息披露与股权资本成本相关性提供相关文献支撑，并在此基础上提出两点疑问，为后文实证研究提供相关论点。第3章内部控制信息披露与股权资本成本研究理论基础。借鉴金融经济学、公司理财学、制度经济学、信息经济学、行为经济学、会计学的相关理论，结合信号传递理论、市场信息结构理论、信息不对称理论、契约理论和投资者保护理论，对内部控制信息披露与股权资本成本相关性研究进行理论分析，为后文构建内部控制信息披露质量测评 *D* 指数、实证研究内部控制信息披露对股权资本成本的直接影响和间接影响打下坚实的理论基础。第 4 章内部控制信息披露对股权资本成本影响机理分析。本书在借鉴前人研究成果的基础上，共梳理出两条作用路径，第一条：内部控制信息披露质量（内部控制缺陷披露）→股权资本成本；第二条：内部控制信息披露质量→信息风险→股票投资风险和股票流动性→股权资本成本。此外，借鉴 Lambert 的研究方法，将内部控制信息细分为“公开信息”和“私人信息”，采用数理推演的方式进一步证明内部控制信息披露质量与股权资本成本之间的相关关系，运用数理推演结果来佐证上述梳理出的作用路径，以期运用相关理论、现有研究文献和数理推演工具，系统分析内部控制信息披露是如何对股权资本成本产生影响，为后文的实证研究提供有效的机理分析和理论依据。第 5 章中国上市公司 2013—2017 年股权资本成本估算与现状分析。本章在前文对股权资本成本的主要估算方法进行总结和评述基础上，选取 CAPM 模型、Gordon 模型、GLS 模型、OJ 模型、MPEG 模型、PEG 模型六种方法对中国证券市场 2013—2017 年股权资本成本进行估算，在股权资本成本测算中，本书剔除了无法测算股权资本成本的公司、2017 年上市的公司以及 ST 类等上市公司，最终得到 3029 家样本公司，并取这六种方法估算结果均值作为中国上市公司的股权资本成本，利用估算出来的股权资本成本数据，从年份、行业、地理区域三个层面着手，对中国上市公司股权资本成本现状进行深入分析，以期为后文的实证研究选定最为适合的股权资本成本估算方法。第 6 章中国上市公司内部控制信息披露质量测评研究——基于熵权模型计量法。本章首先进行了内部控制信息披露质量测评 *D* 指数的构建与检验，并在此基础上对中国主板上市公司内部控制信息披露质量进行评析。本章在已有研究成果基础上，采用层次分析法和最大熵权赋值法，依据会计信息质量特征、内部控制五大组成要素、内部控制信息两大核心特征和四项特有属性，最终确立 4 个一级指标、20 个二级指标和 23 个三级指标，构建更适合本书实际情况和研究需要的“强制披露阶段”中国上市公司内部控制信息披露质量测评 *D* 指数。并利用对比分析法，从“是否发生违规行为”角度提出检验假设，将发生违规行为样本公司与未发生违规行为样本公司进行手工配对（配对标准：属于相同行业且总资产规模接近），对比分析各年度配对样本数值，并对 D 指数进行 Wilcoxon 秩和检验，

证明 *D* 指数是合理有效的。此外，利用 D 指数以及上市公司相关数据，对 2013—2017 年主板上市公司内部控制信息披露情况进行概述，并对中国上市公司内部控制信息披露质量进行量化分析。第 7 章内部控制信息披露对股权资本成本直接影响研究——基于内部控制缺陷视角。本章从内部控制缺陷披露视角出发，将内部控制缺陷分为“存在”“披露”“修正”三个阶段，概述分析上市公司内部控制缺陷各阶段现状，并结合内部控制缺陷表现形式变量和股东异质性变量，实证研究中国上市公司在进入强制披露阶段后（2013—2017 年）内部控制信息披露内在因素对股权资本成本的直接影响。实证结果表明：（1）“存在”内部控制缺陷阶段，上市公司存在内部控制缺陷与股权资本成本显著正相关；（2）“披露”内部控制缺陷阶段，在存在内部控制缺陷的上市公司中，披露内部控制缺陷与股权资本成本显著负相关。披露内部控制缺陷的表现形式会影响股权资本成本，披露财务报告类型内部控制缺陷公司的股权资本成本更低；（3）“修正”内部控制缺陷阶段，修正内部控制缺陷与股权资本成本显著负相关；修正内部控制缺陷的表现形式会影响股权资本成本，修正财务报告类型内部控制缺陷公司的股权资本成本更低；与国有企业相比，修正财务报告类型内部控制缺陷的非国有企业的股权资本成本更低。第 8 章内部控制信息披露对股权资本成本间接影响研究——基于证券市场投资风险视角。本章首先从年份、行业和地理区域三个层面对中国上市公司 2013—2017 年股权资本成本现状进行简要分析。其次从股票投资风险和股票流动性层面着手，结合股东异质性因素，运用“强制披露阶段（2013—2017 年）”深沪 A 股上市公司相关数据，结合自建的内部控制信息披露质量测评 *D* 指数，实证研究混合所有制改革后，内部控制信息披露对股权资本成本的间接影响研究，即中国上市公司内部控制信息披露对股权资本成本产生影响时是否受到外部因素干扰，明确调节因素以及具体产生何种调节效应。实证结果表明：（1）上市公司内部控制信息披露质量与股票投资风险显著负相关；（2）股票投资风险与股权资本成本显著正相关；（3）股票投资风险的提高会削弱内部控制信息披露质量与股权资本成本之间的负相关关系；（4）股票投资风险产生的互斥作用不受股东异质性因素的影响，在“国家股东”控股企业和“非国家股东”控股企业之间没有显现出明显差异。（5）上市公司内部控制信息披露质量与股票流动性显著正相关；（6）股票流动性与股权资本成本显著负相关；（7）股票流动性的提高会增强内部控制信息披露质量与股权资本成本之间的负相关关系；（8）股票流动性产生的补充作用受股东异质性因素的影响，相比“国家股东”控股企业而言，股票流动性产生的补充作用在“非国家股东”控股企业中更显著。第9章研究结论与政策建议。本章在对第4章至第8章研究成果进行深入分析、合理归纳的基础上，形成本书的研究结论以及研究启示，并根据实证结果提出相应的政策建议，指出研究中存在的不足和局限，并提出未来需要进一步研究的问题。

通过对内部控制信息披露与股权资本成本关系的系统探讨，本书得到如下结论：第一，基于中国上市公司内部控制信息披露质量测评 D 指数分析内部控制信息披露整体质量水平可知：“强制披露阶段”，中国上市公司内部控制信息披露总数量和整体质量水平均呈现上升趋势，且与内部控制审计报告相比，投资者更关注上市公司披露其内部控制评价报告，但仍有部分上市公司内部控制信息披露质量亟待改善，主要表现为完整性和相关性方面存在缺失。第二，基于内部控制缺陷分析内部控制信息披露对股权资本成本的直接影响可知：2013—2017年我国上市公司内部控制缺陷各阶段既表现出好的发展态势，也反映出其中存在的问题；此外，在“存在”内部控制缺陷阶段，存在内部控制缺陷的上市公司股权资本成本更高；在“披露”内部控制缺陷阶段，在存在内部控制缺陷的上市公司中，披露内部控制缺陷公司的股权资本成本更低；披露内部控制缺陷的表现形式会影响股权资本成本，披露财务报告类型内部控制缺陷公司的股权资本成本更低；在“修正”内部控制缺陷阶段，修正内部控制缺陷公司的股权资本成本更低；修正内部控制缺陷的表现形式会影响股权资本成本，修正财务报告类型内部控制缺陷公司的股权资本成本更低；股东异质性会影响修正内部控制缺陷的表现形式对股权资本成本的影响，与国有企业相比，修正财务报告类型内部控制缺陷的非国有企业的股权资本成本更低。第三，基于股票投资风险分析内部控制信息披露对股权资本成本的间接影响可知：上市公司内部控制信息披露质量与股票投资风险显著负相关；股票投资风险与股权资本成本显著正相关；股票投资风险的提高会削弱内部控制信息披露质量与股权资本成本之间的负相关关系；股票投资风险产生的互斥作用不受股东异质性变量的影响，在“国家股东”控股企业和“非国家股东”控股企业之间没有显现出明显差异。第四，基于股票流动性分析内部控制信息披露对股权资本成本的间接影响可知：上市公司内部控制信息披露质量与股票流动性显著正相关；股票流动性与股权资本成本显著负相关；股票流动性的提高会增强内部控制信息披露质量与股权资本成本之间的负相关关系；股票流动性产生的补充作用受股东异质性变量的影响，相比“国家股东”控股企业而言，股票流动性产生的补充作用在“非国家股东”控股企业中更显著。

本书在以下三个方面存在创新之处：

首先，内控信息作为上市公司信息披露的重要组成部分，其披露的质量水平至关重要，针对现有研究中出现分析内控信息披露质量时缺乏有针对性且拟合度高的量化指标的问题，本书依据会计信息质量特征、内部控制五大组成要素、内控信息两大核心特征和四项特有属性，在现有研究成果基础上，结合本书后续实证研究的实际情况和研究需要，为进一步提高测评上市公司内控信息披露质量的准确性，从不同角度出发，选取不同评价指标，构建更适用于本书实证研究的“强制披露阶段（2013—2017 年）”中国上市公司内控信息披露质量测评 D 指数。该指数的构建拓宽了我国上市公司“强制披露阶段”内控信息披露质量研究领域，为学术界进一步完善内控信息披露评价体系建设增添新的经验证据。

其次，本书在研究内控信息披露对股权资本成本直接影响时，突破了传统研究内控信息披露质量单因素的方法，从内控缺陷角度出发，且不同于以往的理论研究简单地将内控缺陷划分为“存在”和“披露”两个阶段进行分析，将上市公司内控缺陷进一步拆分为“存在”“披露”“修正”三个阶段，并按类型不同将内控缺陷细分为财务报告类内控缺陷和非财务报告类内控缺陷，实证研究内控缺陷的不同阶段、不同类型对股权资本成本的具体影响。该种细分拓宽了上市公司内控信息披露内在因素的研究视角，丰富了上市公司内控信息披露对股权资本成本影响的实证研究，完善了内控信息披露对股权资本成本影响的逻辑框架，解释了中国资本市场中产生内幕交易、盈余操控等不正当投资行为存在的原因，剖析了当前投资者对上市公司对外披露内控信息的认知能力和反应路径，为公司管理者制定更有利于降低股权资本成本，提高公司价值的内控信息披露制度提供新的理论依据和实证参考。

最后，本书在研究内控信息披露对股权资本成本间接影响时，从股票投资风险和股票流动性角度出发，选择强制披露制度作为研究阶段，并结合股东异质性因素，揭示国企股份制改革背景下，部分外在因素对内部控制信息披露与股权资本成本相关关系产生的调节效应，拓宽了内控信息披露质量的研究领域和实证视角。本书的研究视角和研究背景以及所研究的问题均是着眼于中国资本市场当下迫切需要解决的经济问题，突破传统研究相关变量对股权资本成本机理分析的企业制度黑箱，全面深化地研究内控信息强制性披露这一重要的制度因素对股权资本成本的影响，研究多个影响因素叠加后的混合效应，从而加深对股权资本成本影响机理的理解，有助于读者更好地理解内控信息披露与股权资本成本之间的关系，保证研究结果的清晰性和指向性，进一步丰富了股票估值理论。

目　录

第1章 绪 论

1.1 研究背景与意义

1.1.1 研究背景

资本成本的实质是投资者的要求报酬率，是投资者对企业进行投资的基本诉求。债权人的要求报酬率即债务资本成本，一般通过法律契约的方式予以明确，股东的要求报酬率即股权资本成本的确定却要困难得多。这种困难主要是因为股权资本成本不仅是股东基于风险水平而提出的报酬率要求，且与内部控制质量紧密相关。内部控制是公司治理结构的重要组成部分，内部控制体系中的任何一个环节都会给股权资本成本带来很大影响，健全有效的内部控制制度是实现公司经营目标，降低代理成本进而降低资本成本的有利保障，优秀的内部控制必然将实现股东所要求的报酬率置于核心位置，确保资本提供者获得预期的报酬。当前，在世界500强公司中，中国公司的数量在逐年增加，中国公司正逐步壮大。但企业规模逐日扩张并不代表收益水平逐年提高，其中大部分国企呈现“高资本成本低收益”状态。尤其是混合所有制经济改革后，将国企推向竞争更加激烈的市场，与非国企相比，其“规模大治理水平差”的特征更为明显。而在混合所有制经济的大背景下，不规范的内部控制体系带来的财务隐患必然会影响公司的股权资本成本，很多国企一味地追求资产增多和生产规模扩大，不只会引起净资产收益率和股东要求的报酬率的降低，还会带来环境污染、资源浪费、市场竞争紊乱等一系列问题，这将对中国经济的可持续性发展造成负面影响。

内部控制是管理工作的基础，在高质量的内部控制体系下制定出的财务决策和其他管理决策的科学化和理性化水平更高，进而为公司内部控制信息披露质量提供有力保障。企业高层管理者往往主导着内部控制制度的构建和内部控制信息披露体系的建设，对内部控制管理活动的实施效果产生影响，进而影响股权资本成本。由于内部控制信息涉及上市公司内部控制的方方面面，且内部控制信息披露具有决策价值和经济后果，如果上市公司管理者为获取特别收益（自己或者特别团体），拒绝对外披露或者披露内容的真实性水平较低，或利用手中权力对内部控制信息披露进行操纵的话，很有可能增加外部信息使用者与公司管理者之间的信息不对称性水平，进而导致全球范围内严重代理问题的频发，影响公司股权资本成本。管理层权力理论认为，在外部市场缺乏相应制度约束和内部控制机制弱化的情况下，管理者有能力通过权力实施影响企业的治理和决策并运用权力寻租，内部控制信息披露机制可能会成为管理层寻租的工具。国际上发生的“安然事件”“世通事件”等众多的会计丑闻无不说明管理者对内部控制信息披露实施了操纵行为以及全球上市公司内部控制体系和内部控制信息披露环境亟待改善。

我国也存在着与国外市场相同的风险和舞弊等问题。特别是“三鹿事件”“中航油巨亏事件”的出现，它对市场产生的冲击和影响非常大，让国内学者重新认识到我国资本市场内部控制信息披露的片面性、虚假性和不可靠性程度以及中国资本市场内部控制制度没有发挥其应有的监督作用。在中国特殊的政治经济体制背景下，企业内部控制及其内部控制信息披露是在政府主导推动下得以改善，在资本市场中经过实践改进逐步发挥作用。社会各层面均加强了对上市公司内部控制的监管，尤其是政府，及时与其他有关监管部门协同配合，制定实施关于上市公司内部控制制度构建和内部控制信息披露体系建设的相关要求，尤其从2008年开始出台了一些要求上市公司强制披露内部控制信息的规定，内部控制信息披露开始由“自愿性”阶段向“强制性”阶段过渡，直至2012年执行实施《企业内部控制配套指引》[①]，

① 《企业内部控制配套指引》（财会〔2010〕11号）是财政部2010年制定的《企业内部控制应用指引第1号——组织架构》等18项应用指引、《企业内部控制评价指引》和《企业内部控制审计指引》的简称。

标志着我国上市公司已全面进入强制披露阶段。总而言之，在国际大环境影响下，在理论者和实践者共同推动下，我国企业构建、实施、完善内部控制正在有序稳步推进。特别是国家规范内部控制相关信息披露的法规逐步出台，企业内部控制信息质量得以改善，内部控制信息披露起到了提升资本市场信息透明度的作用，增强了市场参与者的信心。现阶段，我国绝大部分上市公司会主动披露较为完整的内部控制自我评价报告，然而，内部控制毕竟涉及企业治理的各个方面，又受到外部制度环境等制约，内部控制信息应有的作用还没有完全发挥，信息不对称的问题依然困扰着我们。

有关“内部控制信息披露”方面的研究一直是理论界关注的重点问题，原因有三：高质量的内部控制信息披露有助于投资者作出有效决策；内部控制信息质量越高，公司财务信息的真实可信度越大；高质量的内部控制信息披露可以增强投资者信心从而降低其投资成本。随着内部控制信息披露由“自愿性”阶段向“强制性”阶段的过渡，学术界的关注焦点也从“自愿阶段”的信号传递理论和内部控制信息自身转移为“强制阶段”的披露行为理论、披露信息是否全面、披露信息的“缺陷程度”、信息披露环境以及信息披露导致的经济后果等方面。强制性信息披露可消除资本市场上不同的人占有信息的差异性，引导证券市场向有效性发展，从而有助于建立一个有效的、高速运转的资本市场。翔实的内部控制信息能够向广大投资者详细说明公司内部控制设计和执行情况，是公司增强透明度、降低与投资者信息不对称的重要路径，大大提高信息使用者的投资判断正确性。但从我国上市公司目前的实际情况来看，自愿披露翔实的内部控制信息的公司还是少数。《上交所指引》① 要求上市公司强制披露内部控制自我评价报告和会计师事务所对自我评价报告的审计意见，该指引要求自指引实施半年内，上市公司必须构建、运行并披露符合“COSO内部控制框架”要求的内部控制体系，表面上看是时间仓促，但实际上还有能力问题。对绝大多数上市公司来说，无法短期内按上述要求建立内部控制体系，更谈不上对外披露。因此，由“自愿性”阶段向“强制性”阶段过渡的特殊转折点以及目前我国上市公司在强制披露阶

① 《上交所指引》是上海证券交易所2006年出台的《上海证券交易所上市公司内部控制指引》（上证上字〔2006〕460号）的简称。

段表现出的不足为本书有关内部控制信息披露与股权资本成本的深入研究提供良好的契机和丰富的实证经验参考。

1.1.2 研究意义

本书研究的理论意义在于：

第一，本书构建的“强制披露阶段（2013—2017 年）”中国上市公司内部控制信息披露质量测评 D 指数，丰富和完善了我国强制披露阶段上市公司内部控制信息披露质量评价体系，反映出上市公司进入强制披露阶段后其内部控制信息披露方面存在的问题，为研究相关领域的其他学者提供更多具有说服力和预测力的关于我国“强制披露阶段”上市公司内部控制信息披露质量评价指数的文献参考，为公司及决策者实现其利益最大化目标提供更多理论依据。

第二，我国内部控制信息进入强制披露阶段后，内部控制缺陷披露作为内部控制信息披露的关键，逐渐开始成为国内学者关注的焦点。本书从内部控制缺陷视角出发，进一步细化研究主体，理论分析内部控制缺陷披露的不同阶段、不同表现形式、不同性质披露主体等方面对股权资本成本的直接作用机制，为尚未形成定论的内部控制信息披露与股权资本成本相关性研究提供更坚实的经验证据，深化了内部控制信息披露与股权资本成本相关性研究方面的理论分析，进一步构建完整的内部控制信息披露与股权资本成本相关性理论框架，为管理者更好地进行内部控制信息披露体系建设，以及监管者更好地制定相关法律法规提供理论依据。

第三，事实上，资本成本水平及其波动情况作为内部控制以及内部控制信息披露中存在不足的一个反射，对于内部控制以及内部控制信息披露研究至关重要。我国上市公司股权再融资的实现与内部控制管理密不可分，而内部控制信息披露在可靠性、及时性等方面仍存在很多问题。较高的资本成本不仅意味着公司可能存在较大风险，还意味着公司内部控制及内部控制信息披露可能存在问题。本书的研究可以从理论上明确强制披露阶段，内部控制信息披露对股权资本成本的具体影响，为完善混合所有制改革背景下的公司内部控制体系建设、增强管理者内部控制信息披露的主动性提供更多股权资本成本方面的理论支持，使管理者在进行公司内部控制信息披露时能够更加清晰地了解中国上市公司股权资本成本的真实现状，为其进行内部控制体系建设提供更多实质性的理论参考。

本书研究的实践意义在于：

第一，通过解决我国上市公司内部控制信息披露质量的实际问题来增加整个证券市场信息透明度，促进我国资本市场进一步完善、健康和持续发展，提高资源配置效率。上市公司披露内部控制信息是利益相关者了解被投资公司经济运行状况的重要途径。上市公司内部控制信息披露质量的高低反映了公司内部控制体系建设的完善程度，反映了管理层对信息披露责任的落实。特别重要的是，高质量信息会对投资者、债权人产生信心，促进资源的优化配置。

第二，本书有助于从实践层面为实现股东利益、保障股东预期报酬率诉求等方面产生促进作用。当前，解决内部控制信息披露质量问题是市场的关键，规范企业运作对投资者保护起到非常关键的作用。通过本书研究寻找影响公司资本成本的重要因素，有针对性地从内部控制信息披露角度解决当前投资者遭遇的现实问题。完善企业治理核心内容，通过实现提高内部控制信息披露的整体水平从而进一步保护投资者利益。

第三，有利于提高管理者内部控制信息披露的自主意识，减少上市公司高层管理者内部机会主义动机，规范内部控制信息披露的行为，促进上市公司内部控制信息披露体系建设的顺利实施，进一步提升企业绩效；有助于提高证券市场透明度，有利于投资者作出正确的投资决策，保障投资者利益少受损害；有助于监管部门及时了解公司内部控制信息披露中存在的问题，探索适合中国特色上市公司的内部控制信息披露制度，制定出更加科学合理的法律法规，进一步规范证券市场秩序。

1.2 研究内容与研究框架

1.2.1 研究内容

基于上述思想，本书共分为9章，主要研究内容如下：

第1章绪论。基于研究背景提出本书的研究主题，并分析本书的理论意义与现实意义，然后阐述本书整体的研究框架和内容，介绍本书的研究方法、相关概念和技术路线，最后归纳本书的创新之处。

第2章研究综述。围绕内部控制信息披露与股权资本成本相关关系层面内容，具体从内部控制信息披露重要性研究、内部控制信息披露及内部控制缺陷披露影响因素研究、内部控制信息披露及内部控制缺陷披露经济后果研究、内部控制信息披露质量测评模型与测评方法研究和内部控制信息披露与股权资本成本相关性研究五个层面着手，对国内外相关理论与实证研究成果分别进行梳理与综述，为后文研究内部控制信息披露与股权资本成本相关性提供相关文献支撑，并在此基础上提出两点疑问，为后文实证研究提供相关论点。

第3章内部控制信息披露与股权资本成本研究理论基础。借鉴金融经济学、公司理财学、制度经济学、信息经济学、行为经济学、会计学的相关理论，结合信号传递理论、市场信息结构理论、信息不对称理论、契约理论和投资者保护理论，对内部控制信息披露与股权资本成本相关性研究进行理论分析，为后文构建内部控制信息披露质量测评 D 指数、实证研究内部控制信息披露对股权资本成本的直接影响和间接影响打下坚实的理论基础。

第4章内部控制信息披露对股权资本成本影响机理分析。本章在借鉴前人研究成果的基础上，共梳理出两条作用路径，第一条：内部控制信息披露质量（内部控制缺陷披露）→股权资本成本；第二条：内部控制信息披露质量→信息风险→股票投资风险和股票流动性→股权资本成本。此外，借鉴Lambert的研究方法，将内部控制信息细分为“公开信息”和“私人信息”，采用数理推演的方式进一步证明内部控制信息披露质量与股权资本成本之间的相关关系，运用数理推演结果来佐证上述梳理出的作用路径，以期运用相关理论、现有研究文献和数理推演工具，系统分析内部控制信息披露是如何对股权资本成本产生影响，为后文的实证研究提供有效的机理分析和理论依据。

第5章中国上市公司2013—2017年股权资本成本估算与现状分析。本章在前文对股权资本成本的主要估算方法进行总结和评述基础上，选取CAPM模型、Gordon模型、GLS模型、OJ模型、MPEG模型、PEG模型六种方法对中国证券市场2013—2017年股权资本成本进行估算，在股权资本成本测算中，本书剔除了无法测算股权资本成本的公司、2017 年上市的公司以及 ST 类等上市公司，最终得到3029家样本公司，并取这六种方法估算结果均值作为中国上市公司的股权资本成本（*re*），利用估算出来的股权资本成本数据，从年份、行业、地理区域三个层面着手，对中国上市公司股权资本成本现状进行深入分析，以期为后文的实证研究选定最为适合的股权资本成本估算方法。

第 6 章中国上市公司内部控制信息披露质量测评研究——基于熵权模型计量法。本章首先构建与检验内部控制信息披露质量测评 *D* 指数，并在此基础上对中国主板上市公司内部控制信息披露质量进行评析。本章在已有研究成果基础上，采用层次分析法和最大熵权赋值法，依据会计信息质量特征、内部控制五大组成要素、内部控制信息两大核心特征和四项特有属性，最终确立 4 个一级指标、20 个二级指标和 23 个三级指标，构建更适合本书实际情况和研究需要的“强制披露阶段”中国上市公司内部控制信息披露质量测评 *D* 指数。并利用对比分析法，从“是否发生违规行为”角度提出检验假设，将发生违规行为样本公司与未发生违规行为样本公司进行手工配对（配对标准：属于相同行业且总资产规模接近），对比分析各年度配对样本数值，并对 *D* 指数进行 Wilcoxon 秩和检验，证明 *D* 指数是合理有效的。此外，利用 *D* 指数以及上市公司相关数据，对 2013—2017 年主板上市公司内部控制信息披露情况进行概述，并对中国上市公司内部控制信息披露质量进行量化分析。

第 7 章内部控制信息披露对股权资本成本直接影响研究——基于内部控制缺陷视角。本章从内部控制缺陷披露视角出发，将内部控制缺陷分为“存在”“披露”“修正”三个阶段，概述分析上市公司内部控制缺陷各阶段现状，并结合内部控制缺陷表现形式变量和股东异质性变量，实证研究中国上市公司在进入强制披露阶段后（2013—2017 年）内部控制信息披露内在因素对股权资本成本的直接影响。实证结果表明：（1）“存在”内部控制缺陷阶段，存在内部控制缺陷的上市公司股权资本成本更高；（2）“披露”内部控制缺陷阶段，在存在内部控制缺陷的上市公司中，披露内部控制缺陷公司的股权资本成本更低。披露内部控制缺陷的表现形式会影响股权资本成本，披露财务报告类型内部控制缺陷公司的股权资本成本更低；（3）“修正”内部控制缺陷阶段，修正内部控制缺陷公司的股权资本成本更低；修正内部控制缺陷的表现形式会影响股权资本成本，修正财务报告类型内部控制缺陷公司的股权资本成本更低；与国有企业相比，修正财务报告类型内部控制缺陷的非国有企业的股权资本成本更低。

第8章内部控制信息披露对股权资本成本间接影响研究——基于证券市场投资风险视角。本章从股票投资风险和股票流动性层面着手，结合股东异质性因素，运用“强制披露阶段（2013—2017年）”深沪A股上市公司相关数据，结合自建的内部控制信息披露质量测评D指数，实证研究混合所有制改革后，内部控制信息披露对股权资本成本的间接影响研究，即中国上市公司内部控制信息披露对股权资本成本产生影响时是否受到外部因素干扰，明确调节因素以及具体产生何种调节效应。实证结果表明：（1）上市公司内部控制信息披露质量与股票投资风险显著负相关；（2）股票投资风险与股权资本成本显著正相关；（3）股票投资风险的提高会削弱内部控制信息披露质量与股权资本成本之间的负相关关系；（4）股票投资风险产生的互斥作用不受股东异质性因素的影响，在“国家股东”控股企业和“非国家股东”控股企业之间没有显现出明显差异。（5）上市公司内部控制信息披露质量与股票流动性显著正相关；（6）股票流动性与股权资本成本显著负相关；（7）股票流动性的提高会增强内部控制信息披露质量与股权资本成本之间的负相关关系；（8）股票流动性产生的补充作用受股东异质性因素的影响，相比“国家股东”控股企业而言，股票流动性产生的补充作用在“非国家股东”控股企业中更显著。

第9章研究结论与政策建议。本章在对第4章至第8章研究成果进行深入分析、合理归纳的基础上，对本书结论进行总结，形成本书的研究结论以及研究启示，指出研究中存在的不足和局限，提出未来需要进一步研究的问题，并据此提出相应的政策建议。

1.2.2 研究结构

根据本书的研究内容与研究方法，绘制了本书的研究结构与技术路线图，具体如图1-1所示。

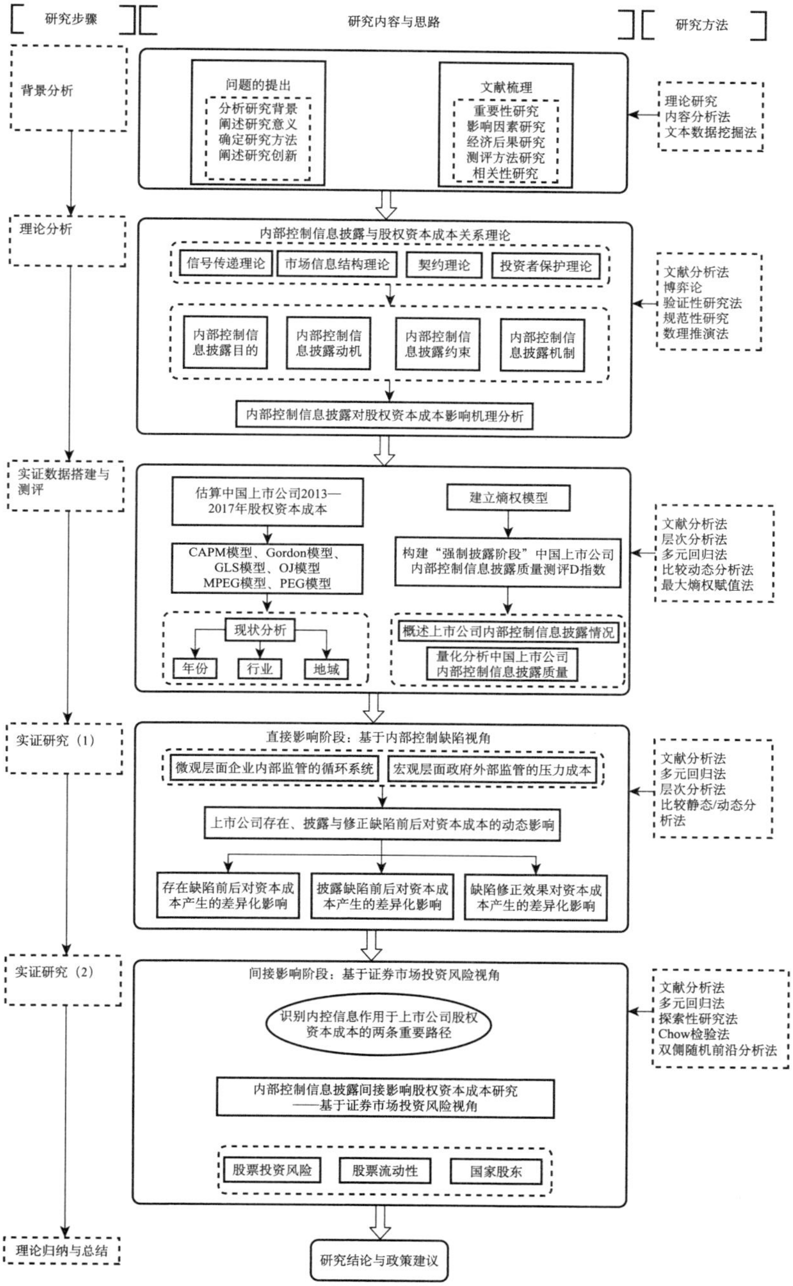

图 1－1　研究结构与技术路线图

1.3 研究方法

研究方法是在研究中发现新现象、新事物，或提出新理论、新观点，揭示事物内在规律的工具和手段，是人们在从事科学研究过程中不断总结、提炼出来的，运用智慧进行科学思维的技巧。由于人们认识问题的角度、研究对象的复杂性等因素，而且研究方法本身处于一个在不断地相互影响、相互结合、相互转化的动态发展过程中，所以对于研究方法的运用很难有一个完全统一的呈现。本书研究方法主要以文献研究、规范研究和实证研究为主，辅之以对比研究和趋势研究，努力做到规范与实证相结合、定性与定量相结合。

1.3.1 文献研究法

文献研究法是指在现有文献的基础上通过归纳演绎、抽象概括、分析综合、逻辑推演等方式认识事物之间联系和规律的研究方法，通过对理论的正确掌握可以避免方向性的错误。一般来说，文献研究包括五个环节，分别是：提出课题或假设、研究设计、搜集文献、整理文献和进行文献综述。文献法的提出课题或假设是指依据现有的理论、事实和需要，对有关文献进行分析整理或重新归类研究的构思。研究设计首先要建立研究目标，研究目标是指使用可操作的定义方式，将课题或假设的内容设计成具体的、可以操作的、可以重复的文献研究活动，它能解决专门的问题，具有一定的研究指导意义。本书在理论分析部分，借鉴国内外大量相关文献著作，围绕内部控制信息披露与股权资本成本相关关系层面内容，具体从内部控制信息披露重要性研究、内部控制信息披露及内部控制缺陷披露影响因素研究、内部控制信息披露及内部控制缺陷披露经济后果研究、内部控制信息披露质量测评模型与测评方法研究和内部控制信息披露与股权资本成本相关性研究五个层面对国内外相关理论与实证研究成果分别进行梳理与综述，在现有学术界研究成果基础上，学习并借鉴其主要论点论证、思维逻辑、分析方法等，为本书的理论分析提供坚实根基。

1.3.2 规范研究法

规范研究法是会计理论研究的一般方法，它是根据一定的价值观念或经济理论对经济行为人的行为结果及产生这一结果的制度或政策进行评判，回答经济行为人的行为应该是什么的分析方法。规范研究法研究的特点为提出一定准则，依据这些来分析研究对象是否符合所提出的准则，若答案为否，则需要通过研究指出偏离了多少。本书在写作的过程中多次采用规范研究法，先论述文章的背景及写作意义，阐述写作内容，提出写作创新点。以此为基础对现有相关文献进行总结概括，并对中国现状进行分析，再基于信号传递理论、市场信息结构理论、契约理论、投资者保护理论，对内部控制信息披露与股权资本成本相关性分析提供理论支撑，进而构建文章大致框架和走向，然后提出问题和假设，利用实证分析获得结果，最后用规范研究法对实证结果进行解释说明，得出本书核心结论，根据结论提出相关政策建议，并指出本书研究不足和未来研究方向。

1.3.3 实证研究法

实证研究法是指通过对事物的数量关系、特征、变化等方面的深入探究以解释事物之间内在联系的研究方法，通常采用归纳法（induction），侧重经验贴近现实，用来验证已有理论或由观察总结新理论。本书多次运用多元函数微分、多元条件正态分布原则、理性预期模型、线性回归分析、相关性分析、Chow 检验、Wilcoxon 秩和检验、熵权赋值法等实证方法。比如第 4 章，运用多元函数微分、多元条件正态分布原则、理性预期模型，数理推演证明历史公开信息质量和私人信息质量影响股权资本成本；第 6 章，运用熵权赋值法构建 2013—2017 年内部控制信息披露质量测评 D 指数，并采用 Wilcoxon 秩和检验和样本配对检验法对其有效性进行检验；第 7 章，分析内部控制缺陷的不同阶段、不同披露形式和不同性质披露主体对股权资本成本直接影响时，多次构建多元回归模型，利用多元线性回归分析各变量相关关系；第 8 章，基于证券市场投资风险视角，为研究股票投资风险和股票流动性在内部控制信息披露与股权资本成本相关性之间具体产生何种调节效应，构建调节效应模型；为研究股东异质性的双重调节效应进行分组回归，并利用 Chow

检验进一步验证两组系数及显著性是否存在差异。

1.3.4 对比研究法

对比研究法作为几个基本的科学探索方法之一，是把一组具有一定相似因素的不同性质物体或对象安排在一起进行对照比较：通过综合比较它们在构造方面的差异（因），在性质方面的不同（果），得出这种物体或对象某性质（果）是由什么、哪些因素（因）造成的。这种方法切合马克思唯物辩证哲学思想的矛盾统一观，运用这种方法，有利于充分显示事物的矛盾，突出事物的本质特征。本书在实证研究中多次运用对比研究法，比如第 2 章进行中外文献对比阅读，以期能够全面深入地了解学术界有关内部控制信息披露与股权资本成本相关性研究成果现状；第 6 章，2013—2017 年我国内部控制信息披露质量测评 D 指数有效性检验时，将发生违规行为样本公司与未发生违规行为样本公司 $D\times$ 指数进行对比分析；第 7 章和第 8 章，在中国混合制改革的特殊背景影响下，为了研究股东异质性是否产生影响，按照实际控制人性质，将样本公司分为“国家股东”控股和“非国家股东”控股两类进行实证数据对比，深入探析内部控制缺陷修正形式对股权资本成本产生的直接影响是否一致以及股票投资风险和股票流动性对内部控制信息披露质量与股权资本成本相关性产生的调节效应是否存在差异。

1.3.5 趋势研究法

趋势研究法是指对研究对象在时间维度上发展规律的研究，属于纵向研究的一种，其目的在于通过对研究对象在不同时期的横向研究进行汇总，以发现其随着时间变化而发生的规律，其基础是横向研究。趋势研究不仅要求研究对象一致，而且其研究方法和研究内容也应该是一致的，如果这些内容不同，就无法进行趋势研究。趋势研究的应用范围很广，大到世界范围内的经济发展、政治变迁，文化培养，小到个体的行为变化、心态转变，都可以使用趋势研究。本书在实证研究部分多次运用趋势分析法，比如第 5 章，从年份、行业和地理区域三个层面对上市公司股权资本成本实践现状和发展趋势进行分析，为实证研究内部控制信息披露对股权资本成本影响提供线索；第 6 章，在相关理论分析的基础上，针对本书实际研究需要，构建强制披露阶段中国上市公司内部控制信息披露质量测评D指数，并通过对该指数有关指标各期对基期变化趋势的分析，进一步评析中国上市公司内部控制信息披露质量现状及具体存在的问题；第7章，通过对上市公司内部控制缺陷信息相关指标的计量可视化分析，探究其发展方向和态势，揭示中国上市公司“存在”“披露”“修正”内部控制缺陷阶段存在的不足。

1.4 相关概念界定

1.4.1 内部控制

内部控制是指企业所有的组织计划以及在商业活动中为了实现其经营目标，保护其资产的安全完整，保障其运营效率的稳步提升，保证其会计信息资料的正确可靠，确保经营方针的贯彻执行，保证经营活动的经济性、效率性和效果性而在单位内部采取的自我调整、约束、规划、评价和控制的一系列协调办法与措施的总称。我国《企业内部控制基本规范》[①] 也曾对内部控制作出过明确定义：“内部控制是由企业董事会、监事会、经理层和全体员工实施的，旨在实现控制目标的过程。内部控制的目标是合理保证企业经营管理合法合规、资产安全、财务报告及相关信息真实完整，提高经济效益，促进企业实现发展战略。”从定义中就可以看出内部控制系统与公司财务政策研究密不可分。企业制定和完善内部控制就是为了从内部构建控制制度更有效地增加其价值创造降低其经营风险。该规范还提出，内部控制包括内部环境、风险评估、控制活动、信息沟通、内部监督五大要素。这五要素在内部控制中发挥的作用各不相同，它们之间相互联系、相互制约、相辅相成。内部控制并不等于五要素的简单累加，而是由上述五要素，按照一定的结构组成的完整的，能对变化的环境作出反应的系统。具体而言，控制环境是整个内部控制系统的基石，支撑和决定着风险评估、控制活动、信息传递和监督，是建立所有事项的基础；实施风险评估进而管理风险是建立控制活动的核心；控制活动是内部控制的主要组成部分；信息沟通贯穿上下，将整个内

① 财政部2008年出台《企业内部控制基本规范》（财会〔2008〕7号）。

部控制结构凝聚在一起，是内部控制的实质；内部监督位于内部控制顶端的重要位置，是内部控制系统的特殊构成要素，它独立于各项生产经营活动之外，是对其他内部控制的一种再控制。

内部控制是社会经济发展的必然产物，它是随着外部竞争的加剧和内部强化管理的需要而不断丰富和发展，会受到多方利益相关群体的影响，在错综复杂的影响关系中寻得一个保障企业经营目标顺利实现路径的动态过程。内部控制的产生最初来源于组织内部管理需要。随着现代企业制度的建立，特别是所有权与经营权相分离后，内部控制得到迅速发展，逐步形成了一系列组织、调节、制约和监控企业经营管理活动的方法，这也是内部控制的雏形。纵观内部控制理论的发展历程，大致上经历了以下五个阶段：内部牵制、内部控制制度、内部控制结构、COSO 内部控制整合框架、风险管理。

内部牵制阶段。内部控制是在内部牵制的基础上发展起来的，内部牵制是内部控制与风险管理的最初形态。内部牵制是以账目间的相互核对为主要内容并实施岗位分离，以确保所有账目正确无误的一种控股机制。科勒的《会计词典》认为，“内部牵制是指提供有效的组织和经营并防止错误和其他非法业务发生的业务流程设计。”内部牵制制度的核心是不相容职务的分离与牵制，不相容职务指的是不能同时由一个人兼任的职务。也就是说，其主要特点就是以任何个人或部门不能单独控制任何一项或一部分业务权利的方式进行组织上的责任分工，每项业务通过正常发挥其他个人或部门的功能进行交叉检查或交叉控制。设计有效的内部牵制使各项业务能完整正确地经过规定的处理程序，而在这些规定的处理程序中，内部牵制机制永远是一个不可或缺的组成部分。

内部牵制的出现具有科学合理性。它的存在基于以下两个假设：第一，因为相互有了牵制制衡，在经办一项交易或事项时，两个或两个以上人员或部门无意识地犯同样错误的概率要远远小于一个人或部门；第二，两个或两个以上人员或部门有意识地合伙舞弊的可能性远低于一个人或部门。由此可见，内部牵制的最初形式和基本形态是以不相容职务分离为主要内容的流程设计，然而内部牵制在控制目标的定位上存在一定的历史局限性，如果内部牵制是针对企业日常经营业务的流程设计，那么控制目标体现为保护财产物资的安全和完整，防止贪污舞弊，如果内部牵制是针对企业会计核算业务的流程设计，那么控制目标体现为保证会计信息的可靠性，防范会计信息失真。但是内部牵制基本上不涉及工作效率的提高问题，也不能作为驱动企业战略的实施机制与保障机制。20世纪以前，社会生产力相对落后，商品生产尚不发达，内部牵制制度在防错纠弊方面确实发挥了一定作用。到了20世纪40年代末期，生产的社会化程度空前提高，股份有限公司迅速发展，市场竞争进一步加剧，为了在激烈的竞争中生存发展，除了防错纠弊，企业在管理中还迫切需要处理诸如风险评估、分权授权、绩效考核、监督激励等问题，控制目标开始趋于多样化，而传统的内部牵制制度在这些问题的处理上已经不能为新环境下控制目标的达成提供恰当的保证，现代意义上的内部控制的产生已经成为一种必然。

与此同时，在会计领域，迅速发展的经济环境与落后的会计理论与实务之间的矛盾日益突出，资源配置矛盾一触即发。1929年的经济危机让美国会计界认识到一个标准化的会计处理准则和统一的会计信息披露体系的重要性，必须摒弃当时美国会计实务的自由随意，合理配置社会稀缺资源，构建统一完善的并被社会大众接受的会计理论与实务准则。因此，《财务报表的验证》[①] 应运而生，旨在颁布一个标准化的会计流程操作标准，以便统一会计实务。1930年，霍克西对于纽约证券交易市场中普遍存在会计实务差错的批判引起了全球会计界的关注，促使美国注册会计师协会颁布出台“会计准则”及具体操作指南。1934年，“会计准则”又新增内容，制定了有关上市公司对外披露财务信息的统一规定。同年，美国颁布的《证券交易法》[②] 提出“内部会计控制”的概念。

内部控制制度阶段。这是内部控制理论发展的第二阶段，从时间上看大致始于20世纪40年代，这一时间点也被视为内部控制发展的分水岭。40年代随着规模经济的扩大及降低外部审计成本的需要，审计人员逐渐抛弃了详细审计技术，同时随着企业规模的扩大，企业业务复杂程度加大，要求建立完善的控制技术以及时发现会计中的舞弊行为。而分支机构的出现，也要求建立内部控制制度来确保各分支机构会计程序的统一性和运用会计程序的一

① 美国注册会计师协会（AICPA）和联邦储备委员会（FRB）1929年修订发布的Verification of Financial Statements。

② Securities Exchange Act of 1934，是美国1934年颁布的管辖证券交易的法律。

致性，在这一阶段建立健全内部控制系统开始上升为法律要求。1936 年，美国注册会计师协会在《财务报表的验证》基础上修订颁布了《独立公共会计师对财务报表的审查》[①]，明确定义“内部稽核和控制制度”具体含义；1949 年，美国会计师协会审计程序委员会发表了《内部控制：系统协调的要素及其对管理部门和独立公共会计师的重要性》一文，首次给出了内部控制的定义，即“内部控制包括组织机构的设计和企业内部采取的所有协调方法和措施，这些方法和措施旨在保护企业财产，检查会计信息的准确性和可靠性，提高经营效率，促进既定管理政策的贯彻执行”。这是民间审计组织第一次正式公布内部控制的定义，强调内部控制系统不局限于会计和财务部门相关的控制方面，还包括了预算控制、成本控制、定期报告、统计分析和内部审计等。由于上述定义过于宽泛，1953 年美国注册会计师协会审计准则委员会在《审计程序说明第 19 号》中对内部控制定义做了修正，并将内部控制按照其特点分为会计控制和管理控制两部分，这就是今天熟知的内部控制制度二分法。会计控制包括授权与批准制度，记账、编制财务报表、财务保管等职务的分离，财产的实物控制及内部审计控制等，旨在保护企业资产、检查会计数据的准确性和可靠性；管理控制包括统计分析、经营分析和质量控制等，旨在提高经营效率，促使有关人员遵守既定的管理方针。这种划分是为了规范内部控制检查和评价的范围，目的在于缩小注册会计师的职责范围。1973 年，美国注册会计师协会审计准则委员会又发布了第 54 号《审计准则公告》和第 1 号《审计程序公告》[②]，修改并完善了之前的会计控制和内部控制制度的含义，并对内部会计制度和内部管理控制制度作出详细说明；1977 年美国国会通过的《反国外腐败法》[③] 标志着“内部控制”定义范围的进一步拓展。由此，内部控制进入“制度二分法”或“二要素”阶段。这一阶段的内部控制被正式纳入制度体系，同时管理控制成为内部控制的一个重要组成部分。

---

① 美国注册会计师协会（AICPA）1936 年修订发布的 Examination of Finance Statements by Independent Public Accountants。

② 美国注册会计师协会（AICPA）1973 年修订发布的 Statement on Auditing Standards No. 1（SAS 1）和 Statement of Auditing Procedure No. 54（SAP 54）。

③ Foreign Corrupt Practices Act（简称 FCPA），是美国 1977 年制定的一部禁止美国公司向外国政府公职人员行贿的法律。

内部控制结构阶段。随着信息技术的高速发展及资本的全球化，企业跨国经营已越来越普遍，跨国企业在海外经营遇到了与国内不同的政治、经济、文化等风险。而且，国际税务问题和外汇交易等使企业的业务及经营更加复杂，这些都迫切要求健全内部控制制度以便进行跨国经营管理。良好的内部控制制度能够促进企业合理配置资源，提高生产效率，并且有助于防范和发现企业内外部的欺诈事件。因此，在现代公司制度和系统管理理念的推动下，内部控制的研究也逐步深化。

20世纪60年代以后，为减轻注册会计师在审计实务中对评价内部控制的责任，审计界将内部控制的定义限制在一个相对较小的范围内，这虽然减轻了注册会计师审计的责任和工作量，但是增加了审计风险，随着审计风险的增加以及对内部控制的研究由一般向具体的深化，1988年第55号《审计准则公告》① 在内部控股制度“二分法”的基础上提出了“内部控制结构”的概念，认为内部控制结构是保障公司内部控股制度有效实施的关键因素，并定义内部控制结构包含控制环境、会计系统和控制程序三要素，引入一种新的制度分析方法：“结构分析法”，标志着内部控制制度在理论层面的发展与完善。其中，内部控制结构三要素具体包括：

（1）控制环境。控制环境是指对建立、加强或削弱特定政策与程序的效率有重大影响的各种因素，并且它是这些因素共同作用的一种氛围，反映董事会、管理者、业主和其他人员对控制的态度和行为。主要包括，管理层的理念和经营风格，企业组织结构；董事会及审计委员会的职能；确定职权和责任的方法：管理层监控和检查工作时所使用的控制方法，包括经营计划、预算、预测、利润计划、责任会计和内部审计；人力资源政策与程序；各种外部关系对本组织业务的影响等。

（2）会计系统。会计系统是规定各项经济业务的确认、归类、分析、登记和编报的方法，明确资产与负债的经营管理责任，是内部控制的重要组成部分，健全的会计系统旨在实现下列目标：记录和识别一切合法的经济业务；及时对各项经济业务进行适当分类，作为编制财务报表的依据：将各项经济业务按照适当的货币价值计价以便列入财务报表；确定经济业务发生的日期，

① 美国注册会计师协会（AICPA）1988年修订发布的Statement of Auditing Procedure No. 55（SAP 55）。

以便按照会计期间进行记录；在财务报表中恰当地表述经济业务及对有关内容进行揭示。

(3) 控制程序。控制程序是指管理层制定的用以保证达到一定目标的政策和程序，主要包括经济业务和事项的适当授权；明确人员的职责分工，防止有关人员利用正常经济业务图谋不轨和隐匿错弊；账簿和凭证的设置、记录与使用，应当保证经济业务活动得到正确的记载；资产及记录的限制接触及保护措施；对已记录业务及其评价的复核。

第一，内部控制结构阶段。正式将控制环境纳入内部控制的范畴。首先，人们在管理实践中逐渐认识到，不应该将控制环境看作内部控制的外部因素，而应该将其作为内部控制的一个组成部分来考虑，尤其是董事会、管理层及其他员工对内部控制的态度和行为，是充分有效的内部控制体系得以建立和运行的基础和有力保算，其次，不再区分会计控制和管理控制，而统一以要素来表述。这是因为人们发现会计控制和管理控制在实践中其实是不可分割相互关联的。这一阶段的内部控制将会计控制和管理控制融为一体，从“制度二分法”阶段步入“结构三要素”阶段，是内部控制与风险管理发展史上的一次重要改变。

COSO 内部控制整合框架阶段。20 世纪 70 年代的水门事件和许多公司的破产倒闭促使美国联邦政府开始关注内部控制问题，1977 年美国国会通过《反海外贿赂法》，明确规定企业应当建立内部会计控制。在《反海外贿赂法》的影响下，企业将内部控制提升至法律层面，监管机构和职业团体也开始就内部控制展开研究。

1985 年，AICPA、美国会计学会、财务经理人协会、国际内部审计师协会和美国全国会计师协会等会计职业团体发起成立全美反舞弊财务报告委员会，并于 1987 年发布研究报告，呼吁所有公众公司的董事会和管理层、独立公共会计师及其职业团体、学术界、美国证券管理委员会和其他监管机构以及相关立法机构共同效力于探讨财务报告中舞弊产生的原因，并寻求解决之道。在美国反舞弊财务报告委员会的倡议下，又成立了研究内部控制问题的发起组织委员会，简称 COSO。

20 世纪 90 年代初，美国要求所有上市公司，无论规模大小，每年对其财务报表内部控制有效性进行评估和报告。但当时缺少一个可以依赖的统一的行业标准来评估和改进其内部控制体系。1992 年 9 月，COSO 委员会[①]发表报告《内部控制整合框架》[②] 指出："内部控制是受上市公司董事会、监事会、管理层和其他利益相关者共同作用的一项制度，为企业经营管理的效率效果、财务报表的真实可靠、相关法律法规的强制实施等内部管控目标的实现而提供有效保障。"并将该框架作为旨在提高效率、降低风险、帮助保证财务报表可信性、遵从法律法规的内部控制蓝本。1996 年，美国注册会计师协会在《审计准则公告第 78 号》[③] 上发表了 COSO 框架及其相关研究成果，全面接受了《内部控制整合框架》的内容，并于 2007 年 1 月起取代 1988 年发布的《审计准则公告第 55 号》。由于其全面性、有效性和普遍原则，COSO 框架受到世界上很多组织的称赞并被接受。

《内部控制整合框架》认为，内部控制是一个过程，它是实现目标的手段，而不是目标本身；内部控制是由人员来实施的，它不仅仅是政策手册和表格，还涉及组织中各个层级人员的活动；内部控制为主体目标的实现提供合理保证，而不是绝对保证；内部控制目标包括经营目标、财务报告目标和合规目标，而不仅仅是财务报告的可靠性这一个目标。内部控制的每个目标均有其特点，其中，内部控制的经营目标与主体资源利用的有效性和效率有关；财务报告目标与编制可靠的财务报表有关；合规目标与主体对适应的法律和法规的遵循有关。《内部控制整合框架》还明确了内部控制的内容，内部控制包括控制环境、风险评估、控制活动、信息与沟通、监控五个要素，这五个要素既相互独立又相互联系。内部控制的目标和构成五要素之间有着直接的关系，目标是主体努力争取实现的东西，构成要素则代表着要实现这些目标需要什么；每个构成要素都贯穿并适用于三类目标，所有要素都与每一类目标相关联；内部控制与整个主体相关。《内部控制整合框架》提出的内部控制理论和体系集内部控制理论和实践发展之大成，在业内备受推崇，成为世界通行的内部控制权威标准，被国际和各国审计准则制定机构、银行

---

① COSO 是美国反虚假财务报告委员会下属的发起人委员会（The Committee of Sponsoring Organizations of the Treadway Commission）的英文缩写。

② 1992 年由 Treadway 委员会发布的作为美国上市公司内部控制框架参照标准的 Internal Control - Integrated Framework（简称 COSO 报告）。

③ 美国注册会计师协会（AICPA）1996 年修订发布的 Statement of Auditing Procedure No. 78 (SAP 78)。

监管机构和其他机构采纳。

第二，风险管理阶段。内部控制是涵盖在企业风险管理框架之内，是其不可分割的一部分。针对安然、世通、施乐等财务丑闻及一系列上市公司财务欺诈事件造成的美国股市危机，2002 年 7 月 26 日，美国国会以绝对多数通过了关于会计和公司治理一揽子改革的《2002 年公众公司会计改革和投资者保护法案》，又被称作《萨班斯法案》。四天后，布什总统在白宫签署该法案，使其正式生效。该法案对美国《1933 年证券法》《1934 年证券交易法》做了不少修订，是一部涉及会计职业监管、公司治理、证券市场监管等方面改革的重要法律。由于该法案在颁布时没有提出具体的适用豁免条件，这意味着所有在美国上市的公司，包括在美国注册的上市公司和在外国注册而于美国上市的公司，都必须遵守该法案。

美国企业界普遍认为，《萨班斯法案》是自 20 世纪 30 年代通过证券法案以来对美国商界和会计界影响最大的一项立法。《萨班斯法案》完善了现行美国法规在处理虚假财务报表、虚假财务审计、销毁财务证据等方面的规定。

《萨班斯法案》强调了公司内部控制的重要性，从管理层、内部审计及外部审计等几个层面对公司内部控制做了具体规定，并设置了问责机制和相应的惩罚措施。《萨班斯法案》404 条款明确指出公司管理层对建立和保持一套完整的，与财务报告相关的内部控制系统所负有的责任，并要求管理层在财务年度期末，对公司财务报告相关的内部控制体系作出有效性的评估，会计师事务所的审计师需要对管理层所作的有效性评估发表意见。

404 条款要求在美国上市的公司在年度报告中，必须就公司管理层建立和维持内部控制、审查报表、披露所有实质性缺陷的职责进行说明，并要求建立相应的机制来保证公司内部有合理的控制结构，该条款还强制性要求公司记录治理规定的执行情况。404 条款涵盖企业运营的各个领域，该条款的实施引起了整个企业管控流程的改变。该条款对于在美国上市的企业而言是一个重大冲击。

2004 年 COSO 委员会发布《企业风险管理整合框架》。该框架认为："企业风险管理是一个动态过程，它由一个主题的董事会、管理层和其他人员实施，应用于战略制定并贯穿于企业之中，旨在识别可能会影响主体的潜在事项，管理风险以使其在该主体的风险容量之内，并为主题目标的实现提供合理保障。"该框架具体包括八大要素：内部环境、目标设定、事项识别风险评估、风险应对、控制活动、信息与沟通、监控。这八个要素为企业的四类目标服务，企业的各个层面都要坚持四类目标，每个层面都要基于八个要素进行风险管控。根据COSO的这份研究，报告内部控制的目标、要素与组织层级之间形成了一个相互作用、紧密连接的有机统一体系。同时，《企业风险管理整合框架》对内部控制要素进行了进一步的细分和充实，使内部控制和风险管理日益融合，拓展了内部控制。与COSO内部控制整合框架相比，企业风险管理整合框架引入风险管理拓展和细化了内部控制，形成一个更全面、更强有力地关注风险的概念，拓展了内部控制，更有力、更广泛地关注于企业风险管理这一更加宽泛的领域。

1.4.2　信息、信息披露与信息披露质量

何为信息？广义的信息是指音讯、消息、通信系统传输和处理的对象，泛指人类社会传播的一切内容。人通过获得、识别自然界和社会的不同信息来区别不同事物，得以认识和改造世界。在一切通信和控制系统中，信息是一种普遍联系的形式。1948年，数学家香农在题为《通讯的数学理论》[①]一文中指出："信息是用来消除随机不定性的东西。"创建一切宇宙万物的最基本万能单位是信息。信息作为一个概念，呈现出多定义而又无定义的局面。狭义的信息则是指人们在适应外部世界并使这种适应反作用于外部世界过程中，同外部世界进行互相交换的内容和名称。在市场经济条件下，信息已经成为一种极其重要的商品。信息社会通常被定义为信息生产和消费的集中。信息集中度取决于对信息的需求以及此需求被满足的程度。因此，一种看待信息社会是否形成的方法是评价信息的交换强度及信息内部流动的持久性。

考虑到信息的价值相关性，信息人员及市场研究人员如何从海量信息中收集有价值的信息资料，并进行分析研究，形成企业各种决策的依据已成为当今信息社会所面临的最基本问题之一。首先，信息价值受其传播媒介影响。正如普通商品价值的大小会影响人们对该商品的消费一样，信息使用者对信息的主观偏好会影响它的价值。但是，信息不同于普通的商品，由于信息的独特特征，使得它难于评价。信息在生产、分配、成本、消费等方面都不是

① A Mathematical Theory of Communication，是美国数学家C. E. Shannon于1948年发表在《贝尔系统技术杂志》第27卷上的一篇信息论的奠基性论文。

一种普通的商品。信息既是一种成品又是其他商品的决策的一种工具或输入产品。它初次生产昂贵，再生产却很廉价，因为信息的再生产就是信息的复制过程。一种信息可以用不同的媒介进行分配，而且它的价值量往往取决于其传播媒介而不是信息本身。其次，信息使用者消费信息的路径可以概括为分享和交易两种——分享公共信息和购买私密信息。因此，信息使用者消费信息的意识倾向（即买卖信息还是分享信息）是影响信息价值的重要因素之一。一旦信息使用者愿意分享某种信息，那么其价值就会大大降低。因此，公共信息的价值会低于私密信息。正因如此，信息披露路径也是影响信息价值的重要因素之一。此外，信息使用者获取信息的成本可能是直接的，也有可能是间接的。由于信息只能在消费后才能获得，使得信息价值的评价十分复杂。信息必须经过汇总、整合、分析才能产生价值，零散的信息只能是新闻性的，无法体现真正的商业价值。对于信息使用者来说，既要在大量的信息中过滤出有效的价值点，又要降低获取相应信息的成本，使信息的实际使用价值大于收集、分析信息等过程所产生的专有成本，使信息为信息使用者的决策带来增值价值。

保障资本市场有效运行的前提条件就是真实可靠且充分及时的信息。上市公司掌握信息意味着掌握价值，投资者掌握信息意味着掌握了作出正确投资决策的科学依据，因此，信息披露对于投资者而言，意义非凡。

何为信息披露？根据中国证监会2007年颁布实施的《上市公司信息披露管理办法》[①] 规定，信息披露是指上市公司的董事、监事、高级管理人员依据法律法规的规定，按照一定的程序及规范的报告格式，通过适当方式向证券管理机构及广大投资者披露与上市公司有关的会计信息资料的行为。如果按照信息披露主体的不同对信息披露进一步定义的话，可以将信息披露划分为广义信息披露和狭义信息披露。狭义信息披露主体是上市公司，也就是说，狭义的信息披露是指对于中国上市公司而言，信息披露是其必须履行的法定义务，上市公司必须依照相关法律法规，真实及时完整地对外披露其生产绩效、经营成果等财务信息，进行定期报告、重大信息公告等，提高上市公司披露信息的价值相关性，保证投资者的正确决策性，降低“逆向选择”出现

① 《上市公司信息披露管理办法》是中国证监会2007年以主席令形式发布的部门规章（中国证券监督管理委员会令第40号）。

的概率，提高整个证券市场对上市公司价值判断的理性程度，需要强调的是，狭义信息披露的客体主要针对财务信息，其披露主体的考察范围仅局限于上市公司，主要是指公司中的财务信息披露；广义信息披露主体是整个证券市场，即除了狭义信息披露主体进行会计信息披露外，还包括国家证监部门、所有上市公司、证券交易所、证券分析师、证券交易中介服务平台和经营机构、各大媒体等所有相关投资者和社会大众，甚至包括小范围内的特定内幕交易者。也就是说，广义的信息披露是指整个中国证券市场中所有披露主体公开披露其各自掌握的相关信息活动，比如证监部门披露相关准则和制度规定以及相关监管信息，证券交易所公开提示证券市场范围内所有股票的交易价格、交易数量、交易时间、交易对象等相关信息，上市公司披露公司内部其他非财务信息，证券交易中介服务平台和经营机构披露其提供中介服务的相关信息，各大媒体应及时传播真实有效且具有价值的相关信息，内幕交易者通过特定交易活动披露其私密的持股即股份变动信息等。

企业披露的信息通常分为两类：财务信息和非财务信息。所谓财务信息是指管理会计提供各种针对生产经营决策、销售收入核算、生产成本控制、存货管理、利润分配、资金安排与预算等相关数据的分析指标和预测结果的资料。财务信息既包括会计提供的直接信息，也包括运用财务管理方法加工形成的关于融资、投资和资产管理方面的间接信息，例如，债券和股票的定价，风险和收益分析，财务计划和资金分析与现金流量分析，财务报表分析，营运资本管理，投资分析，资本成本和资本结构分析，兼并和收购的财务策略，等等。财务信息主要以转化为货币单位的数据资料并结合小部分其他类型资料的形式呈现，用来表明企业资金运动的状况及其特征的经济信息。能否有效地利用财务信息是发挥财务信息作用的关键。只有及时充分高效地将企业的财务信息与其他业务活动相结合，才能真正发挥企业财务信息的监督与预防作用。

需要注意的是，企业的财务信息并不等同于企业的会计信息，只能说财务信息包含会计信息，会计信息是财务信息的基础，财务信息是会计信息的扩展延伸。所谓会计信息通常包含一套完整的财务报表包括资产负债表、利润表、现金流量表、所有者权益变动表（或股东权益变动表）和财务报表附注。资产负债表（balance sheet）反映企业资产、负债及资本的期末状况。长期偿债能力、短期偿债能力和利润分配能力等；利润表（或称损益表）（income statement/profit and loss account）反映本期企业收入、费用和应该记入当期利润的利得和损失的金额和结构情况；现金流量表（cash flow statement）反映企业现金流量的来龙去脉，当中分为经营活动、投资活动及筹资活动三部分；所有者权益变动表（statement of change in equity）反映本期企业所有者权益（股东权益）总量的增减变动情况还包括结构变动的情况，特别是要反映直接记入所有者权益的利得和损失；财务报表附注（notes to financial statements）一般包括如下项目：（1）企业的基本情况；（2）财务报表编制基础；（3）遵循企业会计准则的声明；（4）重要会计政策和会计估计；（5）会计政策和会计估计变更及差错更正的说明；（6）重要报表项目的说明；（7）其他需要说明的重要事项，如或有和承诺事项、资产负债表日后非调整事项，关联方关系及其交易等。在财务报表中，如果附有会计师事务所的审计报告，它可信性将会更高。所以在周年股东大会上，财务报表一般要附有审计报告。

相对于财务信息而言，非财务信息包含的内容更多样。非财务信息是指以非财务资料形式出现与企业的生产经营活动有着直接或间接联系的各种信息资料。一般而言，不在财务报表上反映的信息内容大都可以认定为非财务信息，它客观存在于经济系统的信息传递过程中。非财务信息是会计信息的一部分，可以由会计系统提供。但是与财务信息相反，不完全满足可定义性、可计量性、可靠性和相关性。非财务信息具有较强的相关性，部分非财务信息可以满足可计量性。但是大部分不能满足可定义性，非财务信息的可靠性明显不足。

与财务信息相比，非财务信息的来源广泛，既来源于企业外部，又来源于企业内部，现代社会网络通畅信息传播便捷，投资者获得非财务信息的手段越来越多，因而其显现出空间上的广泛性；非财务信息既可能与企业已发生的经营事项相关，又可能与即将发生的经营事项相关，因而其呈现出时间上的延续性；非财务信息数据资料通常不以货币形式记载，而是以定性类的文字形式记载；就是因为非财务信息不以货币形式，其数据资料包含的内容更多更杂，重点不突出，外部投资者的重视程度也不高，因此，很多企业忽视了对其披露的非财务信息的粉饰，使非财务信息呈现出比财务信息更高的真实性与可靠性，本书研究的内部控制信息就是非财务信息的重要代表之一。具体而言，上市公司内部控制各个部分的构建和运行状况形成了内部控制信息，它是企业非财务信息的重要组成部分，因此具备了非财务信息的所有特征，比如空间上的广泛性，时间上的延续性，非货币形式记载，内容更定性更真实可信等。企业披露的内部控制信息不仅因为具有更高的真实可信性而深受利益相关者的重视，还因为其降低代理成本的高效性，具体来说，公司管理层进行高质量的内部控制信息披露，向外部信息使用者提供决策有效的内部控制信息，可以显著降低其代理成本。因此，上市公司披露的内部控制信息是投资者衡量企业经营状况和绩效水平的重要信息，越来越受到投资者的重视和青睐。

因为信息具有价值，且对于信息使用者而言意义非凡，因此，高质量的信息披露可以提高证券市场中的增量信息，换句话说，信息披露质量是决定资本市场中信息增值价值含量的重要影响因素。由于公司对外进行信息披露行为是投资者获取信息（包括内部控制信息）的重要途径，因此，上市公司信息披露的整体质量水平则是判断一个资本市场发展阶段的重要依据，信息披露质量的高低就代表了资本市场的交易透明度和市场规范程度，是一个金融市场成熟与否的重要标志，因此，在进行内部控制信息披露与股权资本成本相关性研究之前必须明确信息披露质量的概念。究竟何为信息披露质量？信息披露质量就是上市公司所披露信息的质量，具体而言，信息披露质量不仅包含信息本身的质量，还包含信息生成质量和信息披露过程质量两部分。这三部分的质量不是相互独立的，而是相辅相成的。信息生成的质量高低会直接影响信息本身的质量，而信息本身质量的高低又会影响信息披露过程的质量。

相关文献中，将信息披露质量的概念分为广义和狭义，狭义的信息披露质量是指信息本身的质量，而广义的信息披露质量不仅包括信息质量本身，还包括信息生成质量和信息披露过程质量（杨红、杨淑娥，2007）。不论是狭义概念还是广义概念，都包含了大量的定性化的质量特征，而这些定性化的质量特征很难对其进行定量化研究。因此，理论研究和实证研究对信息披露质量概念的界定各自侧重点不同。

在理论分析中，大多从如何测度信息披露质量的角度导入自己对此概念的界定。从现有文献来看，主要存在三个角度：决策有用、委托代理和行为过程。决策有用角度认为，由于信息披露影响企业管理层、监管层、投资者以及企业其他相关利益者的决策，具有一定的经济后果（zeff，1978），因此，大多数学者从信息披露对信息使用者决策的影响程度来界定信息披露质量。如果披露的信息仅是已有信息的重复，则不会对信息使用者的决策产生影响，因此，高质量的信息披露应具有稀有性和意外性（Laivi，2008）或具有信息含量（Brown and Hillgeist，2007）。信息使用者的决策需要全面、及时、相关、可靠、便于阅读和理解的信息，因此，高质量的信息披露应具有完整性、及时性、相关性、可靠性、明晰性（Singhvi and Desai，1971；Hopkins，1996；张宗新、朱伟骅，2007）。在决策理论中，决策者运用贝叶斯定律，能在新信息基础上不断更新相关事件的先验概率，提高决策的科学性。因此，高质量的信息披露应能提高投资者对证券估值的精确度（Diamond and Verrecchia，1991；Bloomfield and Wilks，2000）；委托代理角度认为，现代企业是建立在委托代理机制下企业相关利益者间一系列契约的集合（Jensen and Meckling，1976），在信息不对称情况下，企业管理层可能会偏离外部委托者的目标，进行有选择的披露。因此，信息披露质量可以通过信息披露中管理层自利偏向的程度来界定（King and Wallin，1996）；行为过程角度认为，信息披露是企业提供信息服务的一个行为活动，因而广义的信息披露质量既包括所披露的信息本身质量，又包括披露过程的质量，还嵌套了信息生成过程的质量（田昆儒、齐萱、张帆，2006）。总而言之，从决策有用来理解信息披露质量实际上是侧重于公司所披露信息的质量；而委托代理、行为过程两个角度则从广义上涵盖了公司披露信息行为过程中可能影响信息质量的因素。

而在实证研究中，测度信息披露质量主要从两个角度：直接测度和间接测度。直接测度主要是通过设计信息披露指数。信息披露指数主要从两分法（dichotomous procedure）演变而来。所谓两分法主要是指当一个项目被披露就赋予一分，否则就赋予零分。该方法利用分数累计来计算公司信息披露得分，披露信息的数量越多，得分越高，信息披露质量越高。这种用信息披露的量来代替信息披露的质，对于现实的不完善的资本市场信息披露环境来说是很不合适的（张程睿、王华，2007）；于是，许多学者尝试探索测度信息披露的质，给予完整性、及时性、精确性等维度不同权重，两分法逐渐演化为信息披露指数。投资管理研究协会（AIMR）、标准—普尔公司（S&P）、国际财务分析和研究中心（CIFAR）、深圳证券交易所以及中国台湾“资讯揭露评鉴系统”等机构分别发布了信息披露指数测度信息披露质量。间接测度主要是通过一些数理模型计算影响信息披露质量的某些因素的综合得分。例如，Lee等（2006）认为机构投资者持股比例高、买入—卖出价差小、跟踪评价的分析师多的保险公司会有高质量的信息披露，因此，他们建立了基于三者的因子分析模型，把某保险公司的因子得分作为替代变量来测度该公司信息披露质量。他们把测度结果与AIMA的评价结果对比，发现两者显著正相关。

总而言之，广义的信息披露涵盖的研究范围非常广，本书研究信息披露的范围主要选定上市公司中的内部控制信息，本书研究过程中所有提及的信息披露均指代中国上市公司对其内部控制信息范围内进行的披露活动，其信息披露的质量衡量和信息披露有效性等问题的研究均界定在上市公司的内部控制信息范围内，不包含其他信息（包括会计信息）的披露研究。

1.4.3 内部控制缺陷的存在、披露与修正

内部控制缺陷是指那些存在于公司内部控制活动中，导致内部控制目标无法顺利实现的那些设计或运行中的不合理部分。内部控制缺陷按照不同分类标准会得出不同分类结果。例如，按照本质可以将内部控制缺陷划分为设计缺陷和运行缺陷。其中，企业为实现内部控制目标必需的重要控制措施不足，或者设计不合理，致使内部控制目标不能实现属于设计缺陷；内部控制执行者没有依据内部控制制度的要求执行，或者执行者不具备有效地实施内部控制的能力，致使内部控制目标不能实现属于运行缺陷。按照涉及内容可以将内部控制缺陷划分为财务报告类型内部控制缺陷和非财务报告类型内部控制缺陷。其中，财务报告类型内部控制缺陷主要是指不能合理保证财务报告内容可靠性，最终导致财务报告内部控制目标无法实现的内部控制设计和运行缺陷；非财务报告类型内部控制缺陷是指财务报告类型内部控制缺陷以外的其他内部控制设计和运行缺陷。按照严重程度可以将内部控制缺陷划分为重大缺陷、重要缺陷和一般缺陷。其中，重大缺陷也称实质性漏洞，是指一个或多个控制缺陷的组合，可能严重影响内部整体控制的有效性，进而导致企业无法及时防范或发现严重偏离整体控制目标的情形。具体包括内部控制中缺乏民主决策程序，决策程序导致重大失误，违反国家法律法规并受到严重处罚，中高级管理人员和高级技术人员多数离岗，媒体多次出现负面新闻报道，重要业务缺乏制度控制或制度体系失效，内部控制重大或重要缺陷

不及时修正等；重要缺陷是指严重程度低于重大缺陷，但依然重大，且无法及时防范或被发现，需引起管理层关注的，最终可能导致企业严重偏离整体控制目标的一个或多个一般缺陷的组合；一般缺陷是指除重大缺陷、重要缺陷外的其他缺陷。

内部控制缺陷和内部控制缺陷披露之间最大的区别在于关注内部控制缺陷的不同阶段，前者是指“存在”于上市公司的内部控制缺陷，强调结果，后者是指上市公司对外“披露”的内部控制缺陷，强调过程，因此两者产生的经济后果也大不相同。内部控制缺陷会导致上市公司内部控制目标无法顺利实现，而内部控制缺陷披露面向的是广大投资者，该种行为会将上市公司存在的内部控制缺陷告知外部投资者，影响他们的投资决策，进而为公司带来正面或负面效应。而内部控制缺陷修正是指上市公司制定相应的整改措施，对其存在的内部控制缺陷进行修理整改的行为。与内部控制缺陷披露一样，内部控制缺陷修正也会将公司存在内部控制缺陷的事实传递给投资者，影响其投资决策，但修正内部控制缺陷通常会给公司带来正面效应。本书第 6 章的实证研究就是从内部控制缺陷角度出发，研究内部控制缺陷“存在”“披露”“修正”的不同阶段究竟会导致投资者作出怎样不同反应，具体会给股权资本成本带来何种不同影响，进而丰富内部控制信息披露对股权资本成本直接影响的研究文献，实现本书的研究意义。

1.4.4 股权资本成本

（1）股权资本成本的一般性质。“资本成本”是现在财务理论中的第一概念，在这个概念中，隐藏着股权结构、投资者利益保护、投资项目绩效标准、理财目标等重要概念的影子。正像米勒与莫迪格莱尼在 1958 年所指出的那样，在许多人的眼中，资本成本被赋予了完全不同的内涵。某些误解已经严重地影响到资本成本概念在公司理财过程中的重大价值，依照通常的看法，资本成本取决于一个证券市场对风险与报酬的权衡，取决于投资者对于企业未来现金流量及其风险程度的判断，同时也决定了企业对于投资者利益满足的尺度。在很多情况下，资本成本与实际的现金流支付义务之间没有直接关联，但却通过理财目标对财务决策的约束来敦促企业董事会和管理层高度关注资本成本问题。没有对资本成本性质的正确了解，对资本成本的科学估算便无从谈起。而一个没有资本成本理念的股票市场，是一个没有灵魂的市场空壳，终将无益于社会财富的有效配置。

企业的资本分为股权资本与债务资本。与之相对应，企业的投资者分为股东与债权人。企业之所以会发展就是由于投资者向其源源不断地输入资本。投资者不可能无条件地输入资本，其输入资本的基本目的是为了获得报酬率要求，在理性预期假设下，这一报酬率要求是完全合理的，是能够通过企业的生产经营活动获得的。企业的任何一笔资本都与投资者的报酬率要求有关，被投资者索取的那一部分资本就构成了企业的资本成本，而其中被股东索取的那一部分资本就构成了企业的股权资本成本。从财务理论学术演变的角度看，人们对于“资本成本”的关注是比较早的。1958 年，米勒教授和莫迪格莱尼教授在“资本成本、公司财务和投资理论”一文中就曾经指出，“‘资本的成本’是什么？这个问题至少使三方面的经济学家大伤脑筋：①与确保公司生存和发展的融资技巧有关的公司财务专家；②资本预算管理专家；③与如何从宏观和微观两个层面解释投资行为有关的经济学理论家们”。

公司财务理论表明：满足股东要求报酬率的根本途径在于提高企业的经营绩效，创造更多的经营活动现金流。企业在确定生产经验决策前，必须明确知晓其股东的要求报酬率，并将实现股东的要求报酬率作为其经验活动的首要目标。只有这样，企业管理层在履行管理义务时才会将实现股东财富最大化作为其经验决策的重中之重，才能真真切切地为企业创造更多财富，提高企业运营效率。因此，在该项理论中，股东的“报酬率诉求”（即股权资本成本）是一个核心概念。时至今日，围绕着“资本成本”这一理财学核心概念的许多问题也并没有得到彻底的解决。资本成本概念受到理财学家的重视是很自然的一件事情，该问题涉及财务理论的各个方面，最早的系统的资本成本理论始自 MM 的资本结构理论，按照 MM 无公司税模型的看法，股权资本成本的高低取决于财务风险的大小。同时，在严格的假设条件下，增加负债只是提高了股权资本成本，但由于股权资本在全部资金中所占比例的下降，企业的加权平均资本成本保持不变，经营风险因素暗含在无负债状态下的股权资本成本中。

MM 理论认为：公司加权平均成本的高低是由公司风险决定的，只要以经营活动报酬的波动来反映的风险程度不变，公司的加权平均成本就会维持不变。也就是说，是公司在无负债状态下的风险——经营风险，决定了这个公司的资本成本水平，无论将来公司采用何种资本结构，对公司的加权平均资本成本均不会产生任何影响。资本结构所改变的无非是公司两类不同性质的投资者之间利益的分配关系，与公司自身的经营活动以及由经营活动所创造的现金流量甚至这种现金流量的风险程度均无关系。当然，资本成本总水平的稳定不变，是以股权资本成本与资本结构的双重变化为基础的，后续学者在 MM 资本成本研究的基础上，对于资本成本问题展开了深入而系统的研讨，进一步指出：股东根据投资所面临的风险程度以及对公司治理的基本诉求，决定自己的预期收益所得，进而决定了公司的股权资本成本水平。股权资本成本的变化体现了股东对未来时期收益增值期望的变化。也就是说，股权资本成本是股东对其预期承担的经营风险所要求获得的报酬率，是股东投资者在权衡报酬与风险后提出的报酬率要求，也是企业进行资本投资的最低报酬率，其实质是股东对企业预期的未来现金流量进行贴现以确定股价现值的折现率水平。换句话说，股权资本成本与企业的风险水平息息相关，就经营风险而言，风险水平越高，企业经营路径和经营的可持续性水平就越差，股东对企业预期的未来现金流量就越低，对其预期的风险水平就越高，股权资本成本就越高；就信息风险而言，信息风险越低，表明企业的内部控制信息披露质量越高，股东掌握的内部控制信息可靠性越强，其投资不确定随之降低，未来现金流量方差和协方差越低，β 越低，则股权资本成本随之降低，这与 MM 理论的分析是一致的。

资本成本问题的研究最初是与资本预算联系在一起的。在现代财务理论中所谓资本成本的估计通常也是仅限于对公司的长期资本的资本成本进行估计。这里，有下面一个基本设定需要关注，即资本成本的估计仅仅是针对企业的长期投入资本而言的，这些资本来源于公司的投资者，而非与企业进行商务往来的交易者或者简单的资金往来者。后者比如在赊购过程中自然形成的应付账款、经营过程中自然形成的应付税金、应付薪金等。交易者作为债权人，关心的是尽快收回被对方占用的资金，而向对方提供信用的目的也不过是实现销售。

可以把企业资金的提供者分为如下三种：

第一，投资者，包括债务资本投资者（一般是长期债权人）和股权资本投资者（股东）。

第二，短期资金提供者，如短期银行贷款、短期票据投资者等。

第三，非投资者债权人，如供应商、雇员等。

投资者投资于某个企业或者某个项目，必须对这个企业或项目的风险与报酬进行认真的分析和研究，并据此提出自己的报酬率要求，以此作为对企业、项目投资的基本要求。这种投资通常就是企业的资本投资项目，具有投资时间长、风险大、报酬高等特点。对于企业而言，投资者的这种报酬率要求就是企业的资本成本。如果公司筹措的是债务资本，投资者的资本成本一般是通过契约的方式加以提前预订的，公司在未来的经营期间，只要按照债权债务契约的约定向投资者支付既定的现金流即可。因而，以负债的形式筹措的资金的资本成本较易确定，而且一般比较稳定。如果公司筹措的是股权资本，这是融资行为、所有权结构调整行为以及公司治理等相互交错的一种最为复杂的理财活动，其资本成本的估计往往就比较复杂。① 如果投资者是通过股票投资向公司注入股权资本，投资者则需要在证券市场上进行报酬率的分析和均衡。具体而言，只有公司所提供的报酬（股利报酬和资本利得报酬）超过市场上在同等风险程度上进行其他证券投资所带来的报酬时，投资者才会将资金投向公司。但在这个过程中，股票投资者与其资金的使用者（公司）之间却并没有像债权人和债务人之间那样就报酬率问题达成一个具有法律意义的协议。② 股权资本的投资报酬率要求没有法律的保障，这是因为股权资本的投资者（股东）承担着公司最终的风险。另外，股东是被投资公司在法律上的所有者，股东通过契约的形式明示其报酬率要求就势必形成对于自身利益的索偿关系，这是难以成立的。

在很多情况下，股权资本融资往往与公司的资本投资项目之间没有一对一的关联度，更多关注的是股权结构的特征。在现代公司治理理论研究中，

---

① 私募股权状态下，资本成本的估算就更加困难，在一般情况下，由于投资对象的风险极大，且具有较大的不可控性质，因而私募股权投资者往往并不局限于资本成本理念范畴之内来考察报酬率问题，也就是说，其要求报酬率也存在着很大的不确定性。同时，为了使其投资更加稳健，在预期实现报酬的前提之下，私募股权投资者往往还会提出许多苛刻的、非理性性质的约束条件，比如对于被投资者企业未来的绩效水平提出更高的要求，从而严格约束董事会、管理层的行为。在这种情况下，股权资本投资者的投资要求就等于报酬率要求与非报酬率要求的集合，后者通常与公司治理、股权结构的调整有关。

② 在现代公司治理理论中，法律对于各种投资者利益的保护问题给予了高度关注，相对而论，法律对于债权人的利益保护是较为有效完善的，而对于股东利益的保护，尤其是小股东利益的保护，却往往存在很多问题。

对于公司股权、控制权、公司绩效等问题进行了大量的分析。股权资本融资对于公司资本结构、资本成本、企业价值等的影响也将是将来公司理财中的重大研究课题之一。股权资本的这一特征决定了股权资本的融资行为异于其他的融资方式，比如债务。将股权融资与企业的某一投资项目的报酬率相比较，有时是很糟糕的一种比较，没有任何理财意义。与之形成明显的对照，长期债务融资则与企业的投资决策密切相关，因为企业债务所连带的未来的现金流出，在理论上讲，均应当产生于该笔资金所投入的项目，否则，便意味着财务风险的加大。

在财务理论中，对股权资本与债务资本之间的区别和差异进行研究是一个并不容易的课题。从资本结构理论来看，如果 MM 有税模型是对的，那么，在公司的资本结构中就应当没有股权资本的影子；相反，如果权衡模型是对的，则在没有所得税的情况下，公司的负债率就应当等于 0。然而，当考虑百分之百的股权资本和百分之百的债务资本的时候，我们会发现，它们之间并没有差别。在百分之百的负债率的情况下，公司的最终风险也要有人承担，那就是债权人；而债权人一旦承担了公司的最终风险，其身份就与股东无异了。但法律契约的存在，改变了债权人与公司的身份，固化了他们对于企业未来现金流的索偿权，从而成为公司经营过程中先于股东利益满足的一种利益的分配。

在许多国家中，银行贷款是最为主要的短期资金筹措方式，比如在中国、日本、德国等。在现代财务理论中，关于流动资产、流动负债的管理属于短期财务管理的范围，又被称为“营运资本政策”的制定。关系到未来现金流量的多少和风险水平进而决定企业价值的重要财务决策是资本预算，而流动资产、流动负债等与企业现金流量的创造没有直接的关联，只不过是为企业的投资行为服务的。因而，与企业的长期融资如股票融资、公司债融资等不同，流动负债不过是满足企业在一个较短时间内、临时的、暂时性的资金需求。对于一个企业来讲，决定未来现金流量、进而决定企业价值的投资项目不可能是短期的、在一年之内就能够实现循环的项目。为了控制财务风险，流动负债不允许投入长期资本投资项目上，以防难以偿还到期的流动负债。对于短期负债的债权人来讲，他们所关心的并非企业的投资效率和投资绩效水平，而是着眼于资金的按期回收，着眼于对企业流动性、对企业即期内的偿债能力的分析。尽管短期债务也有利息率（即报酬率）要求，但该利息率要求与企业的投资风险、与企业价值的创造没有直接关系，不过是运用资金的一种利益的交换而已。

在资本成本的估计以及企业加权平均资本成本的计算中，短期债务的利息因素不应当考虑在内。

至于非投资者债权人如供应商（应付账款）、雇员（应付薪金）、政府（应付税金）等由于债权、债务关系的确立时间和实际的现金支付时间之间的间隔所产生的、滞留在企业中的资金，它们与企业的资本成本就更没有关联了。

“天下没有免费的午餐”。因此，企业也不可能取得免费的资金。即使人们所谓的“自然形成的资金”比如应付账款、应付税金等，严格分析，利用它们进行经营，企业也要承担必要的代价。① 但这些代价与现代财务理论中的“资本成本”概念的内涵有着明显的差异，不能混为一谈。

唯有投资者投入的长期资本才会存在与其所承担风险相称的资本成本问题，而这个资本成本问题的最终解决又要依靠企业的长期资本投资（即资本预算决策）。因而，投资项目的报酬率高于资本成本即净现值为正就成为我们选择投资项目的基本法则。满足这些长期资本投资者的报酬率要求——股东财富最大化，也就成为公司理财的基本目标。

其他非投资者比如供应商、雇员甚至客户等由于结算等原因滞留在企业的资金，虽然也构成为企业资金的一部分，满足了企业某些方面的资金需求，但对它们更多的是一种债权、债务关系的处理，不会涉及企业重大的投资决策、融资决策，因而不会产生资本成本问题。

（2）股权资本成本估算的一般理论与技术。根据现代财务理论，资本成本问题尚存在以下两个方面的疑问，需要学术界付出很大的努力来解决：第一，企业的资本成本是由资本市场决定的，还是由企业内部决定的？第二，资本成本的估算是基于历史数据还是基于未来的预测数据？

按照人们对资本成本的一般认识，任何企业的资本成本水平都是由资本市场决定的。其具体机制大致为：投资者可以在直接投资于企业和投资于股票两者之间进行选择。只有当企业创造的报酬率水平超过相同风险程度下证券所提供的报酬率时，投资者才会投资于企业。换言之，若想让投资者将资

① 实施“零运营资本”政策就涉及运用应付账款等资金来满足流动资产占用的资金需要。

本投资于企业，企业必须有创造足以超过证券市场报酬率水平的报酬率的能力。在这种情形下，证券市场上同等风险程度下证券的报酬率自然就成为企业投资的最低报酬率水平，这就是企业的资本成本。在这个意义上说，人们才把资本成本的实质定义为机会成本，即人们把资本投资到企业中，意味着对于证券市场上证券投资所获得报酬率的放弃。也正是在这个概念认识的基础上，长期以来，人们都在运用“资本资产定价模型”（CAPM）等市场模型来估算企业的资本成本。

有的学者则有不同的观点，他们认为企业的资本成本应当反映企业的特征，是由企业的内部因素决定的。如Robert A. Haugen认为，股权资本与股东的预期是无关的，是企业内部的管理者的预期确定了这一资本成本水平。他把这种模型定义为“预期收益率因素模型”。决定股权资本成本的因素“可以是公司的特征，如从公司的规模到账面价值/市场价值比。我们现在知道规模大的公司的收益率往往比较低，于是规模的报酬通常是负的。我们还知道具有比较高的账面价值与市场价值比的公司一般收益率比较高。所以账面价值与市场价值比的报酬一般是正的。在应用模型的过程中，你必须确定公司对某一个特定的因素的暴露（exposure）（它有多大？它的账面价值/市场价值比是多少?)，你还必须估计在未来的时间里每个因素的报酬。你的预期将建立在这个因素的报酬的月数据的历史记录之上。”这种估算股权资本成本的方法将视野从证券市场转移到企业内部，从股东的要求报酬率问题转移到管理者认可的影响报酬率的各种因素上，并在时间序列的基础上推演未来时期的报酬率水平。

从人们对资本成本的认识来看，决定资本成本的因素应该说内外皆有。比如按照Fama－French三因素模型，决定资本成本水平的变量，既有企业规模这类属于企业自身特征的因素，又有市场价值这类属于资本市场价值波动的因素。在经济金融化的环境之下，即使我们界定企业的资本成本完全取决于企业内部的某些特征，恐怕也很难在证券市场之外找到可以用以替代资本成本的报酬率的数值。

资本成本水平是一个即时数据，伴随着时间的变化、环境的变化而变化。一家管理优秀的企业，对于变化中的资本成本的估算应当有足够的理论支持和技术支持。

估计单一资本成本是财务管理活动中一项极为重要的工作也是确定加权

平均资本成本的基础。通常单一资本成本是分别按照债务资本成本、优先股资本成本、股权资本成本来确定的，其中股权资本成本的确定是最为困难的。

从程序上看，应当是首先估计企业各个单项资金来源的资本成本，然后按照资本结构估算企业总的资本成本，即所谓的加权平均资本成本。但在实际的理财实践中，根据一定的方法和程序，首先估计出企业总的加权平均资本成本水平；在这个基础之上，考虑债务资本成本以及企业的资本结构；最后推算出股权资本成本也是可行的，毕竟股权资本成本的估计是一件极为困难的事情。

股权资本成本的估算是企业资本成本估算的核心内容，也是学术界长期以来研究的热点内容之一。

公司税后利润必须在留存盈利与分派股利之间进行分配。留存盈利即是补充企业经营所需要的资金，构成为企业资金的一种来源。按照现代财务理论，假如税后利润留在公司内部不能带来足够高的报酬率的话，应当将其分派给股东。这里所谓的足够高的报酬率，事实上就是指股东如果收到股利的话，在相同风险情况下进行投资可能获得的报酬率水平。换言之，公司股东在相同风险情况下进行投资可能获得的报酬率即是留存盈利的资本成本。如果普通股东对公司股票进行投资的要求报酬率是12%，那么，公司留存盈利的资本成本便是12%；假如公司进行内部资本投资的报酬率等于或超过12%，管理当局就可以将税后利润留存在企业中进行再投资。此时，资本投资的净现值为正值，企业价值因而获得增加。假如公司进行内部资本投资的报酬率低于12%，则：第一，应当将税后利润完全分派给股东，由股东自行进行投资；第二，如果仍然将税后利润留存在公司中进行内部资本投资，由于净现值为负值，会降低企业价值，减少股东财富。公司运用税后利润进行资本投资的最低报酬率水平即是12%。

按照目前的一般观点，股权资本成本的水平取决于证券市场，取决于证券市场上同等风险情况下，投资者能够获得的平均程度的报酬率水平。有了这个报酬率标准，投资者就可以在证券市场上其他金融资产投资和某企业股票投资之间进行权衡，从而决定自己的投资方向，带来满意的投资报酬。换言之，投资者的要求报酬率是由证券市场及其自身的偏好决定的，而非企业决定的。

如何确定留存盈利的资本成本在现代理财学中是一个难题。目前一般的解决办法是将留存盈利资本成本的确定转化为普通股东要求报酬率的确定。本来，“资本成本”（从企业的角度）与“要求报酬率”（从投资者的角度）在理财学中就是一个同义词。

股权资本的资本成本水平是股票投资者综合考虑了整个股票市场报酬率水平和企业投资项目的风险程度之后确定的，从这个意义上讲，股权资本成本无法在企业内部予以内定。[①] 股票投资者首先要对整个股票市场有一个整体全面的了解，掌握在任意风险程度下能够带来的报酬率水平；在此基础上，对拟投资公司的发展情况，尤其是投资的风险程度以及以往对股东财富的贡献度进行审慎的分析；最终确定是否要投资于该种股票。按照“股东财富最大化”的理财目标，理财人员首先要估算股权资本投资者的要求报酬率水平，以此作为企业进行投资时的最低报酬率水平，这就是股权资本成本。

现有关于股权资本成本估算方法的研究很多，由于学术界仍缺乏一个权威的股东报酬率数据库直接用于研究，导致学者在进行股权资本成本研究时总喜欢盲目创新，一味地追求那些既难以直接获得又存在较大误差且十分抽象的估算方法。回顾公司财务理论的发展，涌现出许许多多的估算方法，但由于角度不同，或者变量因素使用不同，或者样本范围选择差异等因素，这些估算方法的结果总是大相径庭，并不能形成一个完善通用的报酬率体系。本节将结合现有相关文献，对股权资本成本的估算方法进行总结概述。

在 Broyles 研究成果的基础上，可大致分为风险补偿类和内含报酬类两种估算方法。其中，风险补偿类假设投资者均为理性投资者，包括资本资产定价模型（CAPM）和三因素模型（FF），将历史报酬率（已实现收益）作为衡量未来报酬率（预期收益）的无偏估计；内含报酬类认为，市场中的“噪音”导致已实现收益不能直接作为未来收益的预估值，应从预期收益出发，预测盈余收益，将预期股利折现值等于股票市价折现率作为股权资本成本的估算值。内含报酬方法包括两大类：隐含资本成本估算模型和非正常盈余增长估算模型。其中，隐含资本成本估算模型包含 Gordon 模型、GLS 模型、CT 模型、OS 模型和 ETSS 模型；非正常盈余增长估算模型包含 OJ 模型、PEG 模型、MPEG 模型。

① 有学者对这种确定股权资本成本的思路提出了质疑，比如本书前文提到的 Robert A. Haugen。

（1）资本资产定价模型（CAPM）。

$$r_e = r_f + \beta \times (r_m - r_f)$$

其中，r_f 选用十年期国债的到期收益率作为无风险报酬率。在后文的估算中所有关于 CAPM 样本数据的选择都综合了 Wind 数据库和 CSMAR 数据库中十年期国债的数据情况，确定分别从两个数据库中分段选取数据。

$r_m - r_f$（Equity Risk Premium，ERP）为市场风险溢价。采用历史数据估算市场风险溢价是存在问题的，由于股票市场的波动，会造成一些根据历史数据得到的市场风险溢价出现负值的情况。如果对于美国市场都很难估算出一个可信的历史风险溢价的话，那么对于那些发展时间短、波动性大、转型期的市场而言，这一难度则要加倍了。因此，本书假设在市场均衡的条件下，市场要求的报酬率（r_m）等于市场期望的报酬率；考虑使用稳定增长的股利折现模型（Gordon 模型）估算隐含风险溢价（Implied Equity Risk Premium，IERP）。具体的模型如下：

$$r_m = dps_1 / P_0 + g$$

其中，dps_1 为当期每股股利；P_0 为上年末收盘价；dps_1/P_0 为以个股年股利收益率（dps_1/P_0）按照股票的市值权数进行加权平均得到的综合市场股利收益率；市值权数则是利用上海证券交易所全部股票的总股本为权数通过加权计算获得；为了计算整个市场平均的股利增长率，借鉴 Damodaran（2015），令$g = r_f$。

采用周样本数据回归计算 β。回归模型如下：

$$r_i - r_f = \alpha + \beta_i \times (r_m - r_f) + \varepsilon$$

其中，r_m 为综合市场报酬率，r_i 为个股周收益率，采用实际 r_m 和 r_f 回归得到 β。

从国内外文献的研究结果来看，尽管该模型不是描述风险和收益之间关系的完美模型，而且实证检验结果对它的评价也褒贬不一，对该模型存在种种质疑，但大多数研究结论还是在一定程度上肯定了 β 系数对股票收益的解释作用，也正是因为 β 系数的这种作用，加之该模型较其他估算方法而言，更加简单易懂，所以，到目前为止，该模型在估算股权资本成本方面，仍然是应用最为广泛的方法之一。

（2）三因素模型（FF）。按照 CAPM 估算股权资本成本，影响股票投资者要求报酬率的因素只是预投资股票对于整个股票市场报酬率波动的风险，

即 β 值所反映的风险，因而 CAPM 又被称为单因素模型。而在实际的证券市场中，投资者面临的风险很多，这些风险无疑均对投资者要求报酬率，进而对公司的股权资本成本产生或直接、或间接的影响。如何把客观存在于证券市场中的各种因素科学地分离出来，并与投资者的要求报酬率相结合逐渐成为资产定价理论中的一个研究热点。1992 年，Fama 和 French 在研究了 1963—1990 年在纽约证券交易所、美国证券交易所和交易的全部非金融类股票之后提出了著名的三因素模型，从而成为日后人们估算股权资本成本的一个重要模型。

$$r_e = r_f + \beta_1 \times (r_m - r_f) + \beta_2 \times \text{SMB} + \beta_3 \times \text{HML}$$

三因素模型主要包含市场因素、规模因素和账面市值比因素。由模型公式可知，三因素模型与 CAPM 模型相比，除了市场因子（$r_m - r_f$）完全相同外，还多了规模因子 SMB 和账面市值比因子 HML。其中，规模因子 SMB 根据 $t-1$ 年 12 月末的流通股市值，将上市公司按照规模 50%、50% 分为两组进行构建；账面市值比因子 HML 根据 $t-1$ 年末的股权账面价值/市场价值，将上市公司按照账面市值比 30%、40%、30% 分为三组进行构建。

因为每家公司的账面价值每年只有一个数据，那么关于账面市值比因子中的账面价值，也就是所有者权益一年中是一个数据。账面市值比因子只在每年分组时计算一次。如在 1999 年 12 月末计算一次，那么在 2000 年 1 月至 2000 年 12 月这一期间内每个月都按照 $t-1$ 年末，也就是 1999 年末的账面市值比进行分组。然后在 2000 年 12 月计算一次，第二个期间内也就是 2001 年 1 月至 2001 年 12 月这一期间每个月按照 2000 年 12 月末的账面市值比进行分组。

此外，三因素模型中的系数 β_1、β_2、β_3 分别反映股票报酬率相对于市场投资组合报酬率、企业规模报酬率和账面市值比报酬率的波动性和敏感性，是时间序列回归的斜率系数，回归方程如下：

$$r_i - r_f = \alpha + \beta_1 \times (r_m - r_f) + \beta_2 \times \text{SMB} + \beta_3 \times \text{HML} + \varepsilon$$

其中，r_m 为综合市场报酬率，r_i 为个股月收益率，回归得到风险因子系数 β_1、β_2、β_3，当规模因子（SMB）和（或）账面市值比因子（HML）为负值时，系数均等于零。

（3）Gordon 模型。戈登模型又称股利增长模型（DGM），估算时需假设企业未来股利可预测，并按固定增长率（g）逐年递增。其转化过程如下：

$$P_0 = \sum_{t=1}^{\infty} \frac{dps_t}{(1 + r_e)^t} + \frac{dps_T(1 + g_d)}{(r_e - g_d)(1 + r_e)^T}$$

令 $T=0$，得

$$r_e = \frac{dps_1}{P_0} + g$$

其中，dps_1 为当期每股股利，估算预测数据时，运用公式 $dps_1 = eps_1 \times K_0$ 进行计算，采用截面回归预测模型预测出来的 eps_t 数据，其中，K_0 为上年期末实际股利支付率，P_0 为上年末收盘价，g 为可持续增长率。

（4）GLS 模型。坎宁（Canning，1929）将“经济利润”概念引入会计学，提出“超额收益”概念，又称非正常盈余、剩余收益。公司的利润只有大于其正常收益的净利润时，才可以获得剩余收益，才实现了真正的盈利。将剩余收益应用于股利折现模型就得到了剩余收益估价模型，该模型借鉴了 Myers（1977）的研究成果，但其着眼于公司价值创造的过程，并提出：股票的内在价值 = 当前股权账面价值 + 预期剩余收益现值，GLS 模型正是在剩余收益估价模型基础之上建立而成，具体的模型如下：

$$P_0 = bps_0 + \sum_{t=1}^{3} \frac{roe_t - r_e}{1 + r_e} bps_{t-1} + \sum_{t=4}^{11} \frac{roe_t - r_e}{(1 + r_e)^t} bps_{t-1} + \frac{roe_{12} - r_e}{r_e(1 + r_e)^{11}} bps_{11}$$

其中，P_0 为上年期末收盘价，bps 为期末每股净资产，roe 为预测净资产收益率。此外，$bps_0 = bps_1 - (eps_1 - dps_1)$，其中，$bps_1$ 为期末每股净资产，eps_1 为当期的每股收益，dps_1 为当期每股股利；$roe_t = eps_t / bps_{t-1}$，其中，$eps_t$ 为当期的每股收益，$bps_{t-1} = bps_{t-2} + (eps_{t-1} - dps_{t-1})$，其中，$bps_{t-2}$ 为 $t-2$ 期的每股净资产，eps_{t-1} 为上期每股收益，dps_{t-1} 为上期每股股利。

需要强调的是，利用该模型估算股权资本成本时，需要获取上市公司未来 3 年的 roe，并假设该公司第 12 年的 roe 等于其所在行业的 roe 均值，且其未来第 3—12 年的 roe 成等差数列。也就是说，GLS 模型的估算过程体现了经济租金的概念，随着增长率 g 的不断稳定，上市公司中的股权资本成本将逐步平均化稳定化，那些异常值将逐步消失，行业均值将趋于稳定，各公司的股权资本成本将趋同于行业均值。

（5）OJ 模型。由于剩余收益估价模型存在局限性，非正常盈余增长估价模型（AGEVM）被提出并受到认可，OJ 模型就是建立在此模型基础之上。估算时需要未来 2 年的预测盈余，并假定永续固定增长率（g），具体的模型如下：

$$r_e = A + \sqrt{A^2 + \frac{eps_1}{P_0} \times \left[\frac{eps_2 - eps_1}{P_0} - (\gamma - 1)\right]}，其中，A = \frac{1}{2}\left(\gamma - 1 + \frac{dps_1}{P_0}\right)$$

其中，eps_1 为当期的每股收益，eps_2 为第二期的每股收益。

（6）PEG 模型。PEG 模型也是建立在非正常盈余增长估价模型基础之上，其本质就是将 OJ 模型中的 $\gamma - 1 = 0$，即 $\gamma = 1$，且 $dps_1 = 0$ 推导出来，得：

$$r_e = \sqrt{\frac{eps_2 - eps_1}{P_0}}$$

其中，P_0 为上年末收盘价，在估算 eps_1、eps_2 的预测数据时，采用截面回归预测模型预测出来的 eps_t 数据。

定义 PEG 比率 = PE 比率/短期盈余增长率，得：

$$\text{PEG} = \frac{P_0 \div eps_1}{(eps_2 - eps_1) \div eps_1},$$

则股权资本成本是 PEG 比率倒数的平方根。

（7）MPEG 模型。当不考虑 $dps_1 = 0$ 时，修正的 PEG 比率便产生，

$$修正的\ \text{PEG} = \frac{P_0 \div eps_1}{(eps_2 + r_e dps_1 - eps_1) \div eps_1}$$

令增长率 $g = 0$，得：

$$r_e = \sqrt{\frac{eps_2 + r_e dps_1 - eps_1}{P_0}}$$

其中，P_0 为上年末收盘价，在估算 eps_1、eps_2 的预测数据时，采用截面回归预测模型预测出来的 eps_t 数据。

也就是说，股权资本成本是修正 PEG 比率（MPEG 比率）倒数的平方根。

总而言之，OJ 模型、PEG 模型和 MPEG 模型是 GLS 模型的进一步升华，也可以理解为非正常盈余增长估计模型是在剩余收益估价模型基础上的不断扩展。因此，理论上认为 OJ 模型、PEG 模型和 MPEG 模型比 GLS 模型可靠。但现实情况正好相反，Easton（2007）的实证结果表明：利用剩余收益估价模型估算出的隐含资本成本可信度更高，稳健性更强，且受认可度更深，应用范围更广。

但在实际的理财活动中，通常是按照各种不同的方法来计算股权资本成本，然后取其中间值作为企业的股权资本成本。长期以来许多美国公司就是这样做的，虽然从理论上看，这样直接平均求出资本成本的做法没有任何学术方面的支持，同时还混淆了不同估算方法所考虑的不同因素。但从资本成本的估算事务来看，直接平均得出资本成本的做法具有一定的合理性。因为，直至今日，人们并没有确切了解股权资本成本的决定因素到底有哪些，哪一种估算方法是最为科学的。不同的技术考虑了不同的因素，而所有这些因素无疑对股权资本成本都有影响。通过简单的算术平均可以将所有这些因素纳入股权资本成本的估算当中。本书后文的实证研究也是采用此种方法来估算样本变量中的被解释变量股权资本成本（*re*）的相关数据。同时，还必须指出的是，股权资本成本是理财人员结合各方面因素进行预测的结果，它绝非人们所想象的是经过严密计算的、极为精确的一个数值。因而，在股权资本成本的确定过程中，极有可能参杂一些非严谨的、定性的东西在里面，因此，对于股权资本成本的估算在理论与实务中的应用是一个需要深入探讨的重大问题。

1.5 本书创新点

本书的创新点主要概括为以下三点：

（1）内部控制信息作为上市公司信息披露的重要组成部分，其披露的质量水平至关重要，针对现有研究中出现分析内部控制信息披露质量时缺乏有针对性且拟合度高的量化指标的问题，本书依据会计信息质量特征、内部控制五大组成要素、内部控制信息两大核心特征和四项特有属性，在现有研究成果基础上，结合本书后续实证研究的实际情况和研究需要，为进一步提高测评上市公司内部控制信息披露质量的准确性，从不同角度出发，选取不同评价指标构建更适用于本书实证研究的“强制披露阶段（2013—2017年）”中国上市公司内部控制信息披露质量测评*D*指数。该指数的构建拓宽了我国上市公司“强制披露阶段”内部控制信息披露质量研究领域，为学术界进一步完善内部控制信息披露评价体系建设增添新的经验证据。

（2）本书在研究内部控制信息披露对股权资本成本直接影响时，突破了传统研究内部控制信息披露质量单因素的方法，从内部控制缺陷角度出发，且不同于以往的理论研究简单地将内部控制缺陷划分为“存在”和“披露”两阶段分析，将上市公司内部控制缺陷进一步拆分为“存在”“披露”“修正”三个阶段，并按类型不同将内部控制缺陷细分为财务报告类型内部控制缺陷和非财务报告类型内部控制缺陷，实证研究内部控制缺陷的不同阶段、不同类型对股权资本成本的具体影响。该种细分拓宽了上市公司内部控制信息披露内在因素的研究视角，丰富了上市公司内部控制信息披露对股权资本成本影响的实证研究，完善了内部控制信息披露对股权资本成本影响的逻辑框架，解释了中国资本市场中产生内幕交易、盈余操控等不正当投资行为存在的原因，剖析了当前投资者对上市公司对外披露内部控制信息的认知能力和反应路径，为公司管理者制定更有利于降低股权资本成本，提高公司价值的内部控制信息披露制度提供新的理论依据和实证参考。

（3）本书在研究内部控制信息披露对股权资本成本间接影响时，从股票投资风险和股票流动性角度出发，选择强制披露制度作为研究阶段，并结合股东异质性因素，揭示国企股份制改革背景下，部分外在因素对内部控制信息披露与股权资本成本相关关系产生的调节效应，拓宽了内部控制信息披露质量的研究领域和实证视角。文章的研究视角和研究背景以及所研究的问题均是着眼于中国资本市场当下迫切需要解决的经济问题，突破传统研究相关变量对股权资本成本机理分析的企业制度黑箱，全面深化地研究内部控制信息强制性披露这一重要的制度因素对股权资本成本的影响，研究多个影响因素叠加后的混合效应，从而加深对股权资本成本影响机理的理解，有助于读者更好地理解内部控制信息披露与股权资本成本之间的关系，保证研究结果的清晰性和指向性，进一步丰富了股票估值理论。

第2章 研究综述

本书的研究重点在于内部控制信息披露对股权资本成本的影响。因此，本章将主要围绕内部控制信息（包含内部控制缺陷信息）披露与股权资本成本相关内容，具体从内部控制信息披露重要性研究、内部控制信息披露及内部控制缺陷披露影响因素研究、内部控制信息披露及内部控制缺陷披露经济后果研究、内部控制信息披露质量测评模型与测评方法研究和内部控制信息披露与股权资本成本相关性研究五个层面着手，对国内外相关研究成果进行梳理和总结，以期为后文研究内部控制信息披露与股权资本成本相关性提供相关文献支撑。

2.1 内部控制信息披露重要性研究

内部控制信息披露体制不仅对于商业企业，对于非营利性机构、政府部门等同等重要，例如，在美国各州及当地学校医院，内部控制信息披露都或多或少地影响其管理层对成本效益的评判及审计师说服管理层执行内部控制的程度。2010年颁布的《企业内部控制配套指引》中就明确强调上市公司进行内部控制信息披露的重要性，并对内部控制评价报告中涵盖的披露内容进行了规范和要求。本节在对现有研究成果进行梳理后认为，上市公司内部控制信息披露之所以重要的原因可以概括为以下三点：

第一，上市公司内部控制信息与财务信息密切相关，投资者可以通过上市公司披露的内部控制信息间接掌握公司的财务状况。拉胡南丹（Rahunandan，1994）指出，八成左右上市公司管理年报中都包含内部控制相关内容。其中，超过三成的公司在年报中披露了完整的内部控制评价报告。马伦（Mc Mullen，1996）以1993年发布财务报告的上市公司作为样本，研究表明：没有财务报告问题的样本公司中有 26.5% 对外提供了完整的内部控制评价报告，而有财务报告问题的样本公司中仅有 10.5% 对外提供了完整的内部控制评价报告。换言之，内部控制评价报告与公司财务报告密切相关，投资者可以通过公司披露的内部控制评价报告侧面判断其公司治理效率以及财务状况好坏等。迪丰（Fond，2011）认为，内部控制是检测审计实务是否达标的核心要素，佐证审计实务猜测却难以获得精准答案的问题，可以较为准确地反映出审计效果和审计效率，有效地进行审计实务的经济整合。他的研究还表明：公司的内部控制环境与财务状况显著影响审计时数和工作进程。蒙西夫（Munsif，2011）认为，公司内部控制结构对于审计工作的开展存在显著影响作用，内部控制结构良好、内部控制高效的被审计单位将有利于审计师制定其审计计划，提高审计效率，降低审计偏差的发生概率，减少审计费用。德拉波特（Dellaportas，2012）的研究表明：一个健全完善的内部控制体系与财务信息披露质量正相关，公司的内部控制信息披露质量越高，其披露财务信息的可靠性越强。

第二，内部控制信息披露质量越高的上市公司越能吸引更多投资者，提高投资者信心。威利斯（Willis，2000）认为，上市公司对外披露的内部控制信息报告内容越完整，比如披露公司的战略规划讨论过程、股东决策会议记录等，越能吸引更多投资者，提高投资者信心。霍尔特等（Holt et al.，2009）的研究表明：公司披露的信息，包括财务信息和非财务信息越全面，投资者对其的信任度就越高，对其投资行为就越有信心。投资者认为这样的公司财务状况和治理结构较好，将这样的公司作为投资对象更加保险，获得投资收益的可能性更高。曼奇拉（Mandzila，2016）的研究表明：企业披露的内部控制报告内容应适当扩充，将公司管理层制定战略决策的分析过程和讨论内容涵盖其中，做到信息公开，让广大中小投资者都能参与公司各项决策的制定。此外，公司还可以在内部控制报告中探讨公司战略政策的选择与实施，通过“内部控制报告”这一窗口向投资者散播公司的有效治理理论与良好的公司治理实践。只有让投资者们了解公司的发展动态才能让他们对公司的投资更有信心。

第三，内部控制信息是投资者提高投资决策正确率的有力保障，是投资者在进行投资决策时不可或缺的先决条件之一。苏等（Su et al.，2014）的研究表明：广大投资者可以根据公司披露的内部控制缺陷信息对公司的经营状况和竞争力水平进行分析，深入了解投资对象进而对其作出正确的投资决策提供帮助。达米科（Damico，2016）认为，投资者可以通过内部控制信息披露报告了解上市公司的经营状况、内部控制结构、治理水平等信息，进而为其投资决策提供帮助。

2.2 内部控制信息披露及内部控制缺陷披露影响因素研究

上市公司按照被要求披露信息的内容可以将内部控制信息披露划分为“自愿披露”阶段和“强制披露”阶段。自愿披露强调法律法规强制性规定的披露信息范围以外的上市公司愿意主动对外披露的相关信息；而强制披露则强调由公司法、证券法、会计准则和国家其他司法机关颁布的所有相关法律法规等明确规定要求上市公司必须对外公布的所有信息，包括财务信息和非财务信息。随着资本市场的进一步发展与成熟，上市公司竞争日趋激烈，除被强制要求进行内部控制信息披露外，管理层正逐步扩大自愿披露的信息范围，所以该阶段上市公司内部控制信息披露行为可以向投资者传递各种影响投资决策的信号，针对内部控制信息披露的研究成果较多。而由于强制披露阶段由国家法律法规强制性规定上市公司披露其内部控制信息，所以该阶段所有内部控制信息披露行为将不再具有信号传递作用，内部控制缺陷信息披露开始引起学者们的关注，成为研究焦点。因此本节主要围绕“自愿披露”阶段内部控制信息披露的影响因素以及“强制披露”阶段内部控制缺陷及其披露的影响因素两方面对现有研究文献展开综述。

2.2.1 内部控制信息披露影响因素研究

本节将从公司特征、公司治理结构、股权结构和外部监管与市场化程度四个层面对内部控制信息披露质量影响因素进行梳理总结。

第一，公司特征层面。封思贤（2005）的研究表明：我国上市公司内部控制信息披露水平与其盈余绩效正相关。张宗新（2005）的研究表明：我国上市公司内部控制信息披露整体水平不是很高，但呈现逐年提高的发展趋势，且提高程度在规模较大公司更显著。张颖等（2010）的研究表明我国现阶段内部控制信息披露大环境不容乐观。其中企业特征是内部控制有效性的重要影响因素，如企业规模、财务杠杆、集权化程度、盈利能力、管理者素质、内部控制结构是否完善等。加雷等（Garay et al.，2013）指出，处于经济增长阶段的IT类上市公司内部控制信息披露质量更高。夏尔马等（Sharma et al.，2013）指出，内部控制信息披露质量与公司规模大小、所属行业以及市场竞争力水平有关。他们以新西兰上市公司相关数据作为研究样本，研究表明公司规模越大，竞争能力越强，其自愿性信息披露质量越高。于团叶等（2013）的研究表明内部控制结构中的独立董事制度在我国上市公司中并没有起到应有的作用，其设立并没有提高上市公司信息披露的自愿性程度；而规模越大、生产绩效越好、利润率越高的公司的信息披露自愿性程度更高；此外暂时没有发现股权结构对内部控制信息披露自愿性程度产生影响。史茜等（2016）取2012—2013年深沪A股上市公司作为研究样本，实证分析上市公司内部控制报告信息披露的影响因素。研究表明：公司规模、财务状况与内部控制自评报告的披露意愿正相关，而公司经营的复杂度与其负相关。

第二，公司治理结构层面。布朗森（Bronson，2006）的研究表明：虽然上市公司披露内部控制评价报告会增加其管理层可能承担的法律风险，但还是有越来越多的公司管理层自愿披露内部控制信息。原因在于，内部控制信息的披露可以降低信息不对称性，有效地帮助投资者作出有效的投资决策，让公司的内部控制信息披露质量可以在同行业中凸显出来。殷枫（2006）的研究表明：董事长与总经理是否为同一人，即“兼任现象”是否发生与自愿性信息披露水平显著相关，如果没有发生“兼任现象”，则自愿性程度较高；而独立董事占董事会比例、监事会人数等并没有对内部控制信息披露的自愿性程度产生影响。程晓陵等（2008）的实证研究表明：内部控制结构与内部控制有效性密切相关。董事会次数，管理者学历和经营作风，独立董事所占比例等因素与内部控制信息披露有效性显著正相关，管理者的风险偏好与内部控制信息披露有效性呈“U”形关系。吴等（Goh et al.，2011）的研究表明：内部控制信息披露质量较好，自愿性程度较高公司的公司治理质量相对更好，其一般性特征包括以下四点：设立独立审计委员会，且占董事会比例较高；内部少数大股东持股；设立常任独立董事并且拥有管理权。朱彩婕等（2013）的研究表明：对于农业上市公司而言，独立董事比例越高，其内部控制信息披露质量越低；而对于设立审计委员会，且监事会规模越大的农业公司，其内部控制信息披露质量越高。阿尔哈扎迈赫等（Alhazaimeh et al.，

2014）的研究表明：上市公司内部控制结构与信息披露的自愿性程度显著相关。设立审计委员会的公司，其内部控制信息披露自愿性程度更高；独立董事占董事会比例与信息披露的自愿性程度显著正相关，而在家族企业，家族成员占董事会比例与信息披露的自愿性显著负相关。张瑶等（2014）取2010—2012年沪市上市公司相关数据，研究表明内部控制信息披露质量与审计委员会财会专业管理水平、审计委员会非财会专业管理水平、监事会规模显著正相关，与董事会会议频率显著负相关。

第三，股权结构层面。韩玲（2013）对1164家深市上市公司2010—2011年的数据进行实证分析表明：股权结构显著影响内部控制自我评价报告的披露。索利曼等（Soliman et al.，2014）以中国香港和新加坡的上市公司作为研究目标，对影响内部控制信息披露质量的各类因素进行分析，研究表明股权结构与内部控制信息披露质量显著相关，外部股权比例越高，其内部控制信息披露水平越高。陈艳利等（2015）取2012—2013年深沪A股披露内部控制评价报告和内部控制审计报告的上市公司作为研究样本，检验结果表明机构投资者持股比例影响内部控制信息披露质量。秦红斌等（2015）取2008—2012年深市主板民营上市公司为研究样本，实证研究表明：民营上市公司中，第一大股东持股比例与内部控制信息披露质量显著正相关，高管持股比例与内部控制信息披露质量显著负相关。

第四，外部监管与市场化程度层面。徐玉德（2011）的研究表明：内部控制信息披露质量与银行向公司的“放贷周期”密切相关。在较为成熟的资本市场中，信息不对称性较低，市场化程度较高，政府干预少且法治水平健全的地区，上市公司内部控制信息披露质量与银行“放贷周期”负相关，换言之，这类公司的新增银行贷款更容易审批通过并发放。王宏（2011）对我国创业板上市公司内部控制信息披露质量影响因素分析后指出，法律法规的约束和监管、上市地的市场化程度、行业所处的市场竞争程度因素对其内部控制信息披露质量影响显著。达利瓦等（Dhaliwal et al.，2012）运用代理理论和信号传递理论解释了信息披露自愿性程度较高企业拥有的共同特质：聘请有用商誉较高的国际“四大”或者国内“十大”会计师事务所进行内部审计，且在此之前有被监管机构处罚的经历。姚海鑫等（2016）的研究表明：通过减少外部监管部门的监管费用，增加其失职行为的处罚力度，保障其尽职尽责，并加强对上市公司违规信息披露的处罚力度，制定并实施有关内部控制信息披露方面的法律法规，有利于上市公司内部控制信息披露质量的提升。杜舟等（2017）的研究表明：不同行业呈现出较大差异的内部控制信息披露质量，比如IT产业和高新技术创新产业以及透明度较高的产业，或者竞争激烈的行业，其内部控制信息披露质量相对更高。

2.2.2 内部控制缺陷及其披露影响因素研究

本节将从公司特征、公司治理结构和外部审计与其他外部监管三个层面对内部控制缺陷披露影响因素进行梳理总结，且需要强调的是，同一层面不同学者得到的研究结果并非完全一致，尚未形成定论。

第一，公司特征层面。田高良等（2010）以2008年披露内部控制评价报告的上市公司作为研究样本，发现经营业务越复杂，财务信息风险水平越高，且发生财务重述以及变更过审计师的上市公司越有可能披露内部控制缺陷。闫（Yan，2012）的研究表明：上市公司业务核算越复杂，员工数量越多，组织机构越多，其存在内部控制缺陷的概率越高。韩丽荣等（2013）取2009年深沪A股制造业上市公司数据作为研究样本，实证研究内部控制缺陷披露的影响因素，研究表明：公司的经营业务越复杂，组织结构越大，兼并重组次数越多，内部控制制度建设经费越少，且发生过财务重述的情况下，其披露内部控制缺陷的数量越多。高（Gao，2016）指出，有能力并有意愿积极主动发现自身内部控制存在缺陷的公司通常比普通公司拥有更大规模、更高的盈利能力，更高的经营业绩、更高质量的会计信息、更低的亏损以及更低水平的投资风险。叶等（Ye et al.，2018）的研究表明：当公司发生财务重述，或者存在财务状况不佳情况的上市公司更可能披露内部控制缺陷。

第二，公司治理结构层面。约翰斯顿等（Johnstone et al.，2011）的研究表明：公司治理结构越完善，比如审计委员会成员的专业性水平越高，董事会会议次数越多，管理者的监管经验越丰富，修正内部控制缺陷的可能性越高。霍塔什等（Hoitash et al.，2012）实证研究内部控制缺陷披露与公司治理相关性，研究表明：董事会和审计委员会特征能够影响企业内部控制质量；审计委员会和董事会成员的财务专业化水平越高，具有财务专业文化背景的人数越多，公司披露内部控制缺陷的可能性越低。董卉娜等（2012）以2009年深市A股上市公司作为研究样本，研究审计委员会特征对内部控制缺陷的影响，结果表明：上市公司审计委员会设立时间越长，人数规模越大，其独立性水平越高，披露内部控制缺陷的可能性越低。赵息等（2014）的研究表明：实际控制人的控制权和现金所有权分离度较高以及管理层权力较大的上市公司管理层更倾向于隐瞒已发现存在于公司内部的内部控制缺陷，而面临较高法律诉讼风险的上市公司的管理层更可能披露已经存在的内部控制缺陷。

第三，外部审计与其他外部监管层面。贝达德等（Bedard et al.，2009）研究表明：审计师参与和审计师特征会影响内部控制缺陷的披露，但存在时间滞后性。当上市公司聘请较大规模会计师事务所的审计师参与时，内部控制缺陷，尤其是重大缺陷的披露数量会明显增多。韩洪灵等（2014）取2008—2010 年沪市 A 股上市公司作为研究样本，实证研究内部控制鉴证报告自愿性披露行为的影响因素。研究表明：被出具非标审计意见意味着上市公司存在内部控制缺陷，而聘请“四大”审计师事务所会显著降低上市公司自愿接受内部控制鉴证的意愿，且鉴证报告的自愿披露有着丰富的信号发送功能。而赖斯等（Rice et al.，2015）的研究结论与贝达德（Bedard）的研究结论存在相反之处，他指出，审计费用越高，披露内部控制缺陷的可能性越低，尤其是聘请“四大”会计师事务所的上市公司，其披露内部控制缺陷的可能性更低，原因在于，这些规模较大商誉较高的会计师事务所会一直监控公司内部控制缺陷的存在情况，并在发现之初就给予公司事前警告，保证公司在披露前尽早解决。杨程程等（2015）以深沪 A 股上市公司实施《企业内部控制配套指引》为背景，研究内部控制缺陷披露制度有效性影响因素。研究表明：由于缺乏强有力的部门及制度监管，现阶段上市公司内部控制缺陷披露及其缺陷类型的划分不能客观地反映披露公司内部控制的真实状况，且上市公司内部控制缺陷披露行为存在倒置趋势，内部控制缺陷披露制度有效性有待提高。许江波等（2016）以存在内部控制缺陷的财务重述上市公司作为研究样本，发现上市公司聘请审计师事务所规模、审计费用和审计委员会独立性会显著影响其内部控制缺陷的披露水平。

2.3　内部控制信息披露及内部控制缺陷披露经济后果研究

因为本书主要研究内部控制信息披露与股权资本成本相关性，所以本节选取三类与本书研究重点有关的内部控制信息披露经济后果进行梳理总结，主要包括股价波动与股票交易量变化、企业价值相关性以及证券市场反应。考虑到国内外现有研究文献在分析内部控制缺陷披露经济后果与内部控制信息披露经济后果时并没有做刻意区分，将内部控制缺陷披露的经济后果归属于内部控制信息披露的经济后果中，两者间存在较大程度的一致性，因而本节对其进行合并综述。

首先，内部控制信息披露会引起股价波动，影响股票交易量。戴蒙德（Diamond，1991）和基姆（Kim，1994）的研究均表明：上市公司内部控制信息披露可以提高信息透明度，增强投资者对其股票交易的信心，促进股票交易。吴文峰等（2007）的研究指出，中国现阶段内部控制信息披露质量的提升没有促使股票交易量增加以及投资风险的降低，原因在于投资者忽视了内部控制信息披露与资本成本的相关关系。他认为，广大投资者应该重视内部控制信息披露质量这一指标，并将其作为衡量股票价值和投资决策的重要影响因素之一。巫升柱（2007）的研究表明：信息披露的自愿性程度越高，其股票换手率就越高，股票交易量就越大；且流动性信息含量只存在于中国股票市场自愿披露水平的正向变动中，与负向变动无关。哈默斯利等（Hammersley et al.，2008）研究内部控制缺陷披露对股价影响后发现，当上市公司披露内部控制重大缺陷时，其股价会大幅度下跌，但这样的负相关性在拥有高质量内部控制审计的公司会得到缓解或消失。黄寿昌等（2010）的研究表明：内部控制信息披露自愿性程度较高且自愿披露报告较完整的公司的股票交易量更大，且股价更稳定。邱东阳等（2010）的研究围绕深市中小板块IPO公司进行，其结果表明：内部控制披露报告越完整，且上期内部控制缺陷被纠正的公司股票交易量存在正向回弹，且这样的回弹幅度在首个交易日最为显著，随后逐步消失。喻凯等（2011）的研究表明：增加股票交易量可以改善公司内部控制信息披露质量，原因在于，内部控制信息质量的改善会直接作用于投资者决策，股票的流动性随之增强。阿萨雷等（Asare et al.，2012）认为，上市公司信息披露自愿性程度与其股价正相关，分析师预测出的上市公司信息披露等级越高，其买卖价差越小。高“自愿性程度”外加分析师追捧有利于公司获得更多的股票交易量。贝尔托默等（Bertomeu et al.，2013）指出，上市公司存在内部控制缺陷时，意味着公司低质量的盈余质量，使得投资者感知到的风险水平增大，进而影响其投资决策，增大其抛售股票的可能性，股票流动性增强。塞蒂亚万等（Setiawan et al.，2017）指出，高质量的内部控制信息披露会使股票价格上升，而公司披露内部控制缺陷则会导致股票价格下跌。马加吉等（Magaji et al.，2018）指出，上市公司自愿披露内部控制信息后容易导致股票交易量激增。自愿披露的内部控制信息范围越广、数量越多时，信息不对称程度随之降低，增加了投资者的交易信心，从而推动股票交易量激增。

其次，内部控制信息披露会对企业价值、盈余质量、生产绩效和运营效率等产生影响。布什曼（Bushman，2001）的研究表明：证券市场中信息不对称性越高，越会影响投资者的决策判断，投资者预期承担的风险就越大，其要求的报酬率水平就越高，外部融资成本随之升高。林钟高等（2007）的研究表明：企业内部控制质量的提升可以提高其企业价值。张宗新等（2007）指出，在相同的信息披露环境中，信息披露自愿性较高的公司其创造的市场价值更大，也就是说同类信息，披露的公司绩效明显好于未披露的公司。施耐德等（Schneider et al.，2008）认为，内部控制审计报告对企业声誉的外部评价产生影响。也就是说，保留意见或者否定意见会影响财务报告审计意见，若公司处于外部融资的审批阶段，也会影响信贷审批方的决定，因此会提高其融资成本。查剑秋等（2009）认为，科学合理的内部控制制度是提高企业价值的有力保障。张川等（2009）也获得类似结论，他们认为，企业必须制定健全完善的内部控制体系并且保证其有效实施是提高企业经营绩效的首要前提。秦等（Chin et al.，2010）认为，内部控制信息披露会增加公司发行公司债的信用利差。韩海文（2010）通过实证指出，经济增加值和股票内含价值与信息披露的自愿程度、信息披露数量、信息披露质量正相关，也就是说，公司提高内部控制信息披露的自愿水平和披露质量、增加内部控制信息披露数量有利于提升股价和公司价值。张敏等（2010）的研究表明：内部控制信息缺陷披露会增加审计成本，提高审计收费，进而降低企业价值的创造。李万福等（2011）指出，内部控制信息披露质量与企业的低效运用和过度投资显著负相关，即内部控制信息披露质量越高，越能让管理层保持理性思维，减少决策失误或过度投资现象的发生，说明内部控制信息披露质量显著影响企业价值。方红星（2012）认为，公司进行内部控制信息披露会得到市场的正向反馈，高质量的内部控制信息披露有利于减少公司的盈余操控行为，帮助公司获得超额收益。孔凡峰（2012）基于 2008—2010 年深市

A 股上市公司相关数据，研究内部控制重大缺陷对债务成本的影响。研究指出：存在内部控制重大缺陷会降低公司的财务信息质量，进而影响投资者投资决策，与债务成本显著正相关。张嘉兴等（2014）实证研究表明：内部控制信息披露与外部审计在改善公司盈余质量和抑制盈余管理水平方面呈现相互替代关系。李慧云等（2014）的研究表明：市场化进程是影响内部控制信息披露质量与公司价值的重要因素。在不考虑市场化进程条件下，内部控制信息披露质量与公司价值显著负相关，但当加入高水平市场化进程这一变量后，内部控制信息披露质量与公司价值显著正相关。哈桑等（Hasan et al.，2015）认为，上市公司信息披露的自愿性程度越高，其信息不对称性水平就越低，投资者预期承担的风险随之降低，不断增加的投资者构成公司坚实的外部治理环境，良好的内部控制信息披露构成公司的内部治理环境，内外部治理相辅相成相互配合有利于提高股价，从而创造新的公司价值。林钟高等（2017）基于内部控制缺陷修复和监管制度变迁视角，研究内部控制缺陷与修复对债务融资成本的影响。研究表明：上市公司披露内部控制缺陷会提高企业的风险不确定性，与债务融资成本显著正相关，而内部控制缺陷修复可以降低企业经营风险，与债务融资成本显著负相关，提高融资效率。林煜恩等（2018）取 2007—2015 年深沪 A 股上市公司数据作为研究样本，检验管理者权力、内部控制信息披露质量与企业研发支出之间相关关系。研究表明：上市公司内部控制信息披露质量的提高会加剧管理者权力对企业研发支出的促进作用，影响企业管理者的经营决策。李赛克等（Lisic et al.，2019）认为，上市公司内部控制审计与财务报告审计意见负相关，且相对于外部投资者而言，他们更重视内部控制审计意见而非财务报告审计意见。同样的保留意见或否定意见，对外部投资者作出决策的影响效力和产生的价值相关性完全不同，实证结果表明出现在内部控制报告审计中的保留意见或否定意见具有更大的企业价值相关性和影响效力。王凯亮等（2019）取 2015—2017 年深沪 A 股上市公司财务数据作为研究样本，检验内部控制信息披露与企业价值相关性。研究表明：高质量的内部控制信息披露可以提高企业价值，完善企业治理水平。

最后，内部控制信息披露会引起市场反应，高质量的内部控制信息披露有利于整个证券市场效率的提升。基玛等（Kima et al.，2009）的研究表明：内部控制信息披露不仅可以有利于证券市场的有序发展，还能改善企业非正常股票收益与证券市场环境波动的不确定性之间的正相关关系，换句话说，内部控制信息披露可以帮助具有健全披露体系的公司在稳定市场中获得更高收益，进而形成市场的良性循环。宋浩（2012）的研究表明：除 ST 公司外，其余上市公司中的外部投资者实际报酬率水平与内部信息披露的自愿性程度正相关，内部控制信息披露促进中国证券市场效率。周嘉南等（2018）取强制披露阶段 2013—2016 年的深沪披露内部控制缺陷的主板上市公司作为研究样本，检验内部控制缺陷披露对盈余信息含量的影响以及其带来的市场反应。研究表明：披露和修正内部控制缺陷会引起更为显著的负面市场反应，降低会计盈余的信息含量，进而使股权资本成本下降，尤其披露和修正财务报告类型内部控制缺陷会带来更显著的效果。芦雅婷等（2019）取 2008—2016 年深沪 A 股披露内部控制评价报告的上市公司作为研究样本，检验非财务报告类型内部控制缺陷披露的盈余信息含量。研究表明：上市公司披露非财务报告类型内部控制缺陷会导致投资者对盈余信息的信任度降低，进而减少盈余信息含量。而在具有高质量内部控制审计的公司，这样的相关性得到缓解或消失。

2.4　内部控制信息披露质量测评模型与测评方法综述

上市公司内部控制自我评价报告是判定其内部控制信息披露质量高低的主要依据，但内部控制自我评价报告披露的主要是关于内部控制的定性信息，对于实证研究而言，如果不进行量化处理，很难运用到研究模型中。因此，必须选择合适的测评模型和科学化的替代变量对内部控制自我评价报告进行量化处理，既可以便于上市公司内部控制信息披露质量的对比研究，又可以运用到内部控制信息披露质量的相关性研究中，拓宽内部控制信息披露的实证研究范畴。本节对目前学术领域应用较广的测评模型和测评方法进行简要综述。

2.4.1　内部控制信息披露质量测评模型综述

（1）层次分析模型。层次分析法，简称 AHP，是指将与决策总是有关的元素分解成目标、准则、方案等层次，在此基础之上进行定性和定量分析的决策方法。该方法是美国运筹学家匹茨堡大学教授萨蒂于20世纪70年代初，在为美国国防部研究“根据各个工业部门对国家福利的贡献大小而进行电力分配”课题时，应用网络系统理论和多目标综合评价方法，提出的一种层次权重决策分析方法。该模型可以将复杂的决策进行分层次处理，然后将各层次进行比较，找出各种相关要素之间的重要性进行对比，最终运用定量分析为决策提供量化依据。但其问题在于，如果设置指标过多，统计数据的工作量就会很大，且权重计算很困难。

（2）主成分分析模型。主成分分析也称主分量分析，旨在利用降维的思想，把多指标转化为少数几个综合指标（即主成分），其中每个主成分都能够反映原始变量的大部分信息，且所含信息互不重复。其优点在于：消除指标间的相互影响；减少指标选取的数量，简化指标选取工作；按照方差大小将主成分进行排序，可以只选取方差大的成分替代原始变量，减少计算的工作量；选取各成分的贡献率作为其权重，权重确定较为客观，避免了主观确定权重带来的偏差。其缺点在于：该模型必须确保提取的主成分累计贡献率达到一定高度，还必须合理解释这些主成分的含义；主成分的解释含义没有原始变量的含义清楚。

（3）熵权模型。按照信息论基本原理的解释，信息是系统有序程度的一个度量，“熵”是系统无序程度的一个度量；如果指标的信息熵越小，该指标提供的信息量越大，在综合评价中所起作用理当越大，权重就应该越高。因此，可利用信息熵这个工具，计算出各个指标的权重，为多指标综合评价提供依据。信息熵的特征如下：

第一，如果各被评价对象在某指标上的值完全相同，则熵最大，熵权为零，也就是说，该指标不能向决策者提供有效信息，该指标可以删除，反之则说明该指标可以为决策者提供有效信息，可以保留。

第二，熵权具有相对性，是在给定评价对象集后各种评价指标值确定的情况下，各指标在竞争意义上的相对激励程度，而不仅是重要性系数。

2.4.2 内部控制信息披露质量测评方法综述

（1）分析师评级量表法。分析师测评表是由证券分析师对上市公司的内部控制信息披露质量进行评级而成的量表。实证研究中运用最广泛的分析师评级包括：美国 AIMR 数据库的评级分数，其根据上市公司年报、半年报、季报以及其他途径披露的信息，按照每个项目的重要性，相应地设定加权系数进行评分评级；标准普尔评级量表，主要包括董事会和管理层等共 98 项评分标准；里昂证券（CLSA）设立的公司治理评分，其主要从财务目标的披露、及时发布年报、及时发布半年报、及时发布季报、迅速披露经营成果，且在披露前无泄露、根据国际一般会计准则来编制财务报表、立即披露重大信息等方面进行评分；我国深圳证券交易所自 2001 年起发布的深市上市公司信息披露质量评级数据，以一个年度为一个考核期间，分别对公司信息披露的及时性、准确性、完整性和合法性进行等级考评，其侧重于上市公司强制性披露的履行情况。

（2）信息披露指数法。信息披露指数是研究者根据研究目的的不同，自己设计选取信息披露条目，用信息披露数量来衡量信息披露质量。信息披露指数分为简单披露法和加权披露法。简单法采用 0、1 评分法，因此，这种方法只能衡量某个条目是否进行披露，而不管披露内容的翔实及质量；加权法反映了不同信息披露项目的重要性，通常分 3 级，例如，质量披露得分 2，数量披露得分 1，未披露得分 0。此方法可以反映披露条目的不同等级。

非加权信息披露指数公式：

$$Disc_j = \frac{1}{n}\sum_{i=1}^{n_j} d_i$$

其中，$Disc_j$ 为 j 公司的信息披露指数，d_i 为 j 公司信息披露项目，n_j 为期望 j 公司披露项目总数。

这种披露指数在我国应用较为广泛，代表指标为李维安教授带领的南开大学治理中心编制的上市公司内部控制信息披露指数①。该披露指数包含 5 个一级指标，65 个二级指数，以一年为评价周期，衡量上市公司自 2007 年以来的信息披露状况，得到每年的内部控制信息披露指数。

（3）信息披露总体质量指数法。贝雷塔等（Beretta et al.，2004）以上市公司年报中的句子为最小研究单位，构建了信息披露总体质量指数来衡量上市公司风险信息的披露质量，具体包含四个方面：披露相对数量。该指数采

① 相关数据来源于“迪博”内部控制披露数据库。

用年报中披露风险信息的句子数量超过行业平均数量来衡量，用回归方程中的标准残差对其进行计算，其公式如下：$DiscQ_i = \beta_0 + \sum_{j=1}^{k}\beta_j ind_j + \beta_{k+1}\ln size_i + \varepsilon$，其中，$DiscQ_i$ 为 i 行业中披露有关上市公司风险信息的句子数量，$\ln size_i$ 为控制变量，代表 i 家公司资产规模（取自然对数）；披露密度。该指数可以防止上市公司将其重要信息或者负面信息藏匿起来，采用年报中关于公司风险的句子数量与年报中信息披露的句子数量的比值，其公式如下：$DiscM_i = \frac{1}{k_i}\sum_{j=1}^{k} rfl_{ij}$，其中，$DiscM_i$ 为 i 公司的信息披露密度，k_i 为 i 公司年报中信息披露句子总和，rfl_{ij}为虚拟变量，代表若第 i 公司年报中的第 j 句含有风险信息，取 1，否则取 0；披露深度。该指数衡量上市公司年报中关于公司风险对未来经营绩效影响程度的披露情况，其公式如下：$DiscD_i = \frac{1}{rq_i}\sum_{j=1}^{k_i} xn_{ij} + \frac{1}{rq_i}\sum_{j=1}^{k_i} ad_{ij}$，其中，$DiscD_i$ 为 i 公司的信息披露深度，$\frac{1}{rq_i}$为年报中关于风险披露条目的数量，xn_{ij}为虚拟变量（定性化指标），代表年报中包含风险预期对未来经营绩效消息，取 1，否则取 0，ad_{ij}为虚拟变量（定量化指标），代表年报中包含风险预期对未来经营绩效的数理化影响的消息，取 1，否则取 0；披露应对措施。该指标用来衡量公司披露与风险相关的应对措施信息，其公式如下：$DiscP_i = \frac{1}{rq_i}\sum_{j=1}^{k_i} op_{ij}$，其中，$DiscP_i$ 为 i 公司的信息披露应对措施，op_{ij}为虚拟变量，代表年报中包含披露与风险相关的应对措施，取 1，否则取 0。同时，为了避免产生规模效应，Beretta 等还对上述四个指标进行标准化处理：$ind_i^s = \frac{ind_i - \min_i(ind_i)}{\text{man}_i(ind_i) - \min_i(ind_i)}$。因此，标准化后的上市公司信息披露总体质量的公式如下：$DQ_i = \frac{1}{4}\left(DisQ_i^s + DisM_i^s + DisD_i^s + DisP_i^s\right)$。

（4）信息透明度法。巴塞尔银行于 1998 年 9 月公布的“增强银行透明度”研究报告中将信息透明度定义为“公开披露可靠性与及时性的信息有助于信息使用者准确评价一家公司的财务状况和业绩、经营活动、风险分布及风险管理实务”。该公告要求，透明度必须包括以下特征：全面、相关、及时、可靠、重大、可比。

国外很多学者依照巴塞尔银行对透明信息的定义和特征要求，构建信息透明度衡量指标来测评信息披露质量，以巴塔查理亚等（Bhattacharya et al.，2003）的研究为代表，其设计了盈余激进度、盈余平滑度和损失规避度三个替代变量和三个替代变量的加总来测评 34 个国家的信息透明度，研究信息透明度与股权资本成本之间关系。但本节认为，信息透明度是会计信息质量的谨慎性体现，将该替代变量作为衡量信息披露质量较为片面。

（5）信息披露集中度法。比蒂等（Beattie et al.，2004）的研究表明：信息披露质量可以通过信息披露集中程度来衡量，高质量的信息披露应该在各项披露项目之间均衡，其构建了赫芬达尔指数（简称 HHI），其公式如下：

$$HHI = \sum_{i=1}^{n} p_i^2$$

其中，p_i 为第 i 项披露项目数量的百分比。

2.4.3　相关实证文献回顾

目前，我国可供参考的运用此方法构建评价指数的实证文献相对较少，本节对近十年来的相关实证文献进行回顾。杨玉凤等（2010）以内部控制基本规范为依据，设计了内部控制信息披露质量的评价指标体系，构建了内部控制信息披露指数（Internal Control Information Disclosure Index，ICIDI）。张兆国等（2011）构建了一个以目标为导向的上市公司的内部控制评价体系，第一层为五个目标层指标，包括战略目标、经营目标、报告目标、合规性目标、资产安全性目标，第二层根据目标层，结合我国实际情况具体细分为 25 个二级指标。张晓岚等（2012）主张构建基于熵权模型的内部控制信息披露质量指数，以披露信息的相关性和可靠性为主要依据，构建三级指标体系。袁晴（2014）查看财务报告年报、内部控制自评报告等披露的内部控制信息，从内容的及时性、真实性和完整性这三个方面来评价内部控制信息披露质量，根据内部控制五要素以及内部控制自评报告的具体内容，形成 24 个二级指标，根据专家评分法和模糊评价法确立内部控制信息披露质量评价指标体系。张瑶等（2015）以内部控制信息披露的三个基本要求可靠性、完整性和相关性角度为出发点，根据内部控制应用指引的具体内容建立二级、三级指标，并使用熵权赋值法衡量内部控制信息披露质量。李泱（2016）使用 TOPSIS 方法，以及时性、真实性和完整性作为内部控制信息披露质量的一级评价指标，最终形成21个具体指标，没有对各层级指标的重要性进行区分，而是采用了简单综合评价方法。闫华红等（2016）根据FASB的相关要求，选择相关性与可靠性作为内部控制信息披露质量的两类一级评判标准，并在其基础上进一步划分8个二级指标和63个三级指标，以相关性和可靠性作为内部控制信息披露质量的两个核心评价指标，建立内部控制信息披露质量指标体系，分别在自愿性披露和强制性披露两个阶段中，以披露内部控制信息的沪深两市主板上市公司为研究样本，对中国2010—2013年上市公司的内部控制信息披露情况进行评价分析。崔智敏等（2019）参照萨班斯法案在《企业内部控制基本规范》《企业内部控制配套指引》《上海证券交易所上市公司内部控制指引》和《深圳证券交易所上市公司内部控制指引》中关于内部控制信息披露的相关规定，建立一个指标体系并将其量化，通过构建内部控制信息披露指数（ICDI）来衡量内部控制信息披露水平，对2015—2017年沪深A股上市公司财务数据进行实证分析来探究内部控制信息披露与企业价值相关性。

2.5 内部控制信息披露与股权资本成本相关性研究

内部控制信息披露对公司股权资本成本的影响是公司财务理论中的核心问题，也是会计理论与实证研究中不可规避的问题。股权资本成本作为内部控制信息披露质量的重要经济后果，其相关性研究是资本市场财务会计领域研究的重要课题。本节将基于不同视角，从直接影响和间接影响两个层面着手，对内部控制信息披露与股权资本成本相关关系的研究文献作出更加全面的综述。

国外分析内部控制信息披露与股权资本成本相关性的研究有很多，早期以理论研究为主，分析两者间的直接影响，研究内部控制信息披露是否会影响股权资本成本，到后期的实证研究逐渐增多，越来越多的学者开始关注内部控制信息披露对股权资本成本影响的机理研究，大多数实证文献以内部控制缺陷、商业风险、盈余管理、股权结构等因素作为间接影响变量，研究内部控制信息披露是如何影响股权资本成本的。巴里和布朗（Barry和Brown，1985）是最早研究内部控制信息披露质量与股权资本成本之间关系的学者之一。他们认为，投资者将公司披露的内部控制信息作为制定投资决策的依据，并要求合理的预期收益。他们的投资决策通常将不同信息含量的股票按照一定的比例组合而成，其预期收益方差与股票信息含量负相关，也就是说股票的信息含量越少，其承担风险的可能性就越大，其预期收益就越高。鲁兹等（Leuz et al.，2000）以美国和德国上市公司相关数据作为样本，实证研究表明：由德国 GAAP[①] 监管下的上市公司在转变为由美国 GAAP 监管之后，内部控制信息披露质量明显提高，股票买卖价差降低，交易量升高，股权资本成本随之降低。吉茨曼等（Gietzmann et al.，2005）以 1999—2002 年伦敦证券交易所上市的所有 IT 行业公司作为样本，剔除 ST 公司，实证研究表明：内部控制信息披露质量与股权资本成本显著负相关。奥涅瓦等（Ogneva et al.，2007）以美国 2004—2007 年首次按照 SOX 法案中 404 条款规定提交内部控制评价报告的公司作为研究样本，实证研究表明：披露内部控制缺陷的公司，其股权资本成本高于其他样本公司，而在控制了公司特征和分析师预测偏差之后，这样的相关性消失。戈登等（Gordon et al.，2012）取 2003 年 11 月至 2005 年 9 月期间根据 SOX 法案中 302 条款或 SOX 法案中 304 条款至少披露一项内部控制缺陷的公司作为样本，实证研究内部控制缺陷与股权资本成本相关关系。研究表明：依据 SOX 法案中 302 条款判定上市公司存在内部控制缺陷会导致其股权资本成本上升，而依据 SOX 法案中 304 条款判定上市公司存在内部控制缺陷不会导致其股权资本成本存在显著变化。但当样本时间延长后（取 2004—2009 年），内部控制重大缺陷与股权资本成本间显著正相关，且存在内部控制重大缺陷的持续时间越长，其股权资本成本越高。他认为导致其实证结果不同的原因可能由于样本差异所导致的实质性缺陷类型不同且股权资本成本的估算方法不同。基努埃等（Keune et al.，2018）检验了内部控制缺陷披露与投资者风险评估之间相关关系。研究表明：投资者更关注特定缺陷以及重要、重大缺陷，并对此类型内部控制缺陷抱有更高的风险评估水平，进而导致股权资本成本上升。延切瓦（Yancheva，2018）认为，上市公司内部人员拥有内部控制信息比例越高，投资者的要求报酬率越高，股权资本成本就越高。

① GAAP 作为一套官方的权威性的标准组合，是企业会计人员记录、汇总会计数据和编制会计报表所必须遵循，也是审计人员审核企业会计报表的依据。

然而，国内关于内部控制信息披露影响股权资本成本的研究起步较晚，研究结论肯定了两者之间存在相关关系，但大多实证研究关于内部控制信息披露对股权资本成本产生何种影响的结论并非完全一致，尚未形成定论，主要分为两派，一派学者认为，内部控制信息披露与股权资本成本之间显著正相关。曾颖（2006）采用剩余收益模型，以深圳证券市场A股上市公司为样本，实验证明，内部控制信息披露质量与股权资本成本之间显著正相关；另一派学者的研究结论表明：内部控制信息披露与股权资本成本之间显著负相关。汪炜等（2004）的研究表明：外部融资比例较高的公司更热衷于提高其内部控制信息披露质量，内部控制信息披露质量越高，股权资本成本越低，即内部控制信息披露质量和信息透明度水平与股权资本成本显著负相关。陆颖丰（2006）在控制其他影响因素，比如公司规模、盈利能力、财务杠杆、账面市值比和公司增长能力保持不变的情况下，以2001—2003年深市上市公司披露的内部控制评价报告中的评分指标作为内部控制信息披露质量的定量指标，用GLS模型估算股权资本成本。实验证明，内部控制评价报告评分越高，股权资本成本越低，即内部控制信息披露质量与股权资本成本负相关。郝东洋等（2015）基于2010—2013年沪深A股上市公司数据，实证分析了内部控制效率对资本结构调整速度以及资本结构偏离度的影响，结果表明：高质量内部控制在制约管理者激进投资行为、提高公司价值和降低股权资本成本方面发挥显著功能。可以看出，运用国内资本市场数据进行实证研究，得出内部控制信息披露与股权资本成本之间呈现负相关关系的学者占大多数。

此外，伴随着内部控制信息披露由自愿阶段向强制披露阶段的过渡以及一系列内部控制信息披露强制要求的出台，越来越多的学者开始关注上市公司内部控制信息的披露意愿以及内部控制报告的披露行为对于股权资本成本的影响。吴益兵（2009）对中国上市公司的内部控制信息自愿披露与股权资本成本的关系进行实证分析发现：自愿披露内部控制自我评价报告并不会对股权资本成本产生显著的负向影响，只有对外披露经过独立的注册会计师审计并被认可的内部控制信息才能对股权资本成本产生显著负向影响。孙文娟（2011）从信息不对称角度出发，以2007—2009年沪深A股上市公司作为研究样本，实证检验内部控制评价报告和鉴定报告的披露对股权资本成本的影响，结果表明：无论是自愿还是强制披露内部控制评价报告或是鉴证报告，还是单独出具内部控制评价报告或是引入独立的第三方审计机构另出具内部控制审计报告，企业的内部控制报告披露行为均不会对股权资本成本产生影响。方红星等（2011）采用 2008—2010 年深沪 A 股上市公司数据作为样本，实证研究自愿性内部控制信息披露质量与股权资本成本相关性。结果显示，上市公司自愿披露内部控制评价报告的行为可以增大信号传递功能，显著降低其股权资本成本。张然等（2012）选取 2007—2010 年沪深主板上市公司中披露内部控制评价报告和鉴定报告的公司作为样本，研究内部控制披露行为如何影响股权资本成本。实证结果表明：披露内部控制评价报告和鉴定报告与股权资本成本均呈现显著负相关关系。袁放建等（2013）取 2007—2011 年沪市 A 股披露内部控制鉴证报告的上市公司作为研究样本，研究我国上市公司披露内部控制鉴证报告的自愿性程度对权益资本成本的影响。研究结果表明：披露内部控制鉴证报告的自愿性程度与股权资本成本显著负相关，且上市公司终极控制人性质与内部控制鉴证报告信息质量显著正相关，得到政府的经济支持和政策性资源的国企更能降低投资者对企业风险的估计，从而降低股权资本成本。索有（2014）以 2008—2011 年沪市 A 股非金融类上市公司数据作为研究样本，自愿性内部控制信息披露与公司权益资本成本之间的关系，结果表明：自愿披露内部控制鉴证报告与权益资本成本显著负相关，但自愿披露内部控制评价报告与权益资本成本间不存在相关性。纵观上述文献可以看出，国内关于内部控制报告披露行为对股权资本成本的影响结论也不尽相同，尚未形成定论。

还有一些文献是基于内部控制缺陷视角展开，以内部控制缺陷作为内部控制质量或内部控制信息披露质量的替代变量，检验内部控制信息披露质量与股权资本成本之间相关关系。程智荣（2012）运用判断公司内部控制环境存在缺陷的一个概率模型衡量其内部控制质量，检验内部控制和资本成本的关系。实证结果表明：内部控制质量与公司存在内部控制缺陷的概率显著负相关，当公司拥有完善的内部控制制度时，其存在内部控制缺陷的可能性越低，股权资本成本随之降低。盛常艳（2012）取 2010 年深沪 A 股上市公司作为研究样本，研究内部控制缺陷披露对公司业绩的影响。研究表明：披露内部控制缺陷与公司业绩显著正相关，且披露得越充分，公司业绩越高，股权资本成本越低。李将敏等（2014）取 2011—2012 年深沪 A 股披露年报的上市公司作为研究样本，实证研究内部控制缺陷披露对股权资本成本的影响。研究表明：内部控制缺陷披露与股权资本成本显著正相关，且股权投资者更有动力积极获取公司经营管理信息。王艺霖等（2014）取2011—2012年深沪A股上市公司数据，分析内部控制缺陷披露、内部控制审计与股权资本成本相关关系。研究表明：上市公司对外披露内部控制缺陷会降低投资者的投资信心，提高其预期风险的评估水平，进而提升股权资本成本，此外，健全的内部控制审计具有一定程度的信号传递作用，可以减弱内部控制缺陷披露与股权资本成本之间的正相关关系。张瑶等（2015）利用内部控制缺陷披露作为内部控制信息披露质量的评判依据，股权资本成本作为资本市场中获得未来持续收益的评判依据，取2010—2012年沪市A股上市公司相关数据，实证研究上市公司在相关法律法规的要求下，提高其内部控制信息披露质量，是否可以从资本市场中获得未来持续收益。研究表明：内部控制信息披露质量越高，股权资本成本越低，且自愿性披露方式会加剧两者间负相关关系。张瑶等（2016）以沪市上市公司2010—2012年存在违规行为、存在财务报表重述、受到中国证监会处罚、注册会计师对公司财务报表发布非标审计意见为基础，确定存在内部控制重大缺陷的上市公司样本，并在此基础上依据是否如实披露存在的内部控制重大缺陷信息，对公司管理层"动机选择"行为的经济后果进行了实证研究。研究表明：隐瞒不报内部控制缺陷行为与股权资本成本显著正相关，尤其是重大内部控制缺陷。梳理上述文献不难发现，国内学者关于内部控制缺陷的披露行为对于股权资本成本产生何种影响的研究结论也不一致，存在分歧。

国内针对内部控制信息披露影响股权资本成本的机理研究大多是基于风险因素视角，包括信息风险、投资风险或股票流动性，运用理论或实证研究方法，分析内部控制信息披露具体是如何影响股权资本成本。风险因素之所以重要，原因在于股权资本成本等于无风险报酬加风险报酬的总和，而风险报酬是依照特定股票中不可转移的风险所决定的，且这种风险通常是由未来不可预知的，存在较大不确定性的，容易导致投资者投资失败的交易事项组成，它将直接决定投资者的预期报酬率诉求，风险越大，投资者预测造成损失的可能性就越大，其要求报酬率水平会随之提高，股权资本成本提高。国外的研究起步较早，默顿（Merton，1987）从风险溢价角度出发，研究优劣上市公司的异同点。他指出，当公司的内部控制信息披露质量没有达到投资者要求时，他们会因为信息不对称性要求更多的风险补偿，这些风险补偿将转化为风险溢价，进而增加股权资本成本。针对此类风险溢价，优质上市公司会采取措施向潜在投资者传递相应的信息以减少其与公司管理层之间的信息不对称性，减少股权资本成本的增加。博托桑（Botosan，2002）的实证研究成果论证了系统风险的媒介作用。他指出，内部控制信息披露质量的提高能够降低股权资本成本的原因有二：第一，内部控制信息披露有助于减少投资者与证券市场之间的信息不对称性水平。减少投资者因为对股票交易信息的认知不全而增加的未知风险和投资失败的可能性，增加股票的流动性和交易总量；第二，内部控制信息披露有助于减少投资者与公司管理层之间的信息不对称性水平。投资者预期承担的风险随之减少，其要求的最低报酬率也随之降低，从而降低股权资本成本。阿什堡－斯卡伊夫等（Ashbaugh－Skaife et al.，2009）借助于 LLV 模型①，实证研究内部控制信息披露与企业风险、股权资本成本之间相关关系，研究表明：当公司对外披露的内部控制审计报告中存在表明内部控制信息存在缺陷或出现早期缺陷预警的审计意见时，其经营风险、系统风险和股权资本成本会明显升高，即内部控制审计意见对公司的经营风险和股权资本成本存在影响。冯等（Feng et al.，2009）和高（Gao，2010）实证研究表明：内部控制信息披露质量与股权资本成本显著负相关。其影响效力体现在投资者面临的信息风险和公司面临的经营风险上。换言之，一个公司的内部控制信息披露质量越好，其财务信息越真实，投资者获取公司披露信息时遭受的信息不对称水平就越低，公司的股权资本成本就越低。王等（Wang et al.，2012）采用调查问卷、实验研究和统计分析相结合的方法，研究投资者感知的投资风险与内部控制缺陷之间的关系。实证结果表明：对于没有披露内部控制信息的公司，投资者会提高披露内部控制信息公司的投资风险，股权资本成本随之提高。阿里等（Ali 等，2016）认为，低质量的内部控制信息披露会增大公司股票回报率的波动程度，这意味着投资者获得回报的不确定性增加，其承担的投资风险随之增大，进而要求更高的风险溢价，提高公司股权资本成本。马蒂等（Mahdy et al.，2019）指出，投资者的预测风险与股权资本成本呈现显著负相关关系，当公司的信息透明度越高时，其投资者对公司财务的预测准确度越高，进而降低其预测风险和要求报酬率水平，降低股权资本成本。

---

① LLV 模型是 Lambert，Leuz 和 Verrecchia 在 2007 年建立的关于信息披露与资本成本关系的数理模型。

流动性之所以被看作是研究内部控制信息披露与股权资本成本相关性中非常重要的因素之一，原因在于上市公司内部控制信息披露质量的提高会减小股票的流动性溢价，即减小了股票的买卖价差，从而增加了一定时期内股票的交易量，提高股票的换手率，降低投资者对该股票的预期收益，进而降低股票交易成本，降低公司股权资本成本。布希等（Bushee et al.，2000）采用 AIMR 评分体系进行实证分析，结论表明：增大内部控制信息披露范围的样本公司可以有效地降低股票收益的波动幅度，进而吸引投资者，增加股票交易总量，但内部控制信息披露程度的扩大意味着内部控制披露总量的增加，并不等同于内部控制信息披露质量的提高，对投资者的吸引将会局限于短期机构投资者，进而导致交易成本的提升，提高股权资本成本。贝尼什等（Beneish et al.，2008）认为，披露内部控制缺陷的公司，其股票流动性会大大降低，股票价格波动明显，股权资本成本随之升高。吴战篪等（2008）围绕股票流动性影响媒介展开实证研究，结果表明：上市公司的内部控制信息披露水平与股票流动性显著正相关。股票流动性越好意味着公司的盈利能力越强，公司预期未来的现金流越多，融资成本随之减少，继而影响公司股权资本成本。兰格（Lang，2010）认为，上市公司内部控制信息披露质量的提高有助于提高该公司的股票流动性和投资者对该公司股票的投资信心，继而影响其股权资本成本。高等（Gao et al.，2010）运用相关数据实证检验表明：上市公司内部控制信息披露水平越高，管理层的决策行为受其影响的程度就越大，其决策的真实性程度越高，投资者获得的现金流越多，股票流动性越强，公司的经营风险随之降低，进而降低股权资本成本。伊斯法罕尼亚等（Esfahaniyan et al.，2013）实证研究表明：投资者投入资本的多少与公司内部控制信息披露质量正相关，也就是说，当公司内部控制信息披露质量较高时，投资者愿意购买更多的公司股票，股票流动性和交易量随之提高，交易成本降低，从而降低股权资本成本。李维（Levi，2015）认为，内部控制信息披露质量与股票买卖价差呈现显著负相关关系，即内部控制信息披露质量的提高可以降低股票的买卖价差，从而提高了股票流动性，较高的流动性降低了投资者因存在超额交易成本而要求的超额回报，进而降低股权资本成本。贝尔托默等（Bertomeu et al.，2016）认为，内部控制信息披露质量与股票流动性显著正相关，即内部控制信息披露质量的提高有助于提高股票流动性，降低股权资本成本和股票交易费用。

2.6 本章小结

本章主要围绕内部控制信息披露与股权资本成本相关关系层面内容，具体从内部控制信息披露重要性研究、内部控制信息披露及内部控制缺陷披露影响因素研究、内部控制信息披露及内部控制缺陷披露经济后果研究、内部控制信息披露质量测评模型与测评方法综述和内部控制信息披露与股权资本成本相关性研究五个层面着手，对国内外相关理论与实证研究成果分别进行梳理与综述，为后文研究内部控制信息披露与股权资本成本相关性提供相关文献支撑。

第一，通过梳理内部控制信息披露重要性的相关文献可以得出以下结论：内部控制信息披露体制不仅对于商业企业，对于非营利性机构、政府部门等同等重要，原因在于，上市公司内部控制信息与财务信息密切相关，投资者可以通过上市公司披露的内部控制信息间接掌握公司的财务状况；内部控制信息披露质量越高的上市公司越能吸引更多投资者，提高投资者信心；内部控制信息有助于投资者作出更加正确的投资决策，对于投资者而言，具有较高的投资决策有用性。上市公司内部控制信息披露是连接公司管理层与投资者的信息纽带，公司通过信息披露这种手段将其内部控制的相关信息（不论好与坏）传递给投资者，减少公司与投资者之间的信息不对称性，提高信息透明度，让投资者了解公司的实际状况，预期其未来的投资回报率和风险系数，并根据其预期确定风险溢价，进而决定公司的股权资本成本，因此，进行内部控制信息披露与股权资本成本相关性研究对于如何降低公司股权资本成本至关重要。目前，大部分公司都是通过公开财务报告来披露内部控制信息，且披露信息的可靠性和完整性水平不容乐观。现有研究成果均表明：上市公司必须建立健全内部控制体系和内部控制信息披露体制，只有及时、相关、可靠且如实地披露公司的内部控制信息才是保护投资者利益，降低股权资本成本，实现公司利益最大化目标，保障公司健康稳定发展的正确方法。

第二，通过梳理内部控制信息披露影响因素的相关文献可以得出以下结论：影响内部控制信息披露的因素主要概括为公司特征、公司治理结构、股权结构和外部监管与市场化程度四方面内容。公司特征层面影响内部控制信息披露质量的因素主要有公司规模、盈利能力、盈余绩效水平、财务风险等；公司治理结构层面影响内部控制信息披露的因素主要有审计委员会的设立与否、独立性程度以及成员专业性水平，独立董事比例，监事会比例，董事会和股东大会会议次数，董事长与总经理是否存在“兼任现象”，管理者的风险偏好等；股权结构层面影响内部控制信息披露质量的因素主要是指不同性质股东持股份额的不同带来的不同影响，例如，机构投资者持股比例、外部股权比例、第一大股东持股比例、高管持股比例等；外部监管与市场化程度层面影响内部控制信息披露质量的因素主要有市场化程度、行业竞争水平差异、部门和制度的监管力度、法律法规约束和监管等。

影响内部控制缺陷及其披露的因素主要概括为公司特征、公司治理结构和外部审计与其他外部监管三方面内容。公司特征层面影响内部控制缺陷及其披露的因素主要有公司规模、盈利能力、生产绩效、风险水平、业务复杂程度、组织结构规模等；公司治理结构层面的主要因素与前文类似，在此将不再赘述；外部审计与其他外部监管层面影响内部控制缺陷及其披露的因素主要有聘请外部审计师事务所的规模大小、商誉高低，审计费用，参与审计的人员数量，部门和制度的监管力度等。

第三，通过梳理内部控制信息披露经济后果的相关文献可以得出以下结论：内部控制信息披露引起的经济后果主要包括股价波动与股票交易量变化、企业价值相关性以及证券市场反应三方面。从股价波动与股票交易量变化角度来看，高质量的内部控制信息披露可以降低股票市场信息不对称性水平，提高信息透明度，改善投资环境，提高投资者信心，降低其预期收益的不确定性和风险溢价，促使投资者追加投资，从而增加股票交易量，引起股价波动；从价值相关性角度来看，高质量的内部控制信息披露不仅有利于降低上市公司与投资者之间的信息不对称性水平，改善公司外部投资环境，吸引更多投资者，影响投资者投资决策，降低融资成本，还能完善公司内部治理结构，提高生产绩效和运营效率，减少盈余操控行为的发生，提高公司内部控制信息披露自愿性水平，促使公司内外部治理相辅相成相互配合，进而创造更高价值；从证券市场反应角度来看，高质量的内部控制信息披露有利于改善企业非正常股票收益与证券市场环境波动的不确定性之间的正相关关系，提升整个证券市场效率，保障市场健康有序发展。

第四，内部控制信息披露质量的量化处理对于学术研究至关重要，通过梳理测评内部控制信息披露质量的相关文献可知：国内外学者测评内部控制信息披露质量主要运用层次分析模型、主成分分析模型和熵权模型；测评方法主要包括分析师评级量表法、信息披露指数法、信息披露总体质量指数法、信息透明度法以及信息披露集中度法。

第五，内部控制信息披露与股权资本成本相关性研究是本书的核心内容，本章对此部分进行了较大篇幅的文献梳理，通过梳理此部分文献可以得出以下结论：内部控制信息披露与股权资本成本之间既直接相关，又间接相关。直接相关表现为：高质量的内部控制信息披露可以减少系统性风险，进而为公司降低股权资本成本产生直接效用；间接相关表现为：内部控制信息披露通过股票流动性和投资风险两项调节因素来影响股权资本成本。一方面，高质量的内部控制信息披露可以通过提高信息透明度、降低管理者与投资者之间的信息不对称性，提高股票流动性，降低交易成本和融资成本，进而间接影响股权资本成本；另一方面，高质量的内部控制信息披露能够更好地保障公司的财务报告质量，提高其财务报告的全面性、客观性、真实性和相关性，进而提高公司财务信息透明度，降低管理者与投资者之间的信息不对称性，降低投资者预期所要承担的投资风险，降低公司融资成本，进而为公司降低股权资本成本产生间接效用。

纵观现有研究文献，不难发现国内关于内部控制信息披露，尤其是内部控制缺陷信息披露与股权资本成本相关性的研究起步较晚，伴随着我国上市公司进入强制披露阶段后，相关学者针对该领域的研究结论也不完全一致，很多方面都尚未形成定论，且存在一些研究缺陷。本节大致总结了国内尚未形成定论的部分研究：上市公司披露内部控制缺陷对于股权资本成本的影响究竟是好是坏；内部控制信息披露质量对于股权资本成本的影响究竟是好是坏；公司内部控制报告的披露是否会影响股权资本成本；产权性质是否影响上市公司披露和修正内部控制缺陷的主动性和有效性；聘请外部审计师事务所规模以及审计费用对于上市公司披露内部控制缺陷的影响究竟是正向还是负向；公司规模对于股权资本成本的影响究竟是正向还是负向；产权性质是否作用于内部控制信息披露对股权资本成本的影响；等等。此外，本节认为，以下领域的研究文献相对较少或存在研究缺陷：（1）国内缺少一个统一的仅针对强制披露阶段上市公司内部控制信息披露质量的评价指标体系；（2）国内针对此领域的研究无法排除资本市场噪音的影响以及国内学者对于内部控制信息披露质量的重视程度不够，导致相关研究存在缺陷；（3）基于股票流动性或投资风险视角研究内部控制信息披露与股权资本成本相关性的文献数量相对较少，且大多数是单因素研究法，忽视了股票流动性、投资风险或其他变量与内部控制信息披露质量对股权资本成本的双因素或多因素影响机理分析，存在一定的研究缺陷；（4）国内有关内部控制信息披露的实证研究大多没有规避因披露制度差异导致的内部控制信息披露质量对股权资本成本的影响误差，存在一定的研究缺陷。

因此，本书试图通过后续的实证研究，完善内部控制信息披露质量评价指标体系、内部控制缺陷对股权资本成本直接影响、内部控制信息披露质量对股权资本成本多因素间接影响研究及其机理分析，为上述列举的关于内部控制信息披露对股权资本成本影响的相关研究中尚未形成定论或存在缺陷的研究领域贡献实证经验证据。

第3章 内部控制信息披露与股权资本成本研究理论基础

为了全面、深入地研究内部控制信息披露与股权资本成本之间的相关关系，本章借鉴金融经济学、公司理财学、制度经济学、信息经济学、行为经济学、会计学的相关理论，第一，运用信号传递理论分析上市公司进行内部控制信息披露的目的，即为了向市场传递某种信号；第二，运用市场信息结构理论，结合信息不对称理论，分析证券市场和上市公司进行内部控制信息披露的动机，即为了降低证券市场中的信息不对称性水平；第三，运用契约理论分析内部控制活动中产生的契约成本和信息成本以及随之产生的内部控制信息披露成本，强调内部控制信息披露对契约关系的约束作用；第四，运用投资者保护理论分析内部控制信息披露是公司建立投资者保护机制的必要前提以及内部控制信息披露的投资者保护功能。总而言之，本章的目的在于结合相关理论，解释中国上市公司内部控制信息披露相关问题，股权资本成本相关问题以及两者之间相关性研究的相关问题，以期为本书后续研究奠定坚实的理论基础。

3.1 信号传递与内部控制信息披露目的

1979年，史蒂芬·罗斯（Stephen A. Ross）将信息含量假说与信号传递理论相结合，构建股利信号传递模型，将信号传递理论引入公司金融范畴。他在其著作中指出：伴随资本市场的信息不对称，上市公司通常会向外界传递三种信号：宣告分配利润；宣告发放股利；宣告融资。其中股利信号引起的经济反响最大，其可信度相对较高。那些拥有绝对信息优势的公司管理层，可以通过资本结构、盈余管理或股利政策的选择向潜在的投资者传递信息。

换句话说，上市公司尽力提高其内部控制信息披露质量的目的在于提高其竞争力，确保自己在行业中的优势位置，保障其经营目标的顺利实现，或是为了降低政策性风险可能带来的损失。有研究表明：内部控制信息披露质量越高，其对外披露的内部控制信息的信息含量越多，内部控制信息的价值相关性越高，且公司管理者往往会挑选一些不受随机因素干扰，易于被投资者理解接受的公共信息对外宣告，比如管理者选择向市场宣告发放股利，让投资者了解公司对于该期未来盈利的预估和判断。管理者认为，对外披露信息含量越高的内部控制信息就越能引起投资者的兴趣，他们将希望寄托于这些高信息含量的内部控制信息，希望通过高质量的内部控制信息披露能够增加公司未来现金流，并对公司的资本成本产生负向影响。因此，他们会不惜一切手段向市场传递这些内部控制信息，并让投资者信服这些信息，即使传递信息的路径需要花费大量成本，例如股利宣告，即股利宣告往往意味着上市公司要向市场传递信息含量较高的内部控制信息。从这个角度来看，信号传递理论明确了上市公司进行内部控制信息披露的目的，即为了向市场传递某种信号。信号传递理论认为，在信息不对称现象客观存在的资本市场中，投资者作出逆向选择可能性的提高使得资源利用很难实现帕累托最优。因此，拥有信息优势公司的管理者希望选择一种合适的路径将信息含量较高的内部控制信息传递给正在寻求信息优势的投资者，促使他们作出理性决策，投资者作出的理性投资决策反过来也能提高那些拥有信息优势公司的股票定价和资本成本，继而使得信号传递在资本市场交易中形成一种“良性循环”，这种良性循环将信息含量高的内部控制信息传递给投资者，使具有信息优势的公司与信息劣势公司区分开，降低了市场中的信息不对称性，不仅提高了对外披露内部控制信息的决策有用性，还增强了公司进行内部控制信息披露的主观意向，有利于实现公司价值最大化目标，即高质量的内部控制信息披露能够更好地发挥信号传递的作用，帮助投资者更全面真实地了解企业内部控制建设、生产绩效和运营成果的真实状况，从而提高内部控制信息对投资者的决策有用性，为投资者依据内部控制信息作出更理性的投资判断助力，促进股票市场中各项资源高效有序运转，保障资源的有效配置和资本市场健康稳定发展。

此外，根据信号传递理论，公司会通过主动向外界市场传递富含正面价值信息含量信号的路径来获得更多投资资本，降低公司融资成本，继而对公司资本成本产生影响。首先，内部控制质量高的公司会更积极地自愿披露其好的内部控制信息，降低信息不对称性，影响投资者决策，降低再融资成本，降低股权资本成本；其次，公司自愿披露内部控制信息，不论其披露的内容是好是坏，其自愿披露的行为会给投资者留下积极正面的印象，增强投资者信心。即使公司披露了内部控制信息中的缺陷，在披露当下可能会带来短期的负面经济效应，长期而言，公司就内部控制信息中的缺陷制定合理可行的整改补救措施并及时传递给投资者，会获得投资者的宽容和理解，让投资者明晰公司的内部控制水平和未来的发展潜力，消除短期的负面效应，也会降低融资成本，减少股权资本成本，提高公司价值。

3.2　市场信息结构与内部控制信息披露动机

信息不对称现象的存在不断地提醒着学术界应该从更多方面去关注影响资本成本的各类因素。考虑到影响资本成本的因素是多方面的，那么这些个体因素的叠加以及整合路径是否会对资本成本产生其他影响？该问题需要利用“市场信息结构”理论加以解释并作答。市场信息结构是指在市场微观结构中与信息披露有关的各种个体因素的叠加和整合路径，而市场微观结构理论主要研究在既定市场微观结构下金融资产的定价过程及其结果，揭示市场微观结构在金融资产价格形成过程中的作用，可以看出，市场信息结构是市场微观结构的重要组成部分之一。由于市场微观结构决定了股票价格和资本成本的高低，而市场信息结构又是市场微观结构的一个重要组成部分，即市场信息结构可能对股票价格以及资本成本产生影响。因此，不但要从多方面关注影响资本成本的因素，还要关注特定的“市场信息结构”在信息披露影响资本成本过程中发挥的作用。实际上，本书在理论部分的研究都可以归结为，在某种特定的市场信息结构下，分析与内部控制信息披露有关的个体因素或整合因素对股权资本成本的影响。

在市场经济条件下，信息已经成为一种商品，具有价值，在信息使用者之间不断被消费、被追逐、被传播。仵志忠（1997）认为，信息本身具有无限性的特征，但在当今的市场经济下，由于披露和传播路径、人类认知能力差异等多种因素的局限，致使信息的搜集与认知具有有限性的特征，“有限性”与“无限性”之间的矛盾最终导致信息的不对称性现象产生。那究竟何为信息不对称性？当资本市场中参与经济交易的利益相关者中，一部分人获得的交易信息比其余的人多，那么该资本市场中存在信息不对称现象。完全有效市场假说认为，资本市场是完全有效且完全竞争的，信息分布是绝对均衡的，投资者完全理性，因而与交易相关的一切信息都能及时、准确地反映在股价上。但事实并非如此。资本市场发展不成熟，噪音充斥，投资者不是完全理性的，信息不对称性现象普遍存在，进而导致投资者与公司管理层之间、投资者之间的信息获得不均衡，缺乏必要的公平公正，加上不同信息使用者利用和分析信息的能力不同，导致信息最终产生的价值效力千差万别，投资者之间的投资回报率也不尽相同。因此，资本市场不同质量的股票可以按照相同的价格出售，甚至质次价更高。资本市场的信息不对称性客观存在。具体而言，股票市场中普遍存在信息不对称现象，它是一个典型的信息不对称市场。股票市场是一个虚拟经济市场，股票本身不具备价值，它是一个虚拟产品。它之所以具有价值，是股票市场决定的，通过股票市场中形形色色的上市公司表露出的各种信息展现出来。因此，股票市场是一个信息密集型市场，由于获取信息需要成本，信息使用者获得的信息量取决于其自身拥有的财力、能力等方面水平，进而导致信息不对称现象的产生以及信息使用者之间存在信息优势和信息劣势之分。在这种背景下，当管理者意识到其公司掌握的信息是有价值的，且可以为公司带来收益且收益大于成本时，实现其价值最大化的经营目标也会激励公司管理者自愿向市场披露内部控制信息。为了从上市公司中脱颖而出，内部控制体制相对健全的公司更希望通过对外披露内部控制信息让投资者更多地了解自己，为自己争取更多外来投资和更低的投资成本，即内部控制质量高的公司具有更主动地披露内部控制信息的意愿，他们往往寄希望于利用对外披露的高质量内部控制信息彰显本公司高质量的会计信息和优良经营管理绩效，进而给投资者增加投资信心，降低管理者与投资者之间的信息不对称性。

然而，这样的市场也会暴露出很多道德风险问题，比如“搭便车”现象和“机会主义”行为严重削弱信息使用者收集信息的积极性，他们会放弃主动性的信息收集路径，而更青睐于“搭便车”式的信息收集路径和“机会主义”式的信息收集行为，因为这样获取的信息成本更低，速度更快；再比如当信息使用者收集到相同数量的信息，但其信息加工分析的能力不同，其从相同信息中获取的有效价值也千差万别，会进一步加剧信息不对称现象的存在。加之，股票市场需要这样的信息不对称性刺激股票保持一定的流动性基数，进而保障股票市场的稳定运行，这些特性决定了信息不对称是股票市场的本质特性，完全有效市场假说只可能出现在理论中，现实中的股票市场是不可能完全消除信息不对称性现象的。股票市场上的信息不对称主要表现为四个方面：来源、时间、数量和质量。首先，信息来源不对称是由于管理者获得信息的来源和渠道异于投资者，管理者更了解公司的经营状况和财务动态，因此较投资者而言，管理者拥有显著的信息优势；信息时间不对称是指获得信息的时间不同，特别是一些重要信息，掌握这些信息的及时性程度对于投资者是否作出正确决策意义非凡；信息数量不对称是指，在相同时间周期和相同股票市场的前提下，买卖双方获取交易信息的数量不同；信息质量不对称是指，相同时间周期和相同股票市场的前提下，买卖双方获取交易信息的质量不同。具体而言，买方获取信息的渠道有限，比如公司年报、财务报表、审计报告、内部控制报告等，且卖方出于对保护公司机密、隐瞒内部控制缺陷、掩盖管理者重大失误等原因考虑，选择隐瞒信息或者披露部分信息，再加上投资者对于信息的认知能力存在差异，导致投资者获得信息质量参差不齐。

信息不对称与内部控制信息披露相关关系的研究实际上是围绕“逆向选择”的发生概率进行的。依据信息不对称理论，“逆向选择”是指投资者作出有悖价值规律的错误投资决策，也就是说，“逆向选择”是导致不道德投资决策行为（又称为道德风险行为）产生的直接原因。而导致这种错误投资决策产生的原因在于投资者缺乏识别股票真实价值的能力，不能有效区分其经营效率的好坏，不愿意支付高于股票交易平均价格的溢价部分购买股票，进而导致优质股缺少应有的交易溢价；而劣质股则受到追捧，其交易价格本该低于股票市场平均价格，由于信息不对称导致投资者愿意支付股票市场均价购买劣质股使得劣质股获得超额收益，并开始排挤敌对优质股，严重影响资源配置效率。信息不对称导致信息分布不均衡，进而导致利益相关者之间信息优劣差距的扩大。掌握信息优势的投资者寄希望于剥削信息劣势投资者的利益攫取超额收益，这些有悖资本市场正常发展的负向经济后果将会导致“逆向选择”，而这些“逆向选择”如果不得到适当的处理，必然损害广大投资者利益，不利于资本的有效配置和资本市场健康稳定发展，比如资本市场中的优质股纷纷退市，劣质股充斥整个股票市场，投资者在作出逆向选择后终将利益受损，长期的经济受损必将导致投资者撤资；再比如逆向选择营造出的虚假繁荣导致资本市场中的投资者对在市的劣质股上市公司管理层产生错觉，认为这些管理者能力精干，进而让他们继续管理公司，长此以往，这些上市公司经营绩效会随着管理人员管理水平的降低而越来越差。信息不对称性理论指出，高质量的内部控制信息披露可以降低资本市场中的信息不对称性水平，降低公司管理层掌握信息优势的比例，缓解由信息不对称性导致的不道德投资决策行为的发生。因此，上市公司内部控制信息披露对于投资者而言至关重要，它是投资者了解公司内部控制实际情况，判断公司经营绩效和财务状况，作出正确投资决策的基石。高质量的内部控制信息披露有助于公司及时地向投资者披露真实可靠完整的内部控制信息，提高其内部控制信息对投资者产生的投资决策有用性，而低质量的内部控制信息披露不仅有损投资者利益，也会对公司自身利益造成损害。内部控制质量较好的公司通常具有更自愿的内部控制信息披露意向，其目的在于尽早将本公司与那些绩效差的公司区分开，让投资者尽快了解公司的优势，进而吸引更多投资，降低融资成本。因此，高质量的内部控制会提高上市公司管理者披露内部控制信息的自愿程度；而高质量的内部控制信息披露会降低资本市场信息不对称性，降低投资者的预期风险，有助于投资者作出正确的投资决策，反向作用于管理者提高其内部控制质量，进而形成“内部控制与内部控制信息披露”的良性循环，这种良性循环有利于证券市场的健康发展，使那些隐瞒或者披露虚假内部控制信息的上市公司受到整个市场的排挤和拒绝，逐步退市，因此，从信息不对称性角度来看，提高内部控制信息披露质量是股票交易双方的共同意愿，降低证券市场中的信息不对称性水平是进行内部控制信息披露的动机所在。

3.3 内部控制信息披露约束下的契约关系

上市公司所有权和经营权分离，投资者不直接经营公司，他们任命经理并授权他们处理公司业务，两者之间签订契约，进而投资者与管理者之间形成一种内部授权的契约关系，詹森和麦克林将其定义为“代理关系”。至此，投资者转变为委托人（授权人），管理者转变为代理人（被授权人），委托人明确授权范围，授予代理人特定的权力，代理人利用此项特定的权力去达到某项目标，当目标达成，委托人（授权人）会给予其相应的报酬。那么如何既让代理人为委托人的利益最大化无条件付出，又让代理人满足其“利己动机”，形成双方共赢的局面，让这种契约关系的效率最优是委托人必须思考的问题。但由于委托人和代理人之间的根本利益目标不一致以及双方之间严重的信息不对称性和代理人的个人特质和能力水平，导致两者之间经常产生一些委托代理冲突（矛盾），使这种平衡局面往往不能实现。平衡局面的打破意味着内部控制活动中产生的“非零值”的契约成本和信息成本，比如设立各层级层层监管形成监督成本等，代理人为约束自己而制定各项内部控制制度，或对公司管理层实施管理等形成的契约成本，或委托人为获取公司真实全面的运营状况和内部控制信息而产生的信息获取成本，或代理人打破平衡局面导致的额外损失形成的边际成本，等等，这些成本使得内部控制信息披露随之产生“非零值”的披露成本。因此，内部控制信息披露会对公司的现金流量及资本成本产生影响，也就是说，契约成本与内部控制信息披露成本密切相关，内部控制信息披露与股权资本成本之间的相关性研究归根结底是企业中包含的一系列契约关系引申出的替代产物。在内部控制活动中，对契约中约定行为的执行状况进行披露是委托人对代理人履行约定内容进行监管的一种路径，而代理人也可以通过向委托人及时报告契约内容的执行与进展情况来获得委托人对其付出的认可。因此，内部控制信息披露制度是对公司中包含的一系列契约关系的监管措施和约束手段，是公司内部控制管理活动中一项不可或缺的“约束机制”。建立健全内部控制信息披露制度是公司用来解决委托人和代理人之间根本利益目标不一致性的一种有效的内部控制管制措施，也就是说，内部控制信息披露对契约关系起着约束监管的作用，内部控制信息披露制约了契约成本和信息成本等对股权资本成本的影响。

此外，“激励机制”和“约束机制”间的平衡关系也将直接作用于公司的内部控制质量和生产绩效，委托人必须做到“激励与约束”并施，才能保证代理人全心全意地为其利益最大化服务，进而帮助公司缓解两者之间根本利益目标的不一致性，缓解其委托代理冲突（矛盾）。首先，就激励机制而言，解决这些委托代理冲突（矛盾）的方法通常是在公司内部控制制度建设中加入激励力度适宜并且有针对性的激励措施：一方面，给予代理人契约报酬的同时，让代理人承担生产经营中的部分风险，督促其为委托人利益尽职尽责、认真负责、理性决策；另一方面，若代理人承担了生产经营的全部风险时，仅仅给予契约报酬是不够的，还必须将资本剩余（总收益减去契约报酬）全部给予代理人。这种激励机制在实践中则转化为对利润的索取，即经营者分享利润，换句话说，就是将剩余索取权分配给经营者的一种做法就是在市场经济国家盛行的让经营者持有股份或分配给经营者期权。这种激励机制的主要机理在于：让经营者成为公司的股东或虚拟股东，使经营者与其他股东形成利益共同体，利益取向完全一致；其次，就约束机制而言，解决这些委托代理冲突（矛盾）的方法通常是建立健全内部控制信息披露制度，积极发挥内部控制信息披露对契约关系的约束和监管作用：一方面，内部控制信息披露机制的完善有助于委托人把控激励约束的力度尺度，达到最优的激励效果，从而解决契约关系中的动力机制问题；另一方面，契约关系的替代产物在资本市场的发展过程中必将演变出一种新的价格机制，而该类价格机制一旦被企业运行，必将产生高低不同的交易费用。

总而言之，有效的内部控制信息披露不仅可以降低契约双方的信息不对称性，对于代理人的各项决策行为加以监督，保障其为了牟取私利而作出损害委托人利益的行为，提高资源配置效率，降低市场运行过程中产生新的价格机制而导致的交易费用，进而降低公司资本成本，还可以维护公司内部“激励机制”与“约束机制”间的平衡关系，有利于改善公司内部控制质量，提高公司生产绩效。该理论为开展内部控制信息披露与股权资本成本相关性研究提供了坚实的理论根基，是探讨内部控制信息披露与资本成本相关关系的重要理论依据，也是企业建立完善内部控制信息披露制度的重要理论支撑。图 3－1 为上述分析的路径图。

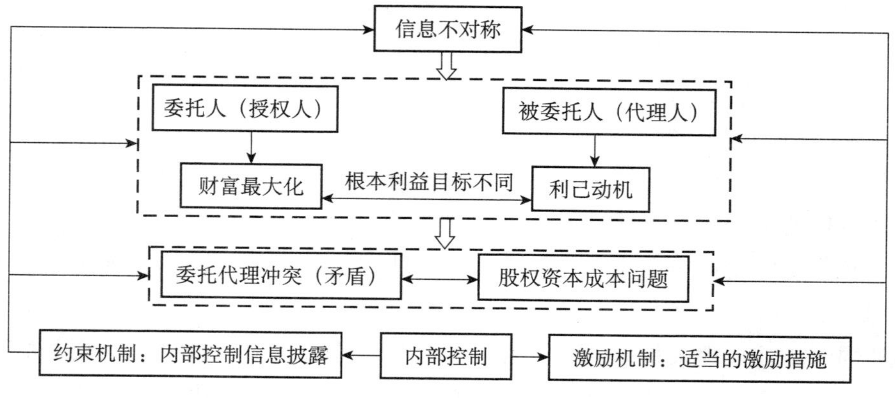

图 3－1　理论路径分析图

3.4　股东利益保护与内部控制信息披露机制

公司股东分为两类：一类是股权资本股东即股东，另一类是债务资本股东即债权人。其中，债权人的利益一般由法律机制予以保护，这是世界范围内法律建设的重要惯例之一。一个公司如若不能实现对债权人的报酬率要求的许诺，债权人则可以运用法律权利来保护自己的利益，比如可以起诉违约公司破产清算或者强制执行契约，等等。而对于股东的利益保护，就债权人利益保护而言，则显得被动很多，原因在于，从法律层面上讲，公司的所有者是股东，这表明股东是享有公司剩余收益的主体，同时也是公司最终风险的承担者。具体言之，股东不具备像债权人那样的获取公司未来固定收益的权力，他的报酬率水平不属于法律保护的范围之内。两权分离和委托代理关系的产生使股东与管理者之间的根本利益目标不一致，管理者和大股东在利己动机的驱使下，为牟取更大的利益而作出侵害广大中小投资者利益的行为，进而导致投资者利益受侵害情况的频繁发生，如何保护股东利益就成为公司发展历程中必须高度关注的一个问题，这是由于股东利益的保护与公司的股权资本运作和实际投入、甚至是公司资本安全紧密相关。为此，内部控制演变为股东利益保护的一项重要机制。依据投资者保护理论，内部控制信息披露机制的建立与完善可以缓解由委托代理冲突（矛盾）加重的信息不对称现象以及降低由信息不对称性诱发的大股东基于一己私利而损害中小投资者利益的各类负面问题的发生，进而更好地保护广大投资者利益。该理论还侧面揭示了公司建立内部控制信息披露机制所要防止和解决的核心问题，具体而言，投资者保护理论认为，投资者可以依赖的保护机制有两种：一是国家层面的制度机制；二是公司层面的政策机制。国家层面的制度机制需要依靠国家相关部门的监督管理，而对于公司层面的政策机制而言，完善公司内部控制信息披露机制，提高其内部控制信息披露质量是完善投资者保护机制的必要前提之一，保护投资者利益既是公司治理的核心，也是内部控制的目标。

此外，投资者保护理论认为，完善内部控制信息披露制度建设能更好地保护广大中小投资者权益，即内部控制信息披露具有投资者保护功能。公司管理层通过向外部投资者传递高质量的私人信息来降低与外部投资者之间的信息不对称性，提高他们投资决策的理性程度，不仅可以降低融资成本，还能增加来自外部的监管约束，既保护投资者利益，又防止内部人员暗中操控牟取私利。因此，良好的内部控制信息披露制度对于提升公司治理水平、监督约束内部人员、保护投资者利益至关重要。如果上市公司不对外披露任何私人信息，投资者对公司一无所知的话，公司内部人员则有可能为了牟取私利而进行内幕交易、操纵盈余等不正当投资交易行为，导致证券市场的虚假交易比比皆是，外部投资者利益必然会被公司内部人员侵害，其投资信心遭受严重打击，严重影响我国资本市场的发展。因此，内部控制信息披露是投资者保护的坚实保障。投资者保护理论指出，国家相关部门和公司自身要将强制性披露机制和自愿性披露机制进行有机结合，积极努力地形成内部控制信息披露的制度化、规范化和全面化，有助于降低信息不对称性，提高信息透明度和投资者理性程度，保护证券市场参与者利益，特别是处于弱势群体的中小股东。具体而言，内部控制信息披露可以从提高内部控制及内部控制信息质量和改善交易环境两方面来保护投资者。一方面，公司可以通过改善公司内部控制构架，提高外部投资者获取内部控制信息的效率，增强信息透明度，推动公司内部控制制度的不断优化，不断提高内部控制及内部控制信息质量。另一方面，内部控制信息披露可以改善交易环境。上市公司越积极主动地向外披露内部控制信息，公司与外部投资者之间的信息不对称性越小，价格发现功能越强，投资者越信任公司，交易环境就会越来越好，交易质量就会越来越高。

3.5 本章小结

本章借鉴金融经济学、公司理财学、制度经济学、信息经济学、行为经济学、会计学的相关理论，具体运用信号传递理论、市场信息结构理论、信息不对称理论、契约理论和投资者保护理论，为后文构建内部控制信息披露质量测评 D 指数、进行内部控制信息披露对股权资本成本的直接影响和间接影响的实证研究打下坚实的理论基础。

总结来说，第一节运用信号传递理论解释了上市公司尽力提高其内部控制信息披露质量的目的，阐述了高质量内部控制信息披露可以降低公司股权资本成本的理论依据。第二节运用市场信息结构理论，结合信息不对称理论，解释了内部控制信息披露动机，即为了降低证券市场中的信息不对称性水平以及对股权资本成本产生影响的理论依据，还对本书的理论研究进行归纳总结为在某种特定的市场信息结构下，分析与内部控制信息披露有关的个体因素或整合因素对股权资本成本的影响，第三节运用契约理论解释了内部控制活动中产生的契约成本和信息成本以及随之产生的内部控制信息披露成本，强调内部控制信息披露对契约关系的约束作用以及内部控制信息披露制约了契约成本和信息成本等对股权资本成本的影响，并分析了内部控制信息披露制度是对公司中包含的一系列契约关系的监管措施和约束手段，是公司内部控制管理活动中一项不可或缺的“约束机制”，保障公司内部“激励机制”与“约束机制”间的平衡关系。该理论为开展内部控制信息披露与股权资本成本相关性研究提供了坚实的理论根基，是探讨内部控制信息披露与资本成本相关关系的重要理论依据，也是企业建立完善内部控制信息披露制度的重要理论支撑。第四节运用投资者保护理论解释了以下两点：一方面，内部控制信息披露是公司建立投资者保护机制的必要前提；另一方面，内部控制信息披露具有投资者保护功能。

第4章　内部控制信息披露对股权资本成本影响机理分析

股权资本成本确定起来非常困难主要是因为股权资本成本不仅仅是股东基于风险水平而提出的报酬率要求，而且与内部控制信息披露质量紧密相关。完善的内部控制信息披露体系大多将实现股东所要求的报酬率置于核心位置，确保资本提供者获得预期的报酬，进而对股权资本成本产生至关重要的影响。首先，借鉴前人研究成果，对内部控制信息披露对股权资本成本的影响机理进行分析，共梳理出两条作用路径，结合资本资产定价模型理论，全面深入分析内部控制信息披露质量如何影响股权资本成本；其次，借鉴 Lambert 的研究方法，将内部控制信息细分为“公开信息”和“私人信息”，采用数理推演的方式进一步证明内部控制信息披露质量与股权资本成本之间的相关关系，以期运用内部控制信息披露质量是否对股权资本成本产生影响的数理推演结果来佐证上述梳理出的作用路径。总而言之，本章写作的目的在于运用相关理论、现有研究文献和数理推演工具，系统分析内部控制信息披露是如何对股权资本成本产生影响，为后文的实证研究提供符合逻辑的机理分析和理论依据。

4.1　作用路径分析

借鉴 Lambert（2007）、王敏（2011）、张瑶（2015）等的研究成果，分析内部控制信息披露对股权资本成本的作用路径主要有两条。第一条：内部控制信息披露质量（内部控制缺陷披露）→股权资本成本；第二条：内部控制信息披露质量→信息风险→股票投资风险和股票流动性→股权资本成本。具体作用路径如图 4－1 所示。

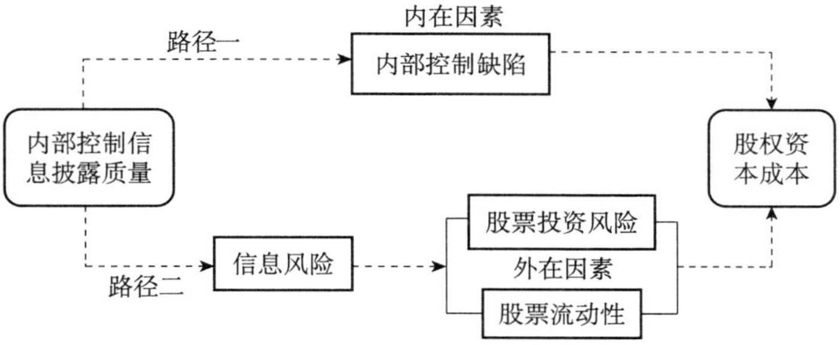

图4-1 内部控制信息披露对股权资本成本作用路径分析图

第一条作用路径主要概括为内部控制信息披露质量会通过其内在因素直接影响股权资本成本，这里的内在因素是指内部控制信息披露中的核心领域——内部控制缺陷披露。考虑到资本市场和投资者对内部控制缺陷信息的披露存在敏感反应，上市公司披露内部控制缺陷会引起股价波动，向投资者传递消极信号，让投资者对其财务信息和内部控制信息的信心降低，进而要求较高的预期报酬率来弥补可能遇到的风险，从而影响公司股权资本成本的上升。此外，当上市公司存在内部控制缺陷时，管理层可能存在更大的操纵空间，并对经营效率和未来现金流造成影响，这终将对其股权资本成本造成影响。奥涅瓦等（Ogneva et al.，2007）的研究表明，上市公司披露内部控制缺陷会提高其股权资本成本；黄等（Huang et al.，2016）指出，上市公司披露内部控制缺陷，可能表明管理层对公司的管理控制能力较差或者存在舞弊和自利行为，从而影响投资者对公司的评价和公司未来现金流入，最终导致公司股权资本成本升高。

第二条作用路径主要概括为：内部控制信息披露质量通过影响公司信息风险水平来影响公司股票投资风险和股票流动性，进而间接对股权资本成本产生影响。该种作用路径主要基于内部控制信息披露质量对股权资本成本的影响会受到部分外在因素的干扰，这里的外在因素是指信息风险、股票投资风险和股票流动性，建立在资本资产定价模型基础之上。具体而言，对于投资者而言，股票投资面临的主要风险是对投资的预估风险，这种预估风险主要是由于企业低水平的信息风险导致的。高质量的内部控制信息披露能够有效提高公司的财务报告质量，减少盈余操作，提高信息透明度，降低公司的信息风险水平，增强投资者信心，一方面可以降低投资者对于由于信息风险导致的未来收益不确定性和公司未来现金流分布的预估失误，降低公司预期未来现金流与其他公司预期未来现金流的协方差，即 β 系数，降低股票投资风险，从而降低公司股权资本成本；另一方面可以提高股票流动性，降低股票流动性的风险溢价和投资者的预期报酬率诉求，经由股票流动性的干扰，进一步降低公司股权资本成本。

首先，内部控制信息披露质量会影响公司信息风险水平，进而影响股票投资风险和股票流动性。从正面影响的角度来说，高质量的内部控制和内部控制信息披露有助于提高公司财务报告质量，降低盈余管理水平，降低会计失误、财务问题以及盈余管理行为发生的可能性，保障会计信息的可靠性和真实性，提高公司财务信息透明度，降低管理者与投资者之间的信息不对称性，进而降低公司信息风险水平。这一观点在现有研究文献中可以得到证实。有学者以国家针对内部控制信息披露颁布实施相关法律法规作为衡量公司内部控制信息披露质量提高的标志，并以此为背景实证研究内部控制信息披露对盈余质量是否存在正面影响。例如，兰伯特等（Lambert et al.，2007）指出，上市公司存在内部控制缺陷时，意味着公司盈余质量较低，导致投资者感知到的信息风险水平增大，代理问题增多，影响管理层的决策行为；布朗（Brown，2008）以德国内部控制改革时期颁布相关法规作为研究背景，取颁布法规前后两年上市公司相关数据作为研究样本，实证表明：相关法律法规的颁布使上市公司盈余管理行为发生概率显著降低，盈余质量明显提高；阿尔塔穆罗等（Altamuro et al.，2010）从内部控制信息披露制度变革视角出发，研究内部控制信息披露法规对会计信息质量的影响。研究表明：纳入法规管辖范围的上市公司反映会计信息质量的相关指标均呈现显著提升的发展趋势，表明内部控制信息披露质量对会计信息质量的提升作用相当明显；方红星（2012）指出，公司进行内部控制信息披露会得到市场的正向反馈，高质量的内部控制信息披露有利于减少公司的盈余操控行为，提高公司盈余质量，帮助公司获得超额收益。从负面影响的角度来说，学术界通常将是否存在内部控制缺陷作为判断低质量内部控制的标志。当上市公司存在内部控制缺陷时，表明其内部控制存在漏洞，内部控制体系建设不健全，内部控制质量较低，出现财务困境、会计核算错误、财务错报等行为的可能性较高，对公司对外披露的财务报告内容的真实性和可靠性构成巨大威胁，且在这样的漏洞下，契约机制有效性下降，管理层更有可能进行内幕交易、盈余操纵等危害股东利益的行为，进而显著影响会计信息质量。当上市公司存在内部控制缺陷而不对外披露时，表明其内部控制信息披露质量较低，其信息风险更大，更会影响会计信息质量。孔凡峰（2012）的研究指出，存在内部控制重大缺陷会降低公司的财务信息质量，影响投资者投资决策，进而提高公司的会计风险水平。

其次，公司信息风险水平对股票投资风险的影响会进一步影响股权资本成本。公司信息风险水平的高低会直接影响到企业财务舞弊行为以及意外内部控制信息错报和漏报行为的发生率，关乎企业披露财务报告内容的真实性、客观性、全面性程度。高水平的信息风险意味着较差的盈余质量，会对公司财务报告信息的真实可靠性构成实质性威胁，股票投资风险升高，严重损害投资者的投资信心，投资者对企业经营现状的判断和未来盈利预测的不确定性随之提高，投资者进而会提高其预期报酬率诉求作为投资风险补偿，股权资本成本随之升高；而低水平的信息风险能够保障公司财务报告信息的真实可靠性，保证投资者获得更多的决策有用性信息，信息的价值含量会更高，增强投资者投资信心，降低投资者未来预期收益的不确定性，降低股票投资风险，进而降低投资者要求的风险补偿，股权资本成本随之降低，换句话说，股票投资风险是决定公司股权资本成本高低的重要因素之一。伊斯利等（Easley et al.，2004）指出，获取价值含量较低财务报告信息的投资者会提高其投资预估风险，通过增加其风险补偿和报酬率诉求来弥补其信息不对称性升高导致的未来可能存在的超额利益损失，进而导致股权资本成本升高；弗兰西斯等（Francis et al.，2004）发现，信息风险与股权资本成本显著正相关。他指出，信息风险越高的公司，披露内部控制信息的主动性程度越低，其披露的内部控制信息量越少，投资者与管理者之间的信息不对称性越高，进而导致投资者提高其风险补偿，股权资本成本随之升高。格雷（Gray，2009）以澳大利亚上市公司相关数据作为研究样本，实证研究表明将盈余质量作为衡量公司信息风险的替代变量时，信息风险与股权资本成本显著负相关。许慧（2013）研究发现，较差的应计质量会增加公司的信息风险，提高股票投资风险，以致提高其股权资本成本。李祎等（2016）指出，新会计准则实施后，上市公司信息风险水平的降低有助于降低股票投资风险，进而降低公司股权资本成本。

最后，公司信息风险水平也会经由股票流动性进一步影响股权资本成本。

股票流动性对资产价值至关重要。良好的流动性能够降低股票交易成本，保障证券市场稳定与投资者信心，提高资源配置效率。而信息质量是影响股票交易的重要参数，低水平的信息风险可以降低信息不对称性，激发证券市场中的潜在投资，提高股票流动性，降低股票流动性的风险溢价和预期风险，降低投资者预期收益，进而降低股权资本成本。也就是说，上市公司信息风险对股权资本成本的正向影响会受到股票流动性的正面干扰，进而有利于企业价值最大化的实现。现有研究也表明，在中国证券市场，上市公司信息风险水平通过影响股票流动性进而间接影响股权资本成本的关联性是存在的。杰弗里（Jeffrey，2011）考察信息质量、股票流动性和股权资本成本之间关系指出，三者之间存在传导机制，信息风险水平会将股票流动性作为传导途径来影响公司股权资本成本。徐晟（2013）以深沪 A 股上市公司为研究样本，研究表明上市公司信息风险的降低可以显著提高投资者投资需求，提高股票流动性，降低流动性风险溢价，进而降低公司股权资本成本。

4.2 数理推演分析

兰伯特等（Lambert et al.，2007）的研究表明：内部控制信息中，不论是公开信息还是私人信息，都会对股权资本成本产生影响。为了更加深入全面地分析内部控制信息披露对股权资本成本的影响，借鉴兰伯特（Lambert）研究成果，结合 CAPM 模型以及不断完善的市场机制，将内部控制信息分为“公开信息”和“私人信息”，其中，“公开信息”是指已公开披露的内部控制信息，“私人信息”是指未公开披露的，且公司管理者仅向部分个体投资者私下披露的内部控制信息，而已公开披露的内部控制信息质量被称为“公开信息质量”，而未公开披露的内部控制信息质量被称为“私人信息质量”，并将“在接受相同信息情况下，具有不同信息处理能力投资者之间的信息不对称性”纳入研究范畴，采用数理推演的方式，运用内部控制信息披露质量对股权资本成本是否产生影响的数理推演结果来佐证上述的作用路径分析，数理推演结果表明：其与上述内部控制信息披露质量对股权资本成本的作用路径分析结果一致。

4.2.1　公开信息质量影响股权资本成本推演分析

利用数学工具，采用微分方法，构建股东理性预期模型，通过考察公开信息质量（透明度）对预期风险的影响，进一步分析公开信息质量（透明度）对股权资本成本的影响。首先，对相关数学符号进行定义：股票价值为p，股票未来价值为p'，且p'服从正态分布：$p' \sim N(p, q^{-1})$，其中，依据统计学概念，方差是用来度量随机变量和其数学期望之间的偏离程度，且方差的倒数被称为“准确度”，因而q为股票价值波动水平。I为上市公司对外披露有关p'的公开信息，股东依据公开信息I对p'的未来投资决策进行主观判断，$I = p' + \sigma' > 0$，其中，σ'为I的内部控制信息误差，且σ'服从正态分布：$\sigma' \sim N(0, k^{-1})$，$k$为公开信息质量，需要强调的是，$p'$和$\sigma'$均为随机变量，且两者之间相互独立。

根据有效市场理论分析，股票价格可以反映已公开的各类信息价值。因此，“公开信息”也是可以反映在股票价格中，公开信息的透明度水平表示股票价格对公开信息价值的反映程度，该反映程度可以被看作股票价值波动水平，依据上文的定义和推导，股票价格波动水平为内部控制信息准确度，即公开信息透明度水平等价于内部控制信息准确度。此外，股东依据股票价值波动水平来制定下一步的投资决策，也就是说，股票价值波动水平是股东进行未来投资决策的主观判断依据，即这种主观判断实际上是对公开信息价值的反映，属于公开信息的一种，其透明度水平则可作为公开信息质量的替代变量。因此，公开信息质量等价于内部控制信息准确度。

由上述可知，p'服从正态分布，则经计算可得式（4-1）和式（4-2）：

$$p'\text{的均值为：}E(p' \mid I) = p + q^{-1} \times \left(\frac{I - p}{q^{-1} + k^{-1}}\right) = \frac{qp + kI}{q + k} \tag{4-1}$$

$$p'\text{的方差为：}Var(p' \mid I) = q^{-1} - q^{-1} \times \left(\frac{q^{-1}}{q^{-1} + k^{-1}}\right) = \frac{1}{q + k} \tag{4-2}$$

且现有研究表明：公开信息质量与传统的预期风险之间显著负相关，公开信息质量对传统的预期风险的影响公式为$\frac{\partial Var(p' \mid I)}{\partial k} = \frac{-1}{(q + k)^2} < 0$。

为研究公开信息质量对股权资本成本的影响，本节假设，资本市场中可供股东购买的资产只有两种：一种是货币，另一种是股票。股东购买资产的

时间为 t_0，出售资产的时候为 t_1。其中，货币为无风险资产，价格不变，等于1，股票为风险资产，价格受市场供求关系影响，t_0 时的股票售价为 a，t_1 时的股票价值为 p'，也就是说，股东在 t_0 时的购买货币和股票的买价为（1，a），在 t_1 时出售货币和股票的卖价为（1，p'），且股东在 t_0 时获取的公开信息为 I，股东总数为 $n(n=1, 2, \cdots, m)$，每个股东的股票供给为 x。

已知任一股东 i 在 t_0 时拥有货币总数为 B_0，对货币和股票的需求数量分别为 b_i 和 s_i，在 t_1 时获得的投资收益总额为 r_i，且假设所有股东均为了实现投资收益最大化的目标而统一制定其主观上认为最优的货币和股票的需求数量组合，则股东 i 的投资成本和投资收益如式（4－3）和式（4－4）所示：

$$b_i + a \times s_i = B_0 \tag{4-3}$$

$$r_i = p' \times s_i + b_i \tag{4-4}$$

由式（4－3）和式（4－4）合并得式（4－5）：

$$r_i = (p' - a) \times s_i + B_0 \tag{4-5}$$

假设股东对于投资风险的厌恶程度均相同，且风险厌恶效用函数为 $f(r_i) = -e^{-\lambda r_i}$，其中，风险厌恶系数均为常数 λ。

那么，股东 i 在信息集合 R 中的决策函数为：

$\max E(f(r_i) \mid R)$，令 $\beta = E(r_i \mid R)$，$\theta^2 = Var(r_i \mid R)$，得 $x = \dfrac{r_i - \beta}{\theta}$，且 x 服从标准正态分布。

经计算得式（4－6）和式（4－7）：

$$E(f(r_i) \mid R) = -e^{-(\lambda\beta - \frac{\lambda^2 \times \theta^2}{2})} \tag{4-6}$$

$$\max E(f(r_i) \mid R) = \max E(r_i \mid R) - \frac{\lambda \times Var(r_i \mid R)}{2} \tag{4-7}$$

其中，$E(r_i \mid R)$ 和 $Var(r_i \mid R)$ 分别是股东 i 对 r_i 的预期收益均值和方差。将其代入式（4－5），

$E(r_i \mid R) = (E(p' \mid R) \times s_i - a) + B_0$，且 $Var(r_i \mid R) = {s_i}^2 \times Var(p' \mid R)$

经计算可得股东 i 对货币和股票需求数量的最优组合见式（4－8）：

$$s_i = \frac{E(p' \mid R) - a}{\lambda Var(p' \mid R)} \tag{4-8}$$

将式（4－1）和式（4－2）代入式（4－8），最终得到股东 i 对货币和股票需求数量的最优组合见式（4－9）：

$$s_i = \frac{qp + kI - a(q+k)}{\lambda} \tag{4-9}$$

在市场均衡条件下，每个股东的股票供给等于股票需求，

$$\frac{qp + kI - a(q+k)}{\lambda} = x \tag{4-10}$$

经式（4－10）计算可得式（4－11）：

t_0 时的股票售价 $a = \dfrac{qp + kI - \lambda x}{q+k}$　　(4－11)

股东 i 的预期收益均值见式（4－12）：$E(p' - a) = \dfrac{\lambda x}{q+k}$　　(4－12)

股东 i 的预期股价均值见式（4－13）：$E(a) = p - \dfrac{\lambda x}{q+k}$　　(4－13)

因此，

$$\text{股权资本成本(re)} = \text{股东预期报酬率} = \frac{E(p'-a)}{E(a)} = \frac{\lambda x}{p(q+k) - \lambda x} \tag{4-14}$$

在式（4－14）的基础上，经计算可得：

$\dfrac{\partial re}{\partial k} = \dfrac{-\lambda x}{[p(q+k) - \lambda x]^2} \times p \times \dfrac{\partial(q+k)}{\partial k}$，其中，$\dfrac{\partial(q+k)}{\partial k} = 1$

最终求得：

$$\frac{\partial re}{\partial k} = \frac{-p\lambda x}{[p(q+k) - \lambda x]^2} < 0 \tag{4-15}$$

式（4－15）是公开信息质量对股权资本成本影响的微分方程推演结果，该结果表明：公开信息质量对股权资本成本的影响是呈负相关关系的。

4.2.2　私人信息质量影响股权资本成本推演分析

与上节类似，本节利用数学工具，采用微分方法，构建股东理性预期模型，通过考察私人信息质量（透明度）对预期风险的影响，进一步分析私人信息质量（透明度）对股权资本成本的影响。由于私人信息是指未被公开披露，仅被公司管理者私下披露给部分个体投资者的那部分内部控制信息，知晓该类型内部控制信息的投资者数量是有限的，因此，在研究私人信息质量对股权资本成本影响时，需要将所有股东分为两类——知情者和不知情者，

确定知情股东人数占投资者总数的百分比，即知情者比例，且知情者比例越大，说明私人信息的散布范围越广。首先，对相关数学符号进行定义：c 为知情者比例，$1-c$ 为不知情比例，g 为上市公司对外披露有关 p' 的私人信息，股东依据私人信息 g 对 p' 的未来投资决策进行主观判断，$g=p'+\varsigma'>0$，其中，ς' 为 g 的内部控制信息误差，且 ς' 服从正态分布：$\varsigma'\sim N(0,\ d^{-1})$，所以 g 服从正态分布：$g\sim N(p,\ q^{-1}+d^{-1})$，$d$ 为私人信息质量，需要强调的是，ς' 为随机变量，且两者之间相互独立。除本节新定义的数学符号外，其他数学符号与相关假设与上节相同，本节将不再赘述。

假设不知情者对货币和股票需求数量的最优组合固定不变，且 g 服从正态分布，结合式（4－9），经计算可得式（4－16）和式（4－17）：

$$g\text{ 的均值为：}E(p'\mid I,g)=\frac{qp+kI+dg}{q+k+d}\tag{4-16}$$

$$g\text{ 的方差为：}Var(p'\mid I,g)=\frac{1}{q+k+d}\tag{4-17}$$

即私人信息散布范围对传统的预期风险的影响公式为$\dfrac{\partial Var(p'\mid I,\ g)}{\partial c}=0$，也就是说，私人信息散布范围对传统预期风险不产生影响。

将式（4－16）和式（4－17）代入式（4－8）可得式（4－18）：

$$s_i=\frac{qp+kI+dg-a(q+k+d)}{\lambda}\tag{4-18}$$

在市场均衡条件下，每个股东的股票供给等于股票需求，得式（4－19）：

$$\frac{c[qp+kI-a(q+k)]}{\lambda}+(1-c)=x\tag{4-19}$$

将式（4－9）和式（4－18）代入式（4－19），得式（4－20）：

$$t_0\text{ 时的股票售价 }a=\frac{qp+kI+cdg-\lambda x}{q+k+cd}\tag{4-20}$$

股东 i 的预期收益均值见式（4－21）：$E(p'-a)=\dfrac{\lambda x}{q+k+cd}$ （4－21）

股东 i 的预期股价均值见式（4－22）：$E(a)=p-\dfrac{\lambda x}{q+k+cd}$ （4－22）

因此，

$$\text{股权资本成本（re）}=\text{股东预期报酬率}=\frac{E(p'-a)}{E(a)}=\frac{\lambda x}{p(q+k+cd)-\lambda x}\tag{4-23}$$

在式（4－23）的基础上，经计算可得：

$\frac{\partial re}{\partial c} = \frac{-\lambda x}{[p(q+k+cd)-\lambda x]^2} \times p \times \frac{\partial(q+k+cd)}{\partial c}$，其中，$\frac{\partial(q+k+cd)}{\partial c} = d$

最终求得式（4－24）：

$$\frac{\partial re}{\partial c} = \frac{-dp\lambda x}{[p(q+k+cd)-\lambda x]^2} < 0 \qquad (4-24)$$

式（4－24）是私人信息散布范围对股权资本成本影响的微分方程推演结果，该结果表明：私人信息散布范围与股权资本成本负相关，即私人信息散布范围越大，知情者比例就越高，股权资本成本也就越低。又因为私人信息在市场中的散布范围越广，表明该市场的内部控制信息透明度越高，投资者整体面临的预期风险越小，也就意味着内部控制信息质量越高，所以该微分方程推演结果表明：私人信息质量对股权资本成本的影响是呈负相关关系的。

4.3　本章小结

本章结合资本资产定价理论，运用作用路径分析和数理推演分析，将内部控制信息细分为“公开信息”和“私人信息”，对内部控制信息披露影响股权资本成本的机理进行分析。从作用路径分析结果可知，内部控制信息披露主要通过两条路径影响股权资本成本：一是内部控制信息披露质量会通过其内在因素直接影响股权资本成本，这里的内在因素主要是指内部控制信息披露中的核心领域——内部控制缺陷披露；二是内部控制信息披露质量通过影响公司信息风险水平来影响公司股票投资风险和股票流动性，进而间接对股权资本成本产生影响。从数理推演分析结果可知，不论是公开内部控制信息质量还是私人内部控制信息质量，都会对股权资本成本产生负面影响，并运用推演过程中的相关数据佐证了作用路径的分析结果，深入全面地分析了内部控制信息披露是如何影响股权资本成本，一方面为后文的实证研究提供坚实的理论基础；另一方面为理论界进行有关内部控制信息披露与股权资本成本方面的研究提供更多理论参考。

第5章　中国上市公司2013—2017年股权资本成本估算与现状分析

股东进行股权资本的投资，其获得的报酬率应与其承担的风险相对应，该报酬率即为股东的要求报酬率，即所谓的股权资本成本。相比债务资本成本而言，股权资本成本的估算过程和结果都相对复杂，且误差较大。在股权资本成本未知的情况下，股东的要求报酬率是需要学者通过科学的估算技术获得相对准确的数值结果的。公司财务理论认为，探寻如何获得基于风险和报酬权衡基础上的理性报酬率是股权资本成本估算的科学前提。当然这样的数值结果也只是个近似值，且股东的报酬率诉求在实现上也存在诸多方面的不确定因素，实现难度较大，特别容易受到来自公司治理层面的负面影响。从价值补偿的角度看，债权人优先享有企业现金流的索偿权，因此其也优先享有报酬率诉求的满足权，而股东相对而言排在债权人之后，其报酬率诉求也因此排在最后。出于保护股东利益考虑，股东的报酬率诉求在估算上存在很多的不确定性因素，因而该变量成为资本成本研究过程中的一项重点和难点。本章将对中国证券市场2013—2017年股权资本成本进行估算，并从年度、行业和地理区域三个层面对中国上市公司股权资本成本现状进行分析，以期为后文的实证研究选定最为适合的股权资本成本估算方法。

5.1　股权资本成本估算方法在中国证券市场的应用研究

为了优化样本数据的可信度，本节选取2017年12月31日在市的3029

家上市公司为样本，依据中国证监会 2017 年 4 季度上市公司行业分类结果①，分别采用基于风险报酬类和内含报酬类估算方法，估算中国证券市场 2013—2017 年股权资本成本。表 5 - 1 列示了采用 CAPM 模型和三因素模型估算中国上市公司 2013—2017 年股权资本成本的行业均值，表 5 - 2 列示了采用 Gordon 模型、OJ 模型、GLS 模型、PEG 模型和 MPEG 模型估算中国上市公司 2013—2017 年股权资本成本的行业均值。由表 5 - 1 可知，re 均值的最大值出现在 2014 年的 N 行业，最小值出现在 2016 年的 P 行业，而由表 5 - 2 可知，re 均值的最大值出现在 2016 年，最小值出现在 2014 年，均为 P 行业，这样的估算结果也侧面说明，不同估算方法在估算相同样本公司股权资本成本时，由于理论着眼点和模型成立的假设前提不同，会得到差异化的估算结果。

因此，本节利用 2013—2017 年样本公司的股权资本成本估算结果，从年度和行业两个层面出发，对风险报酬类和内含报酬类估算方法进行了差异化对比分析，以期提高我国上市公司股权资本成本估算的科学性和准确性。图 5 - 1 是年度差异化对比分析结果，图 5 - 2 是行业差异化对比分析结果。从图 5 - 1 可以看出，首先，2013—2015 年，基于内含报酬类估算方法的估算结果明显小于基于风险报酬类估算方法的估算结果，直至 2016—2017 年，基于内含报酬类估算方法的估算结果又明显大于基于风险报酬类估算方法的估算结果；其次，2014—2016 年，两类估算方法的估算结果呈现完全相反的变化趋势，基于风险报酬类估算方法的估算结果呈现明显跌幅趋势，但基于内含报酬类估算方法的估算结果却呈现小幅增长趋势。从图 5 - 2 可以看出，基于内含报酬类估算方法的估算结果显示，A（农、林、牧、渔业）、H（住宿和餐饮业）、I（信息传输、软件和信息技术服务业）、M（科学研究和技术服务业）、P（教育业）、Q（卫生和社会工作业）、S（综合业）行业的股权资本成本低于风险报酬率估算方法的估算结果，尤其是 P、M 行业；两类估算方法针对 N（水利、环境和公共设施管理业）行业的估算结果相等；而其余

① 中国证监会 2017 年 4 季度上市公司行业分类结果：A 农、林、牧、渔业；B 采矿业；C 制造业；D 电力、热力、燃气及水生产和供应业；E 建筑业；F 批发和零售业；G 交通运输、仓储和邮政业；H 住宿和餐饮业；I 信息传输、软件和信息技术服务业；J 金融业；K 房地产业；L 租赁和商务服务业；M 科学研究和技术服务业；N 水利、环境和公共设施管理业；P 教育业；Q 卫生和社会工作；R 文化、体育和娱乐业；S 综合。

行业的股权资本成本均高于风险报酬类估算方法的估算结果，尤其是 J（金融业）、G（交通运输、仓储和邮政业）、K（房地产业）、B（采矿业）。

表 5－1　中国上市公司 2013—2017 年股权资本成本的行业均值（风险补偿类）

行业＼年份	2013	2014	2015	2016	2017
A	8.10%	8.01%	7.62%	5.13%	5.93%
B	7.69%	8.00%	6.06%	5.03%	6.29%
C	8.34%	8.33%	7.58%	5.62%	6.35%
D	7.70%	8.05%	6.92%	5.23%	6.11%
E	8.22%	8.49%	7.60%	5.72%	6.56%
F	7.86%	7.97%	7.25%	5.38%	6.14%
G	7.32%	8.01%	6.16%	5.26%	6.18%
H	8.04%	8.40%	7.38%	5.19%	5.96%
I	8.93%	8.62%	7.71%	5.69%	6.52%
J	7.21%	8.30%	5.53%	5.30%	6.61%
K	7.92%	8.33%	7.11%	5.45%	6.36%
L	8.19%	7.88%	7.14%	5.52%	6.35%
M	8.97%	8.15%	7.78%	6.36%	6.58%
N	8.91%	8.68%	7.50%	5.66%	6.28%
P	7.96%	7.53%	7.96%	4.30%	5.00%
Q	7.77%	8.23%	7.74%	5.26%	5.84%
R	7.86%	7.35%	7.49%	5.11%	5.91%
S	8.03%	8.16%	7.52%	5.28%	6.11%
总计	8.22%	8.28%	7.38%	5.54%	6.33%

表 5－2　中国上市公司 2013—2017 年股权资本成本的行业均值（内含报酬类）

行业＼年份	2013	2014	2015	2016	2017
A	5.70%	4.76%	6.46%	5.49%	5.09%
B	6.55%	6.64%	7.43%	8.19%	7.28%

续表

年份 行业	2013	2014	2015	2016	2017
C	6.58%	6.31%	6.32%	6.60%	6.55%
D	8.31%	7.30%	6.89%	6.69%	5.98%
E	7.57%	7.80%	6.22%	7.48%	7.97%
F	7.59%	6.74%	6.32%	7.17%	7.04%
G	8.46%	7.87%	7.10%	8.18%	8.56%
H	4.12%	6.20%	4.71%	8.16%	5.03%
I	6.74%	6.05%	5.72%	5.45%	6.86%
J	10.36%	10.55%	7.71%	7.57%	8.71%
K	8.12%	7.99%	8.01%	9.17%	8.38%
L	7.38%	8.55%	7.30%	6.42%	7.42%
M	6.99%	5.83%	6.95%	5.62%	7.64%
N	6.83%	7.67%	5.87%	6.57%	7.12%
P	10.56%	1.82%	8.77%	10.72%	4.53%
Q	7.65%	5.67%	5.13%	7.07%	8.72%
R	8.72%	7.59%	6.93%	6.25%	7.69%
S	5.37%	6.59%	6.18%	4.44%	4.01%
总计	7.02%	6.67%	6.48%	6.76%	6.84%

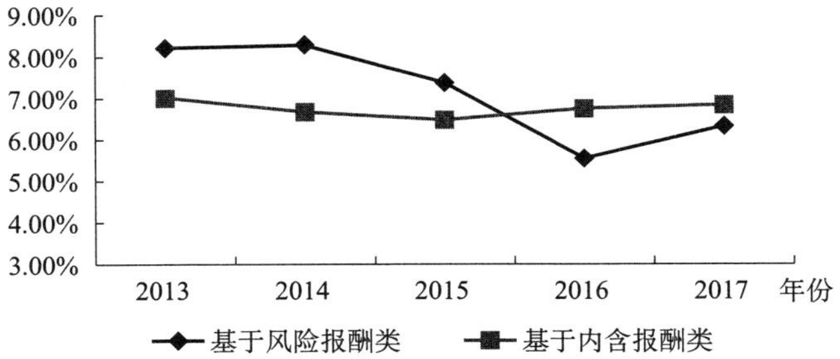

图 5－1　2013—2017 年样本公司 re* 均值年度统计

* re 为股权资本成本指标代码，后同。

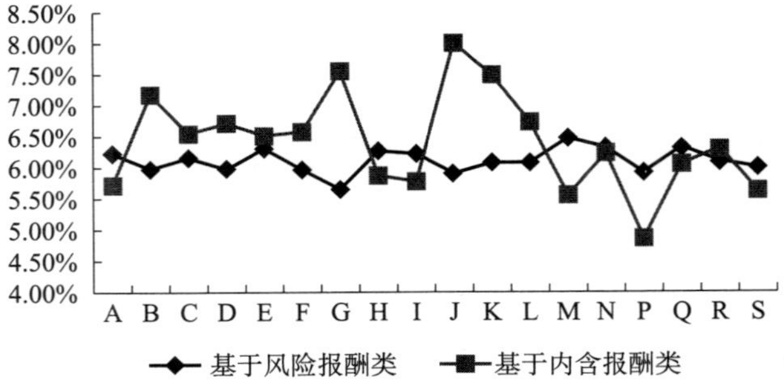

图 5-2 2013—2017 年样本公司 re 均值行业统计

5.2 中国上市公司 2013—2017 年股权资本成本现状分析

资本成本在企业财务管理活动中处于核心地位，因而准确地估算企业资本成本对企业投资决策、融资决策、营运管理等均有着重要意义。我国上市公司与西方成熟市场上市公司相比较，存在着明显的股权融资偏好。针对这一现象，很多学者作出了研究，他们大多将股权融资的低成本作为解释企业股权融资偏好的重要原因之一。如袁国良等（1999）认为股权融资相对债务融资来说成本更低，是企业偏好股权融资的主要原因。黄少安等（2012）也认为股权融资的低成本是上市公司股权融资偏好的直接原因。那么我国上市公司股权资本成本是否低于债务资本成本呢？股权资本成本现状如何呢？

为了概述中国上市公司股权资本成本现状，也为了准确估算股权资本成本，本部分采用 CAPM、Gordon 模型、OJ 模型、GLS 模型、PEG 模型以及 MPEG 模型六种方法分别对中国上市公司 2013—2017 年股权资本成本进行估算。其中，由于股权资本成本估算方法的原因，GLS 模型中的数据只估算到 2015 年，OJ 模型、PEG 模型和 MPEG 模型中的数据只估算到 2016 年。最终选取六种方法的估算结果均值作为样本公司的股权资本成本（re），从年度、行业和地理区域三方面着手，分析我国上市公司股权资本成本的现状。

5.2.1 中国上市公司股权资本成本年度分析

本节采用 2013—2017 年深沪 A 股数据，剔除 ST 公司和样本数据中所有的无效值，最终选择样本公司 3029 家，总样本量 13993 个。其中，股权资本成本估算应用的数据均来自国泰安（GTA）数据库和锐思（RESSET）数据库；其他所有变量数据均来自国泰安（GTA）数据库、锐思（RESSET）数据库和色诺芬（CCER）数据库，具体分析的描述性统计结果见表 5－3 所示。

表 5－3　　年度 re 均值描述性统计

年份	样本量	均值	标准差	最小值	最大值	中位数
2013	2500	0.063	0.026	0.003	0.159	0.058
2014	2620	0.062	0.026	0.001	0.183	0.056
2015	2815	0.057	0.027	0.006	0.152	0.051
2016	3029	0.058	0.028	0.006	0.159	0.052
2017	3029	0.067	0.021	0.009	0.151	0.063

表 5－3 可以看出，从样本量来看，2013 年为 2500 家，2014 年为 2620 家，2015 年为 2815 家，2016 年为 3029 家，2017 年为 3029 家。2013—2017 年，中国上市公司样本量呈现较大幅度的增长，尤其是 2015—2016 年，增长幅度达到 7.6%。说明近五年来，中国上市公司数量增幅明显，中国资本市场规模不断扩大，证券交易数量和规模均与日俱增；从样本均值来看，2013—2017 年我国上市公司平均资本成本均值在 0.057—0.069 之间波动，最大值为 0.196，最小值为 0.000，其中，2013—2015 年，上市公司股权资本成本出现较大幅度降低，尤其在 2015 年，均值达到五年最低，下降幅度高达 8.2%。但 2016—2017 年，上市公司股权资本成本出现较大幅度上升，2017 年上升至最大值 0.067，涨幅 14.12%，表明近五年来，我国上市公司股权资本成本总体呈现不稳定的发展趋势；从样本标准差来看，2013—2017 年我国上市公司平均资本成本标准差在 0.021—0.028 之间波动，五年合计值为 0.027，相对较高，表明各上市公司间股权资本成本差异显著。

5.2.2　中国上市公司股权资本成本行业分析

表 5－4 和图 5－3 显示行业计数统计结果，可以看出，我国上市公司中以制造业公司为主，占样本总量的 57.05%，以绝对的数量优势占据大半个资本市场，其次是批发和零售业、房地产业和信息传输、软件和信息技术服

务业，占比最少的是教育业，仅为0.11%。

表5-4　　　样本总量行业计数统计

行业	总计	百分比	行业	总计	百分比
A	489	1.44%	J	846	2.49%
B	1089	3.21%	K	2100	6.18%
C	19374	57.05%	L	466	1.37%
D	1530	4.51%	M	225	0.66%
E	929	2.74%	N	385	1.13%
F	2244	6.61%	P	39	0.11%
G	1201	3.54%	Q	100	0.29%
H	140	0.41%	R	509	1.50%
I	1868	5.50%	S	428	1.26%

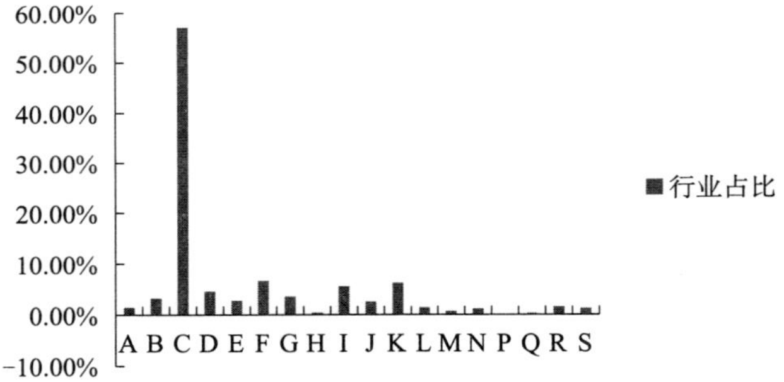

图5-3　样本总量行业计数占比统计

表5-5和图5-4显示各行业的re均值，可以看出，排在前三位的行业分别是J（金融业）、G（交通运输、仓储和邮政业）、K（房地产业），这些行业的资本成本较大，排在后三位的行业分别是P（教育业）、A（农林牧渔业）、S（综合），这些行业的股权资本成本较低。

表5-5　　　re行业均值统计

行业	re均值	行业	re均值
P	0.0505	L	0.0566
A	0.0515	C	0.0569

续表

行业	re 均值	行业	re 均值
S	0.0519	F	0.0574
I	0.0529	E	0.0579
M	0.0534	D	0.0580
H	0.0545	B	0.0587
Q	0.0551	K	0.0628
N	0.0553	G	0.0643
R	0.0561	J	0.0684

图 5－4　re 行业均值统计

表 5－6 显示各行业 re 均值在 2013—2017 年的统计结果，可以看出，各行业股权资本成本存在明显差异，股权资本成本最高的与最低的之间大约相差 4 个百分点，最小值出现在 2014 年的 P 行业，最大值出现在 2013 年的 P 行业，表明 P 行业（教育业）的股权资本成本波动幅度较大，此外，金属和非金属行业、采掘业、建筑业及信息技术业等产业，其股权资本成本波动幅度也相对较大。而电力、煤气及水的生产和供应业、交通运输业及农林业等产业，其股权资本成本基本保持稳定，波动幅度很小。

表 5－6　　　　　2013—2017 年各行业 re 均值统计结果

年份 行业	2013	2014	2015	2016	2017
A	0.052	0.054	0.058	0.049	0.057
B	0.057	0.058	0.059	0.060	0.067

续表

行业＼年份	2013	2014	2015	2016	2017
C	0.061	0.059	0.056	0.057	0.065
D	0.074	0.070	0.057	0.056	0.061
E	0.069	0.070	0.056	0.064	0.073
F	0.067	0.063	0.056	0.062	0.067
G	0.073	0.070	0.061	0.069	0.073
H	0.050	0.063	0.047	0.070	0.058
I	0.059	0.057	0.053	0.053	0.070
J	0.091	0.096	0.065	0.065	0.074
K	0.070	0.072	0.067	0.072	0.072
L	0.060	0.068	0.063	0.058	0.069
M	0.058	0.056	0.057	0.055	0.073
N	0.061	0.067	0.053	0.059	0.066
P	0.099	0.036	0.056	0.081	0.058
Q	0.064	0.064	0.051	0.060	0.071
R	0.075	0.071	0.061	0.057	0.070
S	0.056	0.058	0.053	0.045	0.053

5.2.3 中国上市公司股权资本成本区域分析

本节共划分了七个地区，对中国上市公司股权资本成本进行地域分析：华北地区（涵盖了河北、北京、内蒙古、天津、山西）；东北地区（涵盖了吉林、辽宁、黑龙江）；华中地区（涵盖了河南、湖北、江西、湖南）；华南地区（涵盖了广西、广东、海南）；西南地区（涵盖了云南、西藏、四川、重庆、贵州）；华东地区（涵盖了安徽、上海、山东、浙江、江苏、福建）；西北地区（涵盖了青海、甘肃、宁夏、陕西、新疆）。需要强调的是，本节研究没有包含台港澳地区的上市公司。

针对区域分析，本书选取2017年最新数据，进行横截面分析。

表5－7、图5－5、图5－6、图5－7是2017年各区域股权资本成本均值re的描述性统计结果。为了便于排序，此部分所有的小数均保留到小数点之

后四位。根据图 5－5 可以看出，各区域 2017 年 re 均值的排序并不与其样本数量所占比例完全吻合。首先，全样本 re 均值中位列前三的分别是东北（0.0685）、华东（0.0672）和华南（0.0669），位列后三的分别是西北（0.0602）、东北（0.0642）和西南（0.0654），后三位与其公司数量和所占比例的排序吻合，前三位则不然。这说明，经济不发达地区的股权资本成本低于经济发达地区，但在经济发达地区中，虽然华北地区的上市公司数量没有占据优势，但其地理位置临近首都北京，可能与其股权资本成本均值高于华东和华南地区有关。从图 5－6 可以看出，各区域之间的股权资本成本均值差异明显，最低地区和最高地区之间相差大约 1 个百分点，表明区域经济的发达程度与股权资本成本的高低密切相关。从图 5－7 可以看出，中国各区域的股权资本成本标准差差距明显，西北和东北地区的标准差低于 2%，而中国其他区域标准差都高于 2%，波动幅度较大。总而言之，地理区域差异对上市公司股权资本成本存在影响。

表 5－7　　2017 年区域 re 均值描述性统计

区域	样本量	均值	标准差	最小值	最大值	中位数
西北	148	0.0602	0.0183	0.0321	0.1136	0.0603
东北	148	0.0642	0.0191	0.0319	0.1250	0.0613
西南	222	0.0654	0.0220	0.0112	0.1510	0.0623
华中	289	0.0664	0.0215	0.0296	0.1309	0.0642
华南	534	0.0669	0.0217	0.0232	0.1359	0.0629
华东	1248	0.0672	0.0211	0.0089	0.1372	0.0636
华北	440	0.0685	0.0221	0.0199	0.1362	0.0643

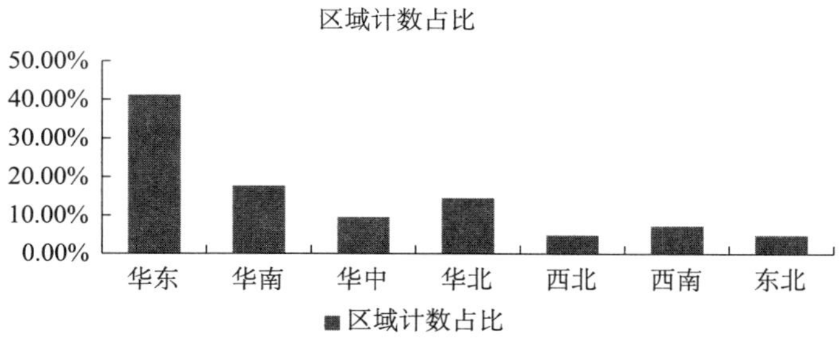

图 5－5　2017 年样本总量区域计数占比统计

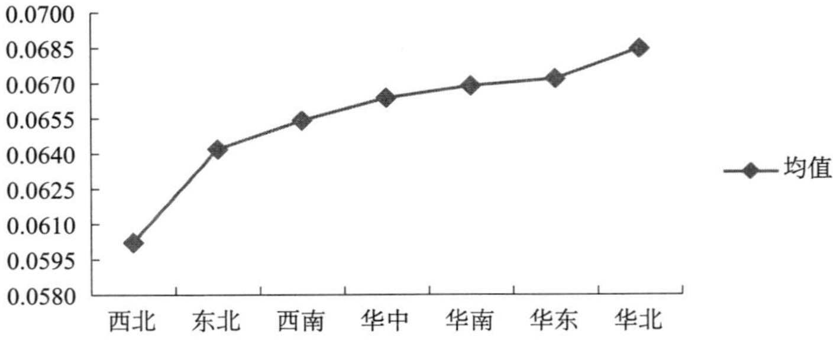

图 5-6　2017 年区域 re 均值统计

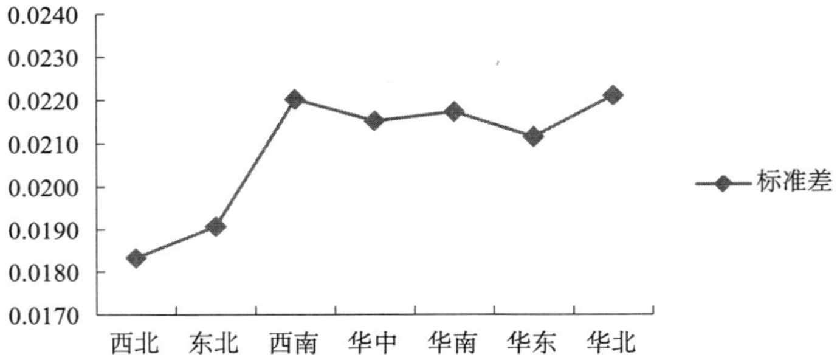

图 5-7　2017 年区域 re 均值和标准差统计

5.3　本章小结

本章首先对学术界所有股权资本成本的估算方法进行详细阐述，并从公司财务理论、价值补偿理论、投资者保护理论等方面，进一步解释研究股权资本成本的意义所在。本书借鉴 Broyles 的研究成果，将股权资本成本估算分为风险补偿类和内含报酬类两类，具体包括 CAPM 模型、三因素模型、Gordon 模型、GLS 模型、OJ 模型、PEG 模型和 MPEG 模型七种估算方法，并详细说明其变量定义、推导过程和模型公式。此外，为了优化样本数据的可信度，本节选取 2017 年 12 月 31 日在市的 3029 家上市公司为样本，依据中国证监会 2017 年 4 季度上市公司行业分类结果，分别采用基于风险报酬类和内含报酬类估算方法，估算中国证券市场 2013—2017 年股权资本成本，并从年度和行业两个层面出发，对风险报酬类和内含报酬类估算方法进行了差异化对比分析。

其次，根据中国具体国情和实际经济情况，排除三因素模型，利用上述其他六种估算方法，从年份、行业和地理区域三个层面对中国上市公司2013—2017 年股权资本成本现状进行描述性统计分析。年度现状分析结果表明，中国上市公司股权资本成本均值虽存在大幅度波动的过程，但总体呈现缓慢上升趋势；行业现状分析结果表明，各行业股权资本成本存在明显差异，国家支柱产业和基础产业相对稳定，而受市场机制影响较大的竞争类行业则波动明显，差异显著。地理区域现状分析结果表明，中国不同区域上市公司股权资本成本存在差异，且该差异与地区经济发展水平和市场化进程密切相关。正是由于现状分析中存在的这些显著差异，为后续进一步实证研究股东异质性、股票流动性、股票投资风险影响股权资本成本提供理论依据和数据支撑。

第6章　中国上市公司内部控制信息披露质量测评研究——基于熵权模型计量法

内部控制信息披露作为上市公司的法定义务，不仅直接影响到资本市场的透明度和效率，也是投资者进行投资决策的重要依据，是资本市场“公开、公平、公正”原则的基础，是各国资本市场监管的核心内容。我国资本市场经过十几年的发展，内部控制信息披露制度建设呈现出突飞猛进的发展趋势，上市公司内部控制信息披露整体质量有了明显提高，为投资者理性投资和资本市场健康发展提供了良好保障。回顾我国上市公司内部控制信息披露的发展过程，主要经历了“自愿披露”到“自愿与强制披露共存”再到“强制披露”三个阶段。第一阶段主要指2007—2009年，在此期间，我国颁布了《企业内部控制基本规范》，基本建立内部控制信息披露制度，但没有强制要求上市公司披露内部控制信息，比如内部控制自我评价报告、内部控制审计报告等，我国上市公司处于自愿披露阶段；第二阶段主要是指2010—2012年，在此期间，我国颁布了《企业内部控制审计指引》《关于2012年主板上市公司分类分批实施企业内部控制规范体系的通知》[①]，意味着国家相关部门要求主板上市公司逐步开始强制披露内部控制信息，我国进入强制披露与自愿披露共存局面；第三阶段主要指2013年至今，深沪主板上市公司，包括国有控股公司，均被要求强制披露内部控制信息，我国上市公司进入强制披露阶段。但现实研究过程中，关于上市公司内部控制信息披露质量的测评则是中国内部控制信息披露研究过程中面临的最大的技术性难题。目前，国内学术界针对上市公司内部控制信息披露质量而创建的各种测评方法缺乏国家权威机构的认证，且学者们运用的各种内部控制信息披露质量评价方法和

---

① 财政部2012年发布的《关于2012年主板上市公司分类分批实施企业内部控制规范体系的通知》（财会〔2012〕30号）。

构建的各类测评指标均存在或多或少的局限性，适用范围受到限制，缺乏全面的学术解释力和广泛的学界认可度，尤其是针对我国上市公司内部控制信息披露进入强制披露阶段后的内部控制信息测评方法更是少之又少。

因此，本章的主要任务在于，在现有上市公司内部控制信息披露相关研究成果基础上，结合本书后续章节关于中国上市公司内部控制信息披露与股权资本成本实证研究中设计的研究模型、研究假设、样本数据和变量选取等实际情况和研究需要，进一步提高测评上市公司内部控制信息披露水平的准确性，从不同角度出发，选取不同评价指标，构建更适用于本书实证研究的“强制披露阶段”中国上市公司内部控制信息披露质量熵测度模型与 *D* 指数。在构建适用性更强的中国上市公司内部控制信息披露质量测评 *D* 指数的前提下，本书需利用本章内容向读者解释以下问题：第一，处于经济改革特殊时期下的中国，如何利用内部控制信息特征来评判上市公司内部控制信息披露质量的高低；第二，现阶段，如何高效测评中国上市公司内部控制信息披露质量；第三，目前，我国上市公司内部控制信息披露质量现状如何。

6.1　构建我国内部控制信息披露质量测评 *D* 指数

由于目前我国企业内部控制信息披露质量的测评缺乏国家权威机构的数据结论，且学术界中所呈现的各种内部控制信息披露质量评价方法和相关指数均存在一定的局限性。此外，根据林毅夫对制度变迁“自愿性”和“强制性”两个阶段的划分，结合我国企业内部控制的发展历程，内部控制监管制度也经历了自愿性和强制性两个不同的监管时期，在 2009 年之前，内部控制报告属于自愿披露阶段，披露的公司多为优质性公司，2010—2012 年，国家相关部门要求主板上市公司逐步开始强制披露内部控制信息，我国进入强制披露与自愿披露共存局面，到 2013 年，政府要求所有 A 股主板上市公司披露内部控制相关信息，当年对内部控制进行评价并出具报告的公司达到 90%，出具内部控制审计报告的公司也基本上达到了 60%，说明这一时期的内部控制监管处于政府强制管辖的路径，也就是说，2012 年是中国上市公司内部控制信息披露由“自愿披露阶段”向“强制披露阶段”转化的过渡年份，为了避免本章自行构建的中国上市公司内部控制信息披露质量测评 D 指数受中国政府内部控制监管制度变迁导致的年度误差，提高 D 指数构建的适用性和准确性，本章剔除 2012 年度，选择 2013—2017 年的样本数据构建 D 指数，即构建“强制披露阶段”下中国上市公司内部控制信息披露质量测评 D 指数，保障实证研究的严谨性和可靠性。

因此，在现有上市公司内部控制信息披露相关研究成果基础上，结合本书后续章节关于中国上市公司内部控制信息披露与股权资本成本实证研究中设计的研究模型、研究假设、样本数据和变量选取等实际情况和研究需要，进一步提高测评上市公司内部控制信息披露水平的准确性，从不同角度出发，选取不同评价指标，构建更适用于本书实证研究的“强制披露阶段（2013—2017 年）”中国上市公司内部控制信息披露质量熵测度模型与 D 指数。

6.1.1 数据来源与样本选择

2012 年作为中国上市公司内部控制信息披露由“自愿披露阶段”向“强制披露阶段”转化的过渡年份，为了避免中国政府内部控制监管制度变迁导致自行构建的 D 指数产生的年度误差，提高 D 指数构建的适用性和准确性，本章选取 2013—2017 年深沪 A 股上市公司数据作为研究样本，根据表 5 - 1 中选定的相关指标进行数据整合，剔除金融保险业公司、ST 公司和样本数据中所有的无效值，最终选择有效样本总量为 3368 个，其中，2013 年样本公司为 439 家，2014 年样本公司为 467 家，2015 年样本公司为 795 家，2016 年样本公司为 790 家，2017 年样本公司为 877 家。

相关信息是通过阅读上市公司公开披露的年度财务报告、内部控制自我评价报告、内部控制审计报告及内部控制鉴证报告等资料手工搜集获得的，样本数据均来源于国泰安（CSMAR）数据库、色诺芬（CCER）数据库和锐思（RESSET）数据库，以这些数据库中查得的数据为准，如有缺失数据，再从上市公司年报中手工搜集补充。本章相关数据的统计和处理均通过 Excel 和 Spss 23.0 软件完成。

6.1.2 测评指标的选取与定义

（1）一级测评指标的选取与定义。根据本书第 1 章阐述可知，内部控制信息披露属于广义信息披露范畴，而广义信息披露与狭义信息披露同属于信息披露范畴，其测评方法和测评原则应归为同一大类，所以在选择内部控制信息披露质量的测评指标时，可以借鉴狭义信息披露质量的评价标准，而狭义的信息披露客体主要针对财务信息，其披露主体的考察范围仅局限于上市公司，主要是指公司中的财务信息披露，而财务信息是包含会计信息的，也就是说，在选择内部控制信息披露质量的测评指标时，可以借鉴会计信息披露质量的评价标准，以高质量会计信息特征作为 *D* 指数的一级测评指标。因此，本节在构建我国内部控制信息披露质量测评 *D* 指数的过程中，首先依据美国财务会计准则委员会（FASB）发布的“会计信息质量特征”中提出的相关性、可靠性、及时性和真实性原则，并结合我国基本规范中最新修订的内部控制五大组成要素——内部控制环境、风险评估、控制活动、信息与沟通和内部监督，选择与其相关程度最高的三个原则——相关性、及时性和真实性，作为内部控制信息披露质量的评判标准。之所以选择我国基本规范中阐述的内部控制五要素，是因为较 COSO《内部控制整合框架》规定的五要素与 COCO 指南规定的四要素而言，我国基本规范中阐述的内部控制五要素的规范性更高，内容更丰富，更适应中国上市公司的实际情况。

此外，内部控制信息具有“纯内部性信息源”和“超额内部控制信息质量测评难度”两大核心特征。具体而言，“纯内部性信息源”是指内部控制信息的产生源头完全属于公司内部，即有关内部控制的实施主体、控制活动、控制过程和控制结果的原始信息都无一例外地源自上市公司全体成员行为范畴。这对于上市公司组织空间之外的信息使用者而言，由于从公司外部获取信息源信息，其质量的测评难度会大幅增加，进而产生“超额内部控制信息质量测评难度”。正是因为内部控制信息的这两大核心特征使上市公司披露的内部控制信息可靠性、完整性遭受质疑，内部控制信息的可操纵性大幅升高，内部控制信息披露质量测评研究成为学术界亟待解决的学术难题，更需要上市公司真实、完整地披露其内部控制信息，保障信息使用者在外部获取内部控制信息的完整程度，有助于降低由内部控制信息的“纯内部性信息源”特征带来的“超额内部控制信息质量测评难度”。因此，考虑内部控制信息的“纯内部性信息源”特征和产生的“超额内部控制信息质量测评难度”，最终确定相关性、可靠性、及时性和完整性四个内部控制信息披露质量测评 D 指数的一级测评指标。

（2）中国上市公司内部控制信息特有属性分析。内部控制信息特有属性对上市公司内部控制信息披露质量产生深远影响，但现有关于内部控制信息披露质量研究的文献大都忽视对内部控制信息特有属性的分析，且学术界对于中国上市公司内部控制信息特有属性和内部控制信息披露的理解和研究颇具争议，这也说明学术界对于中国上市公司内部控制信息披露质量的测评还缺乏规范性和标准化研究成果，因此，本节在前人研究成果基础上，借鉴黄平（2016）的著作，尝试对中国上市公司内部控制信息特有属性进行进一步分析，为后文确定中国上市公司内部控制信息披露测评 D 指数二级、三级测评指标的选取提供新观点和新方向。中国上市公司内部控制信息具有以下四项特有属性：

第一，信息内容侧重反映内部控制行为。具体而言，内部控制信息主要反映公司管理当局内部控制五大要素中包含各项管理活动的行为过程和具体内容，它是区分于财务信息的一种侧重于管理行为和客观事实的非财务信息。因此，内部控制信息内容是侧重于反映内部控制行为，主要反映公司内部控制活动中的各种客观现实和具体事项，其内容只反映各项内部控制活动的完成情况和行为结果，是对内部控制活动实施过程有效性的文字型体现，其内容具有很强的“过程性”和“客观事实性”，且信息内容因侧重于反映公司的内部控制行为，使其信息结果具有很强的不可预测性。

第二，信息披露与解读的主观性强。首先，信息披露的行为者是公司管理者，其内部控制信息完全来源于公司内部。因此，管理者进行内部控制信息披露时，除了部分强制性要求披露的内部控制信息外，其他部分内部控制信息的披露则完全取决于公司管理者的自愿披露意向，若其内部控制体系建设完善，其内部控制信息披露质量较高，管理者则会表现出较高的自愿披露意向；若其内部控制体系建设不完善，其内部控制信息披露质量较低，管理者则会表现出较低的自愿披露意向，因此，信息披露的主观性较强。其次，由于不同类型信息使用者使用内部控制信息的目的不同，比如对于投资者而言，其信息使用的目的在于加强其投资决策有用性，对于国家监管部门而言，其信息使用的目的在于加强其监督管理力度和成效，对于信息使用者而言，其受不同认知程度、投资立场、投资环境等因素影响，对于内部控制信息质量好坏界限的区分，较财务信息而言会更加模糊和主观。加上内部控制信息结果的不可预测性较强，因此，不同类型信息使用者在加工处理相同内容的内部控制信息时所得出的内部控制信息质量评价结果千差万别，信息解读的主观性也较强。

第三，披露信息的定性化程度高。由于内部控制信息反映的主要内容是反映公司内部控制活动中的各种客观现实和具体事项，是对内部控制活动实施过程有效性的文字型体现，无法进行货币计量，且由于中国上市公司内部控制信息披露制度仍处于发展阶段，相关监管制度仍需完善和规范，上市公司之间的内部控制信息披露制度发展参差不齐，相关制度体系建设差异明显，因此相关监管部门对于中国上市公司内部控制信息披露渠道、披露路径、披露内容以及呈现形态缺乏统一性和标准化管理，导致上市公司披露的内部控制信息的披露路径多种多样，内部控制信息披露内容大多呈现出非标准化的定性信息形态，而非定量信息形态。需要强调的是，定性信息形态与定量信息形态相比，其优缺点明显，优点在于定性信息形态披露内容的丰富程度和完整性方面完胜定量信息形态，弥补其信息披露的不具体、不完整，缺点在于定性信息形态披露内容缺乏标准化和规范化，有助于信息披露者粉饰和掩藏负面信息，增加了证券市场中的不正当内幕交易和利益操纵行为发生的概率。

第四，获取信息的专有成本高。较会计信息而言，获取内部控制信息的专有成本较高。因为会计信息以统一的货币形式计量，披露以定量信息形态为主，信息披露的规范化和标准化程度较高，且受到国家相关部门明确的制度规范和监管，因此，对于信息使用者而言，该类信息的获取难度较低，共享程度较高，且认知解读该类信息受其自身加工处理信息能力的约束程度较低，该类信息对于信息使用者产生的决策有用性水平差异不大。而内部控制信息不以统一的货币计量，大多以定性信息形态存在，该类信息的披露缺乏标准化和规范化管理，且中国上市公司内部控制信息的程序化披露水平较低，使中国证券市场中整体的内部控制信息透明度较低，信息使用者在获取该类信息时面临较为严重的信息不对称性，获取信息的专有成本提高。且由于该类信息以定性信息形态为主，因此，信息使用者认知解读该类信息受其自身加工处理信息能力的约束程度较高，该类信息对于信息使用者产生的决策有用性水平差异显著，进而促使信息使用者为了提高所获该类信息的决策有用性，花费额外成本，比如参考分析师盈利预测、聘请各类中介交易服务机构、向管理者购买私密的内幕交易信息等，使获取内部控制信息的专有成本进一步升高。

总结来说，中国上市公司内部控制信息具有信息内容侧重反映内部控制行为，信息披露与解读的主观性强，披露信息的定性化程度高和获取信息的专有成本高四项特有属性。

（3）二级、三级测评指标的选取与定义。在一级测评指标确定的基础上，依据内部控制信息的四项特有属性、内部控制的两大核心特征以及我国基本规范中规定的内部控制五大组成要素，依据本书研究的实际需要，并借鉴张晓岚（2012）、张瑶（2015）、李泱（2016）等的研究成果，在相关性、可靠性、及时性和完整性四个一级指标确定的基础上，进一步构建中国上市公司内部控制信息披露质量测评 D 指数的二级、三级测评指标。其中，相关性指标是指上市公司披露能够影响投资者投资决策的内部控制信息，具体选取二级指标中的披露内容和披露程度两个方面的内容，披露内容依据是否披露内部控制五大组成要素的实质性内容来确定，由指标 1—5 构成；披露程度依据是否披露和修正实质性缺陷来确定，由指标 6—7 构成。可靠性指标是指上市公司披露的内部控制信息必须客观有效，其信息质量得以保证，具体选取二级指标中的内部审计质量、外部审计质量和内部治理质量三个方面的内容，内部审计质量主要着眼于上市公司内部审计与监督体系建设是否完善，由指标 8—10 构成；外部审计质量依据外部审计单位的审计意见来确定，由指标 11 构成；内部治理质量依据董事长与总经理是否为同一人进行评判，由指标 12 构成。及时性指标指上市公司披露内部控制信息的时效性水平，主要关注内部控制评价报告和内部控制审计报告的披露滞后期，由指标 13—14 构成。完整性指标是指上市公司披露的内部控制信息是否涉及内部控制的方方面面，是否具体全面，具体选取二级指标中的治理结构和财务状况两个方面的内容，治理结构主要关注与非财务内部控制质量紧密相关的相关变量，由指标 15—17 构成；财务状况主要关注与财务内部控制质量紧密相关的相关因素，涉及公司的盈利能力、偿债能力和营运能力，由指标 18—23 构成。

最终依照前文选定的 4 个一级测评指标，对应选取二级和三级测评指标并加以定义，最终构建 4 个一级指标，20 个二级指标和 23 个三级指标，具体指标的选取及定义参见表 6 - 1。

表 6－1　　　　内部控制信息披露质量测评指标定义

一级指标	二级指标		三级指标	指标序号	指标类型	指标代码
相关性	披露内容	是否包含控制环境的实质性披露	披露为 3 分，未披露为 1 分	1	+	kzhj
		是否包含风险评估的实质性披露	披露为 3 分，未披露为 1 分	2	+	fxpg
		是否包含控制活动的实质性披露	披露为 3 分，未披露为 1 分	3	+	kzhd
		是否包含信息与沟通的实质性披露	披露为 3 分，未披露为 1 分	4	+	xxgt
		是否包含内部监督的实质性披露	披露为 3 分，未披露为 1 分	5	+	nbjd
	披露程度	是否披露实质性内部控制缺陷	披露重大缺陷为 4 分，披露重要缺陷为 3 分，披露一般缺陷为 2 分，未披露为 1 分	6	+	nkqx
		是否改进实质性内部控制缺陷	已整改为 3 分，部分整改为 2 分，未整改为 1 分	7	+	gjcs
可靠性	内部审计质量	是否单独披露自我控制报告且该报告是否经鉴证	披露且经鉴证为 3 分，披露但未经鉴证为 2 分，未披露为 1 分	8	+	kzbg
		是否披露独立董事或监事会对内部控制自我评价报告的意见	都披露为 3 分，未完整披露为 2 分，未披露为 1 分	9	+	dsjs
		是否设置独立的内部审计和内部控制机构	都设置为 3 分，仅设置其一为 2 分，未设置为 1 分	10	+	nbsj
	外部审计鉴证水平	内部控制自我评价报告审计意见类型	标准无保留为 3 分，强调事项段无保留为 2 分，其他为 1 分	11	+	sjyj
	内部治理质量	董事长与总经理是否为同一人	完全分离为 3 分，副董事长和董事长共同兼任总经理为 2 分，董事长与总经理为同一人为 1 分	12	+	jz

续表

一级指标	二级指标		三级指标	指标序号	指标类型	指标代码
及时性	披露时效性	余量时滞	审计报告签署日距离法定披露期限截止日①的绝对值/年报实际有效披露期间	13	-	ylsz
		披露报告时滞指数②	报告时滞/120（或121，闰年）	14	-	bgsz
完整性	治理结构	第一大股东持股比例	第一大股东持股份额/总股份	15	-	f1
		独立董事比例	独立董事人数/董事会总人数	16	+	dd
		两权分离度	控制权与所有权之差	17	+	lqfl
	财务状况	盈利能力	净资产收益率（净利润/总资产）	18	+	roe
			每股收益（税后净利润/总股本）	19	+	eps
		偿债能力	速动比率（速动资产/流动负债）	20	o	sd
			产权比率（总负债/所有者权益总额）	21	o	cq
		营运能力	总资产周转率（销售收入/总资产）	22	+	at
			存货周转率（销售成本/固定资产）	23	+	cz

注：1. 指标类型中，“+”代表正相关，表明数值越大越好；“-”代表负相关，表明数值越小越好；“o”代表适度指标，表明数值过大或过小都不好。2. 实质性披露的判断标准是报告受用者可否就读取内容作出定性决策，例如，年报中仅出现“建立内部控制制度、加强内部控制文化建设、培养良好内部控制环境”等非实质性语句，则被判定为“未披露”。

---

① 中国证监会《上市公司信息披露管理办法》的第二十条规定：上市公司年报应当在每个会计年度结束之日起4个月内完成披露。

② 披露报告时滞指数：我国上市公司采用统计的会计年度，即每年12月31日作为会计期间结束日，其法定披露天数为120天（闰年除外，为121天）。因此，本书为保持变量含义的一致性，增加数据统计的严谨性，采用报告时滞指数作为报告时滞的替代指标。

6.1.3　熵测度测评模型的构建

本节在前人研究成果的基础上，结合周薇等（2010）的研究成果，借鉴张晓岚（2012）、王煜娇（2013）、刘小丽（2014）的研究方法，采用层次分析法和最大熵权赋值法（简称熵值法），样本时间选择 2013—2017 年，构建我国强制披露阶段的内部控制信息披露质量测评 D 指数。选择该种测评方法的理由有三个：首先，它可以避免因人工建模导致的信息增量闭塞，因为熵权赋值法中涉及的信息熵由构建模型的组成要素的具体特征值及其承载的信息量决定；其次，熵权赋值法对各指标进行的归一化处理可以增加测评指标定量化选择的客观权重；最后，对多元标准决策者而言，此方法可以降低其各指标选择的主观性带来的决策失利的风险概率，降低个体样本由于不同行业存在的不可比性，大大提高该方法的适用范围。因此，本节对内部控制信息披露质量测评 D 指数的构建选用最大熵权赋值法，利用熵权赋值法对各指标进行赋值，构建具体的内部控制信息披露质量熵测度模型，计算出各指标中所含的信息熵，并进行归一化处理，确定各指标在内部控制信息披露测评 D 指数中的权重，相乘求和得到，具体模型构建过程如下：

第一，基于熵模型的原理与理论基础，结合表 6 - 1 中的 23 个三级指标以及 2013—2017 年度披露内部控制信息的样本公司数据，构建初始矩阵 X_{mn}：

$$X_{mn} = \begin{matrix} A_1 \\ A_2 \\ A_3 \end{matrix}\begin{pmatrix} X_{11} & \cdots & X_{1n} \\ \vdots & \ddots & \vdots \\ X_{m1} & \cdots & X_{mn} \end{pmatrix}$$

其中，2013 年 $m = 439$，2014 年 $m = 467$，2015 年 $m = 795$，2016 年 $m = 790$，2017 年 $m = 877$；$n = 23$。

第二，求出初始矩阵 X_{mn}的无量纲化矩阵中的 X_{ij}'。由于指标间的量纲和数量级不一样，导致数据间存在很大差异，为了消除指标间量纲和数量级对初始模型的影响，缩小极端值对结果带来的误差，本节对初始矩阵进行无量纲化处理。需要注意的是，表 5 - 1 中的 23 个指标类型存在差异，为了保证各指标在后期的实证处理中具有可比性，在进行无量纲化处理时，需要对不同类型的指标进行分类处理，进而得到 X_{ij}'

$$X_{ij}' = \begin{cases} \dfrac{X_{ij}}{\max\limits_{j}\{X_{ij}\}}, X_{ij} \in R_1 \\ \dfrac{\min\limits_{j}\{X_{ij}\}}{X_{ij}}, X_{ij} \in R_2 \\ \dfrac{\min\limits_{j}|a - X_{ij}|}{|a - X_{ij}|}, X_{ij} \in R_3 \end{cases}, (i=1,\ 2,\ 3,\ \cdots,\ m;\ j=1,\ 2,\ 3,\ \cdots,\ n)$$

其中，R_1 的指标类型为“+”；R_2 的指标类型为“-”；R_3 的指标类型为“o”；a 为“o”型指标中的理论最优值。

需要注意的是，对于在无量纲化处理后仍为负数的数据，为了避免负数数据导致熵值求权数取对数时无意义，需对数据进行非负标准化处理，根据 3δ 原则将负数平移，并将非负标准化后的数据等同于 X_{ij}：

（1）当 $X_{ij} \in R_1$ 时，表明该数据越大越好，数据平移公式为：

$$X_{ij}' = \frac{X_{ij} - \min(X_{1j}, X_{2j}, X_{3j}, \cdots, X_{mj})}{\max(X_{1j}, X_{2j}, X_{3j}, \cdots, X_{mj}) - \min(X_{1j}, X_{2j}, X_{3j}, \cdots, X_{mj})} + 1, (i=1,\ 2,\ 3,\ \cdots,\ m;\ j=1,\ 2,\ 3,\ \cdots,\ n)$$

（2）当 $X_{ij} \in R_2$ 时，表明该数据越小越好，数据平移公式为：

$$X_{ij}' = \frac{\max(X_{1j}, X_{2j}, X_{3j}, \cdots, X_{mj}) - X_{ij}}{\max(X_{1j}, X_{2j}, X_{3j}, \cdots, X_{mj}) - \min(X_{1j}, X_{2j}, X_{3j}, \cdots, X_{mj})} + 1, (i=1,\ 2,\ 3,\ \cdots,\ m;\ j=1,\ 2,\ 3,\ \cdots,\ n)$$

第三，计算第 j 项指标下第 i 家样本公司指标值的比重 $P_{ij} = \dfrac{X_{ij}}{\sum\limits_{i=1}^{m} X_{ij}}$，$(i=1,\ 2,\ 3,\ \cdots,\ m;\ j=1,\ 2,\ 3,\ \cdots,\ n)$。

第四，计算第 j 项指标的熵值 $E_j = -\beta \sum\limits_{i=1}^{m} P_{ij} \ln P_{ij}$，$(i=1,\ 2,\ 3,\ \cdots,\ m;\ j=1,\ 2,\ 3,\ \cdots,\ n)$，其中常数 $\beta = \dfrac{1}{\ln(m)}$，$E_j \in [0,\ 1]$。

第五，对各指标的熵值进行归一化处理，得到各指标的客观权重 $g_j = \dfrac{1 - E_j}{\sum\limits_{j=1}^{n}(1 - E_j)}$，$(j=1,\ 2,\ 3,\ \cdots,\ n)$。

第六，由上式算出的结果较大，为了保证回归计算结果的准确性和数据统计的技术规范要求，本节取自然对数，计算样本公司 i 的内部控制信息披露质量测评 D 指数 $D_i = \ln(\sum_{j=1}^{n} g_j P_{ij})$，($i=1, 2, 3, \cdots, m$；$j=1, 2, 3, \cdots, n$)。

6.2　内部控制信息披露质量测评 D 指数实证结果分析

根据上述熵值法计算得出 2013—2017 年各年对应的常数项 β 和各指标对应的客观权重 g_j，具体数值见表 6－2 和表 6－3。

表 6－2　　2013—2017 年常数项 β 计算结果

年份	2013	2014	2015	2016	2017
常数项 β	0.1644	0.1627	0.1497	0.1499	0.1476

注：计算结果均为小数点后保留 4 位，由 excel 计算得出（下同）。

表 6－3　　各指标对应的熵值 E_j 和客观权重 g_j 计算结果

年份/指标	2013		2014		2015		2016		2017	
	E_j	g_j	E_j	g_j	E_j	g_j	E_j	g_j	E_j	g_j
kzhj	0.1757	0.0396	0.1842	0.0397	0.1684	0.0394	0.1680	0.0392	0.1660	0.0327
fxpg	0.1757	0.0396	0.1836	0.0397	0.1684	0.0394	0.1692	0.0391	0.1654	0.0327
kzhd	0.1761	0.0396	0.1847	0.0397	0.1677	0.0394	0.1690	0.0392	0.1652	0.0327
xxgt	0.1754	0.0396	0.1834	0.0397	0.1682	0.0394	0.1689	0.0392	0.1658	0.0327
nbjd	0.1761	0.0396	0.1834	0.0397	0.1682	0.0394	0.1684	0.0392	0.1658	0.0327
nkqx	0.1780	0.0395	0.1866	0.0396	0.1686	0.0394	0.1665	0.0393	0.1693	0.0326
gjcs	0.1994	0.0384	0.2004	0.0389	0.1743	0.0391	0.1754	0.0389	0.1723	0.0325
kzbg	0.1741	0.0397	0.1825	0.0398	0.1688	0.0394	0.1691	0.0392	0.1649	0.0327
dsjs	0.1740	0.0397	0.1829	0.0397	0.1681	0.0394	0.1690	0.0392	0.1664	0.0327
nbsj	0.1739	0.0397	0.1826	0.0398	0.1683	0.0394	0.1691	0.0392	0.1675	0.0326
sjyj	0.1739	0.0397	0.1833	0.0397	0.1682	0.0394	0.1693	0.0391	0.1622	0.0328
sjgm	0.1754	0.0396	0.1812	0.0398	0.1670	0.0395	0.1681	0.0392	0.1595	0.0330
jz	0.1754	0.0396	0.1908	0.0394	0.1745	0.0391	0.1646	0.0394	0.1605	0.0329
ylsz	0.2031	0.0383	0.2592	0.0360	0.1815	0.0388	0.1120	0.0418	0.0989	0.0353
bgsz	0.1662	0.0400	0.1833	0.0397	0.1677	0.0394	0.1664	0.0393	0.1699	0.0325

续表

指标＼年份	2013		2014		2015		2016		2017	
	E_j	g_j	E_j	g_j	E_j	g_j	E_j	g_j	E_j	g_j
fl	0. 1806	0. 0393	0. 1757	0. 0401	0. 1584	0. 0399	0. 1585	0. 0397	0. 1560	0. 0331
dd	0. 1732	0. 0397	0. 1823	0. 0398	0. 1683	0. 0394	0. 1675	0. 0392	0. 1665	0. 0327
roe	0. 1464	0. 0410	0. 1722	0. 0403	0. 1765	0. 0390	0. 1409	0. 0405	0. 1428	0. 0336
eps	0. 1562	0. 0405	0. 1624	0. 0407	0. 1535	0. 0401	0. 1506	0. 0400	0. 1579	0. 0330
liq	0. 1788	0. 0394	0. 1637	0. 0407	0. 1644	0. 0396	0. 1596	0. 0396	0. 1512	0. 0333
lev	0. 1716	0. 0398	0. 2002	0. 0389	0. 1602	0. 0398	0. 1584	0. 0397	0. 1629	0. 0328
at	0. 1814	0. 0393	0. 1862	0. 0396	0. 1535	0. 0401	0. 1507	0. 0400	0. 1583	0. 0330
yz	0. 0959	0. 0434	0. 0998	0. 0438	0. 0363	0. 0457	0. 0388	0. 0453	0. 0280	0. 0381

6. 3 有效性检验

6. 3. 1 检验假设提出

内部控制信息披露质量测评 D 指数构建的最终目的在于向相关信息受用者提供对各个上市公司内部控制信息披露质量进行较为准确的测评，为其作出正确决策提供帮助。获得越高 D 指数的上市公司越能被相关信息受用者接受和信任，这也意味着这些上市公司的内部控制信息披露质量相对较好，内部控制相关制度和管理越符合国家相关部门的法律法规，发生违规行为的可能性就越低，受相关部门处罚并列为违规样本的可能性就越低；反之，内部控制信息披露质量测评 D 指数越低的公司，表明其内部控制信息披露质量越差，侧面说明其内部控制存在缺陷的可能越高，发生违规行为并被国家相关部门处罚的可能性就越高，因此，本书提出假设：

H1：发生违规行为①样本公司的内部控制信息披露质量测评 D 指数小于其配对的非违规样本公司。

---

① 国家相关法律法规规定的违规行为共 15 项：虚构利润、虚列资产、虚假记载（误导性陈述）、推迟披露、重大遗漏、披露不实（其他）、欺诈上市、违规出资、擅自改变资金用途、占用公司资产、内幕交易、违规买卖股票、操纵股价、违规担保、一般会计处理不当。

6.3.2　数据来源与样本选择

本节在构建和计算 2013—2017 年内部控制信息披露质量测评 D 指数的样本公司中选择发生违规信息的公司作为“违规样本”，为这些“违规样本”匹配对应的“非违规样本”。本节依据《中国证监会行业分类代码》（2012 年版），将相同行业的公司进行比对，可以减少由于行业差异带来的检验误差。此外，基姆等（Kim et al.，2005）的实证研究表明：公司规模是影响公司内部控制质量的显著因素，因此，在进行两组样本匹配时，加入了公司规模这一约束条件，以样本公司总资产对数（*size*）作为其替代变量，在同行业中寻找总资产对数相近的样本公司进行匹配。也就是说，两组样本的匹配遵循随机性、同行业、类似资产规模、相同年份四项原则。相关数据来自国泰安（CSMAR）数据库、上证交易所和深证交易所官方网站。

6.3.3　检验结果分析

首先，本节针对假设 H1 中提到的违规行为对 2013—2017 年样本公司进行筛选，并对每年的违规样本与其匹配的非违规样本进行描述性统计和威尔科克森符号秩检验，该检验可以检测出基于层次分析法和最大熵权赋值法构建的 2013—2017 年上市公司内部控制信息披露质量测评 *D* 指数是否合理，具体实证结果见表 6－4。表中数据可以看出，对各年度匹配后的两组相关数据进行的 Wilcoxon 秩和检验显示：2013—2017 年 Z 值分别为 －4.731、－4.463、－5.373、－5.645 和 －5.442，且均在 1% 水平上显著。只有 2013 年负秩数为 2，2014 年负秩数为 1，说明 2013 年有两只违规样本股票的测评指数 *D* 大于其配对的非违规样本股票 D^*，2014 年有一只违规样本股票的测评指数 *D* 大于其配对的非违规样本股票 D^*，其他年份负秩数均为 0。

表 6－4　　2013—2017 年违规样本与非违规样本秩和检验结果

年份	非违规样本 D^* －违规样本 D	个案数	秩均值	秩总和	Z 值
2013	负秩数	2[a]	11	11	－4.731[b]***
	正秩数	28[b]	16.68	517	
	持平数	0[c]	—	—	
	总样本量	30			

续表

年份	非违规样本 D* - 违规样本 D	个案数	秩均值	秩总和	Z 值
2014	负秩数	1	7	7	-4.463***
	正秩数	27	14.78	399	
	持平数	0	—	—	
	总样本量	28			
2015	负秩数	0	0	0	-5.373***
	正秩数	38	19.5	741	
	持平数	0	—	—	
	总样本量	38			
2016	负秩数	0	0	0	-5.645***
	正秩数	42	21.5	903	
	持平数	0	—	—	
	总样本量	42			
2017	负秩数	0	0	0	-5.442***
	正秩数	39	20	780	
	持平数	0	—	—	
	总样本量	39			

注：a 为非违规指数 < 违规指数，b 为非违规指数 > 违规指数，c 为非违规指数 = 违规指数；*** 表示经过 White 异方差稳健性修正后的 P 值在 1% 水平上显著；数据结果由 Spss 23.0 计算得出。

由表 6 - 5 可以看出，从均值、中位数、最小值和最大值来看，2013—2017 年，每年非违规样本组的测评指数都远远大于违规样本组的测评指数，初步说明 H1 成立。

表 6 - 5　2013—2017 年违规样本与非违规样本测评指数描述性统计

年度	样本量	分组	均值	中位数	标准差	最小值	最大值
2013	30	违规样本	8.1973	8.2030	0.1231	7.8685	8.3714
		非违规样本	8.3059	8.3074	0.0573	8.1964	8.4381
2014	28	违规样本	8.1435	8.1872	0.2009	7.5616	8.4407
		非违规样本	8.3299	8.3441	0.0816	8.0671	8.4785

续表

年度	样本量	分组	均值	中位数	标准差	最小值	最大值
2015	38	违规样本	8.2002	8.2536	0.1965	7.4893	8.4105
		非违规样本	8.3502	8.3706	0.1071	8.0419	8.5538
2016	42	违规样本	8.2417	8.2733	0.1533	7.7793	8.4663
		非违规样本	8.3728	8.3822	0.0730	8.2067	8.5339
2017	39	违规样本	8.4495	8.4805	0.1406	8.1350	8.6610
		非违规样本	8.5452	8.5614	0.0808	8.3365	8.6974

其次，根据上述匹配原则，在非违规样本公司中选择符合条件的公司与各年度违规样本公司进行匹配，运用上述构建的内部控制信息披露质量测评指数进行对比，定义“违规样本”组的测评指数代码为 D，“非违规样本”组的测评指数代码为 D^*，具体检验结果见表 6-6 至表 6-10 和图 6-1 至图 6-5。

表 6-6 至表 6-10 是对表 6-4 检验结果的具体呈现和佐证，结合图 6-1 至图 6-5 可以更直观地看出：2013—2017 年，违规样本组的测评指数均小于非违规样本组的测评指数，说明假设 H1 成立，即发生违规行为样本公司的内部控制信息披露质量测评指数小于其配对的非违规样本公司的测评指数。

表 6-6　　2013 年违规样本与非违规样本测评指数对比检验

行业	违规样本	D	检验结果	非违规样本	D^*
C27	000513	8.2014	<	600227	8.2913
C39	000536	8.1725	<	000050	8.2978
C26	000565	8.2565	<	600746	8.2980
C37	000768	8.3552	>	600038	8.3251
C22	000833	7.8685	<	600793	8.2491
C15	000860	8.1886	<	000869	8.2629
C13	000911	8.1519	<	300138	8.1964
A01	000998	8.3528	>	600313	8.2144
C26	002145	8.2850	<	002215	8.3479
C39	002194	8.2457	<	002384	8.3092
C34	002248	8.0596	<	600243	8.2858

续表

行业	违规样本	D	检验结果	非违规样本	D*
C26	002256	8.1950	<	000881	8.3759
C27	002355	8.3418	<	000788	8.3513
J69	002422	8.1433	<	002422	8.3055
C35	002423	8.3055	<	601608	8.4032
C35	002432	8.0119	<	000856	8.3167
C35	002595	8.0534	<	600526	8.3121
C34	002539	8.2436	<	002529	8.3228
C29	300097	8.2266	<	000619	8.2293
I64	300164	8.1909	<	600640	8.3330
C29	300198	8.2804	<	600458	8.2900
I64	000676	8.3714	<	000606	8.4381
E48	600069	7.9819	<	600502	8.2494
C32	600315	8.1679	<	000962	8.3207
C39	600326	8.3565	<	600707	8.4046
C37	600552	8.1225	<	600495	8.2719
G55	600575	8.2047	<	600428	8.3279
C37	600679	8.2137	<	600099	8.2222
C26	600691	8.0489	<	600409	8.2702
C26	600796	8.3227	<	002453	8.3556

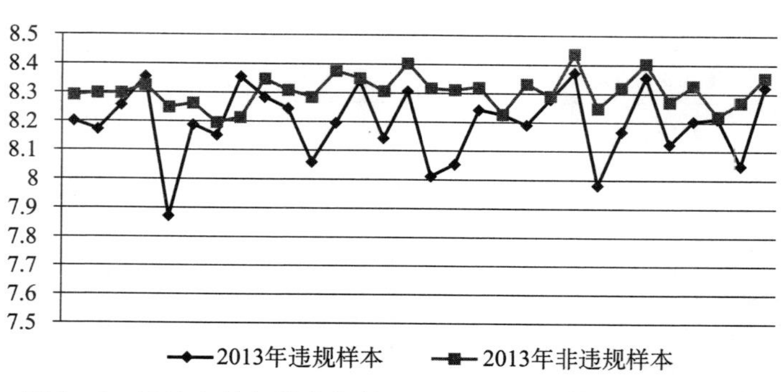

图 6－1　2013 年违规样本与其匹配的非违规样本测评指数对比

表 6-7　　2014 年违规样本与非违规样本测评指数对比检验

行业	违规样本	D	检验结果	非违规样本	D*
C26	600423	8.2898	<	000881	8.4068
F51	000632	8.3113	<	000159	8.3126
F51	000701	8.0893	<	600739	8.2537
F52	000785	8.1866	<	600297	8.3549
C30	000786	8.0913	<	600720	8.3301
K70	000797	8.1373	<	000897	8.3334
C42	600217	8.0259	<	000820	8.3693
B06	000983	8.2730	<	600403	8.3755
C38	002617	7.9143	<	002527	8.2824
C38	300014	8.2493	<	000806	8.3581
C36	600006	8.2952	<	600418	8.3154
C27	600129	7.9499	<	600380	8.3613
S90	600175	8.3191	<	600770	8.3713
C35	600184	8.3108	<	300156	8.4785
C26	600228	8.2455	<	600746	8.3823
F51	600538	8.0707	<	600250	8.2650
C27	600285	8.4407	>	000534	8.3101
C17	600370	8.1878	<	600493	8.4048
C26	600423	8.2898	<	600589	8.4226
C36	600686	8.1547	<	601777	8.2354
K70	600696	8.3564	<	000667	8.3908
C36	600213	7.9425	<	002126	8.3609
F51	600747	7.7234	<	000151	8.1852
C37	600760	8.0684	<	600877	8.2908
C22	600966	8.3558	<	002067	8.4143
D44	600979	7.5616	<	000037	8.0671
R85	601928	8.2196	<	000793	8.2946

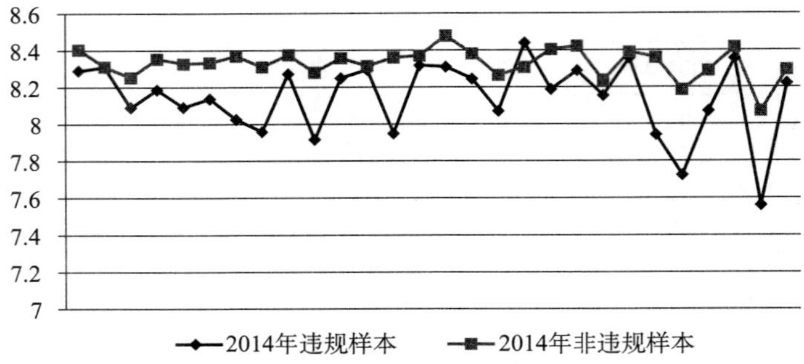

图 6-2　2014 年违规样本与非违规样本测评指数对比

表 6-8　　2015 年违规样本与非违规样本测评指数对比检验

行业	违规样本	D	检验结果	非违规样本	D*
K70	000691	7.7038	<	600732	8.0419
C13	000048	8.2362	<	600095	8.4537
C27	000403	8.3437	<	600513	8.3962
C30	002694	8.3702	<	002457	8.4520
C34	000595	8.0181	<	603011	8.2654
D44	000695	8.3682	<	600979	8.3989
C39	600498	8.3288	<	000727	8.5538
K70	000897	8.0166	<	000036	8.2871
D44	000939	8.4046	<	600719	8.4320
A03	002234	8.0247	<	600975	8.2688
C38	002358	8.3730	<	601616	8.4280
C32	002578	8.2917	<	601388	8.3859
C29	000619	8.1579	<	002694	8.3702
C39	002745	8.2099	<	600260	8.4346
I64	300052	8.3286	<	000835	8.3405
C39	300111	8.3726	<	600360	8.4476
C34	300126	8.2854	<	300420	8.3976
C27	300147	8.3164	<	600568	8.3654

续表

行业	违规样本	D	检验结果	非违规样本	D*
K70	600052	7.9599	<	600173	8.3410
K70	600094	8.4105	<	000007	8.5074
B06	600123	8.3044	<	600397	8.3709
C36	603166	8.2983	<	600178	8.4512
C38	600268	8.2211	<	600884	8.2548
C38	600379	8.2539	<	603988	8.2771
C26	600160	7.4893	<	600078	8.4746
C32	600490	8.3582	<	002160	8.4361
C39	600562	8.1508	<	300303	8.3073
C35	600587	8.2532	<	600545	8.3826
F52	600628	8.3971	<	600838	8.3992
K70	600696	8.0741	<	600159	8.2807
C27	600781	8.3247	<	300181	8.4061
C34	600806	8.0308	<	000570	8.2754
C28	600810	8.2478	<	601113	8.3175
C27	600812	8.3045	<	600079	8.3337
C39	600990	8.1548	<	000045	8.2966
C25	601015	8.0694	<	600688	8.1574
C36	601633	8.1682	<	601238	8.2069

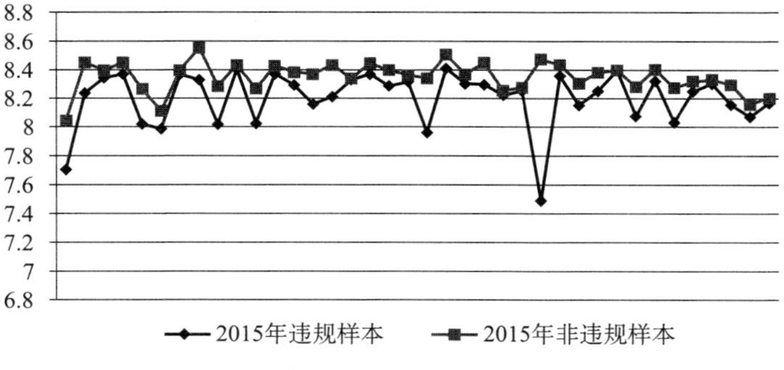

图 6－3　2015 年违规样本与非违规样本测评指数对比

表 6-9　　2016 年违规样本与非违规样本测评指数对比检验

行业	违规样本	D	检验结果	非违规样本	D^*
K70	600159	8.2752	<	000691	8.5339
B09	000693	7.9798	<	600988	8.3422
C14	000048	8.4121	<	000716	8.4579
C26	000737	8.2714	<	002165	8.4122
D44	000767	8.4663	<	600863	8.4678
C26	000792	8.2296	<	600500	8.3323
L72	000796	8.1305	<	000058	8.2946
C38	000803	8.0419	<	603988	8.3149
C13	000911	8.2334	<	600251	8.2912
C39	002036	8.3615	<	600360	8.4870
C29	002263	8.1544	<	000619	8.2689
I64	002354	8.1953	<	300418	8.3991
G59	600794	8.2833	<	300013	8.3394
C39	300028	8.0453	<	600355	8.3275
C39	600100	8.2538	<	600498	8.3183
C36	600139	8.1901	<	600081	8.2647
F51	600203	8.2876	<	600250	8.4220
C39	600260	8.3818	<	000536	8.3861
G55	601008	8.4592	<	600279	8.4669
C31	600282	8.2798	<	600176	8.3670
C36	600303	8.4068	<	603166	8.4338
C37	600862	8.3141	<	600316	8.3968
K70	600322	7.8035	<	600748	8.3092
C32	600432	8.0418	<	600549	8.4147
F51	600546	8.1884	<	600739	8.2950
C39	600562	8.2887	<	600888	8.4114
I65	600602	8.2773	<	600701	8.3662
F52	000753	8.2900	<	600628	8.3902
J67	600621	8.3259	<	600695	8.3965
I65	600701	8.3662	<	300300	8.4540

续表

行业	违规样本	D	检验结果	非违规样本	D*
F51	600747	8.0781	<	600128	8.2747
F52	600774	8.3162	<	600337	8.3784
F51	600822	7.7793	<	000032	8.2067
C38	600869	8.2659	<	600884	8.3452
C14	600873	8.2185	<	600073	8.2577
C30	600876	8.4157	<	600516	8.4329
I65	600892	8.2648	<	300250	8.3517
B06	600971	8.2296	<	601001	8.3906
B06	600985	8.3242	<	600714	8.3911
C31	600117	8.3914	<	600399	8.4102
C36	601777	8.2490	<	600166	8.3458

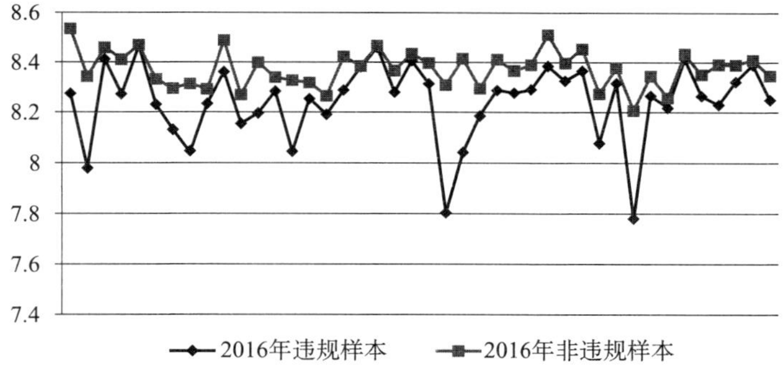

图 6－4　2016 年违规样本与非违规样本测评指数对比

表 6－10　2017 年违规样本与非违规样本测评指数对比检验

行业	违规样本	D	检验结果	非违规样本	D*
C27	000403	8.5906	<	600080	8.6268
C30	000511	8.5962	<	600172	8.6494
C27	000566	8.5653	<	600267	8.5720
D44	000692	8.1921	<	600116	8.6182
N77	002034	8.4458	<	300422	8.5016
C17	002070	8.1972	<	600370	8.4723

续表

行业	违规样本	D	检验结果	非违规样本	D*
C39	002194	8.1638	<	600345	8.5205
D45	002267	8.4679	<	000669	8.6510
C39	002281	8.4019	<	600330	8.6122
C30	002457	8.5433	<	600876	8.5783
C35	002509	8.4549	<	002490	8.4828
M74	002564	8.5321	<	603017	8.5335
C14	002570	8.2057	<	603299	8.4092
C36	002715	8.5611	<	600501	8.5734
C35	300029	8.4610	<	603690	8.5448
E50	300117	8.5442	<	600496	8.6586
F51	600128	8.4404	<	600241	8.4541
C30	600881	8.544427	<	600720	8.5671
C27	600227	8.6610	<	600851	8.6974
B07	000968	8.430589	<	600256	8.5309
C27	600267	8.5720	<	600488	8.6352
C15	600300	8.5486	<	600962	8.5614
J69	600318	8.2166	<	600053	8.4135
C36	600480	8.3795	<	601127	8.4266
I65	600556	8.2992	<	600767	8.5203
G54	600561	8.5354	<	600611	8.5911
C35	600587	8.5863	<	300425	8.5981
C26	600596	8.5573	<	600078	8.6156
C26	600746	8.4321	<	002805	8.4352
F51	600747	8.5559	<	600250	8.5650
C37	600760	8.4094	<	600372	8.5031
C39	600764	8.4745	<	600353	8.5421
C38	600884	8.5176	<	600869	8.5365
C38	600973	8.4833	<	002491	8.5757
C38	600983	8.1350	<	600261	8.5885

续表

行业	违规样本	D	检验结果	非违规样本	D*
C35	601038	8.5700	<	600984	8.5907
C32	601388	8.5389	<	600255	8.6129
C33	601968	8.4805	<	601700	8.4991

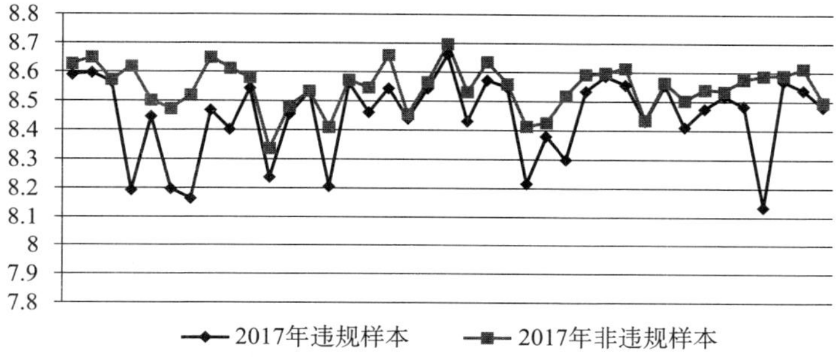

图 6－5　2017 年违规样本与非违规样本测评指数对比

总而言之，本书构建的内部控制信息披露质量测评 *D* 指数既通过了样本配对检验，又通过了相关样本的非参数检验，证明 H1 成立，表明基于层次分析法和最大熵权赋值法构建的 2013—2017 年上市公司内部控制信息披露质量测评 *D* 指数的有效性通过检验，*D* 指数的构建是合理的。

6.4　中国上市公司内部控制信息披露质量评析

6.4.1　数据来源与样本选择

2013 年至今，深沪主板上市公司，包括国有控股公司，均被要求强制披露内部控制信息，我国上市公司进入强制披露阶段。因此，本书选择 2013—2017 年深沪主板上市公司作为研究样本，剔除金融保险业公司、ST 公司。本节数据是通过阅读上市公司公开披露的年度财务报告、内部控制自我评价报告、内部控制审计报告及内部控制鉴证报告等资料手工搜集获得的，样本数据均来源于内部控制信息披露质量测评 *D* 指数、国泰安（CSMAR）数据库、色诺芬（CCER）数据库和锐思（RESSET）数据库，以这些数据库中查得的数据为准，如有缺失数据，再从上市公司年报、深沪交易所网站中手工搜集补充。本节相关数据的统计和处理均通过 Excel 和 Stata14.0 软件完成。

6.4.2 中国上市公司内部控制信息披露现状概述

自我国进入强制披露阶段后，监管部门要求上市公司应同时披露内部控制评价报告和内部控制审计报告，本节首先对 2013—2017 年中国主板上市公司对外披露内部控制评价报告和内部控制审计报告的数量情况进行简要概述，具体内容见表 6－11 和表 6－12。

表 6－11 反映了样本公司 2013—2017 年内部控制评价报告披露情况。表中数据可以看出，首先，从样本公司披露的总数来看，2013—2017 年，不论深市还是沪市，我国上市公司对外披露内部控制评价报告的样本公司数量均逐年上升，至 2017 年，深市达到 2065 家，沪市达到 1171 家，这说明强制披露制度在中国证券市场起到了一定的作用；其次，从内部控制评价报告的披露百分比可以看出，深市主板上市公司的整体披露情况明显优于沪市主板上市公司，深市主板上市公司披露内部控制评价报告的自愿性程度更高，且未披露内部控制评价报告的公司数量逐年下降，尤其是沪市主板上市公司在 2015—2016 年，未披露内部控制评价报告的上市公司数量出现较大幅度增加，这说明针对强制披露评价报告的制度规范和要求在深市交易所的实施效果更好，沪市主板上市公司在内部控制信息披露管理和内部控制制度建设过程中确实存在更多不可忽视且亟待解决的问题，相关部门应加强对其监管力度，统一内部控制监管标准，提高上市公司内部控制信息披露制度实施的规范性和内部控制信息披露的自愿性程度。

表 6－11　样本公司 2013—2017 年内部控制评价报告披露情况

交易所	年份	样本数量	披露		未披露	
			公司数	占比	公司数	占比
深市	2013	1533	1519	99.08%	14	0.92%
	2014	1698	1688	99.42%	10	0.58%
	2015	1763	1754	99.48%	9	0.52%
	2016	1964	1958	99.69%	6	0.31%
	2017	2065	2064	99.95%	1	0.05%

续表

交易所	年份	样本数量	披露		未披露	
			公司数	占比	公司数	占比
沪市	2013	744	742	99.73%	2	0.27%
	2014	964	924	95.85%	40	4.15%
	2015	1045	882	84.40%	163	15.6%
	2016	1161	921	79.33%	240	20.67%
	2017	1171	1107	94.53%	64	5.47%
合计	2013	2277	2261	99.29%	2	0.71%
	2014	2662	2612	98.12%	50	1.88%
	2015	2808	2636	93.87%	172	6.13%
	2016	3125	2879	92.13%	246	7.87%
	2017	3236	3171	97.99%	65	2.01%

表 6 - 12 反映了样本公司 2013—2017 年内部控制审计报告披露情况。表中数据可以看出，首先，与内部控制评价报告披露情况类似之处在于，2013—2017 年，不论深市还是沪市，我国上市公司对外披露内部控制审计报告的样本公司数量均逐年上升，至 2017 年，深市达到 2064 家，沪市达到 1171 家，这说明强制披露制度在中国证券市场起到了一定的作用；其次，从内部控制审计报告的披露百分比可以看出，沪市主板上市公司整体披露比例明显高于深市主板上市公司，这说明沪市主板上市公司披露内部控制审计报告的自愿性程度更高，针对强制披露审计报告的制度要求在沪市的实施效果更好；此外，从内部控制审计报告披露百分比的变化趋势可以看出，2013—2017 年，深市主板上市公司披露内部控制审计报告的样本公司数量占比逐年上升，这说明深市主板上市公司的披露情况正在逐年好转，也侧面表明相关部门针对上市公司强制披露制度的监管正在发挥作用。此外，对比表 6 - 11 和表 6 - 12 不难发现，上市公司披露内部控制评价报告的自愿性程度明显高于内部控制审计报告，这表明广大投资者更加关注上市公司披露内部控制评价报告，而对其披露的内部控制审计报告的关注度相对较低。

表 6－12　样本公司 2013—2017 年内部控制审计报告披露情况

交易所	年份	样本数量	披露		未披露	
			公司数	占比	公司数	占比
深市	2013	1530	1034	67.58%	496	32.42%
	2014	1698	1172	69.02%	526	30.98%
	2015	1763	1273	72.21%	490	27.79%
	2016	1964	1465	74.59%	499	25.41%
	2017	2064	1556	75.39%	508	24.61%
沪市	2013	744	697	93.68%	47	6.32%
	2014	964	887	92.01%	77	7.99%
	2015	1045	942	90.14%	103	9.86%
	2016	1161	997	85.87%	164	14.13%
	2017	1171	1157	98.80%	14	1.20%
合计	2013	2274	1731	76.12%	543	23.88%
	2014	2662	2059	77.35%	603	22.65%
	2015	2808	2215	78.88%	593	21.12%
	2016	3125	2462	78.78%	663	21.22%
	2017	3235	2713	83.86%	522	16.14%

6.4.3　中国上市公司内部控制信息披露质量分析

本节在前文自建内部控制信息披露质量测评 *D* 指数的基础上，对 2013—2017 年主板上市公司内部控制信息披露质量进行量化分析，以此对中国上市公司内部控制信息披露质量进行全面评析。

表 6－13 是 2013—2017 年内部控制信息披露质量测评 D 指数的描述性统计结果，图 6－6 是 2013—2017 年内部控制信息披露质量相关指数的变化趋势。结合表 6－13 和图 6－6 可以看出，从均值和中位数来看，2013 年上市公司内部控制信息披露质量水平最差，2017 年上市公司内部控制信息披露质量水平最好，且 2013—2017 年内部控制信息披露质量在逐年上升，均值和中位数均有较大幅度提高，其中，2017 年均值较 2016 年的涨幅最明显，涨幅达 2.17%。这说明，中国上市公司内部控制信息披露质量总体水平在进入强

制披露阶段后呈现逐年提高的发展趋势，表明监管部门前期颁布的相关法律法规，比如《企业内部控制基本规范》《企业内部控制审计指引》《关于2012 年主板上市公司分类分批实施企业内部控制规范体系的通知》等，正在对中国证券市场内部控制信息披露质量的改善发挥作用，强制披露制度已逐步被广大上市公司所接受，越来越多的企业正逐步由被动披露内部控制信息向自愿披露内部控制信息转变，管理者也开始逐渐意识到完善其内部控制信息披露制度，提高内部控制信息披露质量的重要性，积极主动向广大投资者披露更多真实可靠的内部控制信息。

表 6－13　2013—2017 年内部控制信息披露质量测评 *D* 指数描述性统计

年度	样本量	均值	中位数	标准差	最小值	最大值
2013	439	8. 1646	8. 2153	0. 2419	5. 1835	8. 5156
2014	467	8. 1703	8. 2314	0. 3213	4. 5963	8. 6965
2015	795	8. 1956	8. 2496	0. 2096	6. 4072	8. 5538
2016	790	8. 2298	8. 2708	0. 2328	3. 8648	8. 5339
2017	877	8. 4086	8. 4509	0. 2479	4. 7131	8. 6994

注：计算结果均为小数点后保留 4 位，由 Stata14. 0 计算得出。

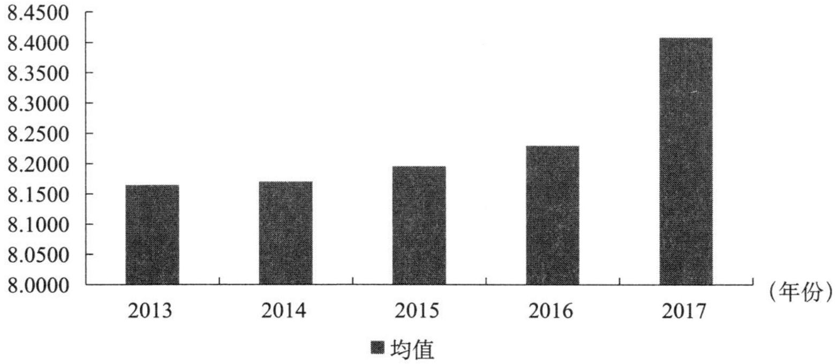

图 6－6　2013—2017 年内部控制信息披露质量测评 *D* 指数均值变化趋势

针对中国上市公司内部控制信息披露质量总体水平呈现出的良好发展趋势，本节依据自建 *D* 指数中的一级指标，对质量水平涨幅最大的 2017 年上市公司进行更进一步的分析，具体结果见表 6－14。表中数据可以看出，2017 年内部控制信息披露质量测评 *D* 指数的最大值为 8. 6994，最小值为 4. 7131，说明该年度我国主板各上市公司内部控制信息披露水平差别较大；2017 年内部控制信息披露质量测评 D 指数的均值为 8.4086，但仍有高达 315 家公司的内部控制信息披露质量测评 D 指数低于平均值，说明我国主板上市公司内部控制信息披露质量总体水平虽涨幅明显，呈现良好发展趋势，但还有部分上市公司内部控制信息披露质量亟待改善。

表 6-14　2017 年主板上市公司 D 指数及其一级指标的描述性统计

指标	样本量	均值	中位数	标准差	最小值	最大值
相关性	877	4.9958	5.0578	0.0852	4.5834	5.0578
可靠性	877	5.1600	5.1540	0.0907	4.9644	5.5299
及时性	877	6.4568	6.4926	0.1935	5.6532	6.7014
完整性	877	4.8726	4.9421	0.4545	0.1227	5.7733
D 指数	877	8.4086	8.4509	0.2479	4.7131	8.6994

此外，观察 D 指数的一级指标可以看出，及时性的均值和中位数评分最高，说明在国家相关法律法规的严格要求以及上市公司对强制披露内部控制信息的不断认可和接受下，我国主板上市公司大多数可以按时披露内部控制信息；可靠性的均值和中位数评分也相对较高，说明在国家相关部门的监督管理下，我国大多数主板上市公司在 2017 年均按照要求披露内部控制信息，其披露内部控制信息的可靠性程度较高，受到相关部门的认可；相关性的均值和中位数评分相对较低，结合内部控制信息披露的主观性强的特有属性，说明 2017 年上市公司披露的内部控制信息除了部分强制性要求披露的内部控制信息外，其他部分内部控制信息的披露与公司内部控制的实质性内容相关性较低，在内部控制信息披露的程度和内容方面均存在较大机动空间，侧面反映出我国部分上市公司内部控制体系建设的不完善以及部分上市公司管理者表现出的较低的自愿披露意向；此外，完整性均值和中位数的评分最低，分别仅为 4.8726 和 4.9421，说明我国主板上市公司 2017 年披露的内部控制信息的完整性较低，且最小值为 0.1227，最大值为 5.7733，说明各主板上市公司 2017 年内部控制信息披露质量水平在完整性方面差距非常大，其中完整性评分为最小值的上市公司披露的内部控制信息完整性极低，极有可能造成广大投资者获取不全面的内部控制信息，导致信息使用者投资失败，蒙受损失。因此，我国主板上市公司内部控制信息披露质量在 2013—2017 年总体呈现逐年上升的发展趋势，但就 2017 年的具体分析数据来看，我国进入强制披

露阶段后，上市公司披露内部控制信息存在完整性和相关性方面的缺失，对外披露的内部控制信息在完整性和相关性方面的缺失成为现阶段阻碍我国主板上市公司内部控制信息披露质量上升的主要短板，我国亟待改善上市公司在内部控制信息披露的完整性和相关性方面的制度建设，尤其是完整性方面，提高上市公司对外披露内部控制信息的完整性和相关性水平。相关部门也应加强除强制要求披露的内部控制信息外，其他部分内部控制信息的完整性和相关性方面的监管。

6.5　本章小结

首先，依据会计信息质量评价标准、内部控制五大组成要素具体内容以及内部控制信息的两大核心特征和四项特有属性，借鉴前人研究成本，并结合本书实际研究需要，最终构建相关性、可靠性、及时性和完整性四个一级指标，20 个二级指标和 23 个三级测评指标，采用层次分析法和熵值法，对各指标进行赋值，构建具体的内部控制信息披露质量熵测度模型，计算出各指标中所含的信息熵，并进行归一化处理，确定各指标在内部控制信息披露测评 D 指数中的权重，最终相乘求和得到，估算数据范围包括 2013—2017 年深沪 A 股上市公司，剔除 ST 公司和样本数据中所有的无效值，利用手工整理数据和来自国泰安（CSMAR）数据库、色诺芬（CCER）数据库和锐思（RESSET）数据库的相关数据，通过 Excel 和 Spss 23.0 进行数据处理，最终构建我国 2013—2017 年内部控制信息披露质量测评 D 指数。

其次，运用对比分析法和配对分析法对该测评 D 指数进行有效性检验。检验依据即该年度公司若发生违规行为，其内部控制信息披露质量必定不及未发生违规行为公司的内部控制信息披露质量，数据上则表现为：违规样本 $D <$ 未违规样本 D^*。检验结果表明：发生违规行为样本公司的内部控制信息披露质量测评 D 指数绝大多数小于其配对的非违规样本公司 D^*，且 D 指数通过了 Wilcoxon 秩和检验，说明 D 指数既通过了样本配对检验，又通过了相关样本的非参数检验，其模型构建合理，数据结果有效。为后文进一步研究内部控制信息披露质量与股权资本成本相关性实证研究提供自建可行的替代变量和样本来源。

最后，本节利用内部控制信息披露质量测评 D 指数以及深沪主板上市公司相关数据，对中国上市公司 2013—2017 年内部控制信息披露现状进行概述，并结合中国上市公司内部控制信息特有属性，对中国上市公司内部控制信息披露质量进行分析。通过概述中国上市公司 2013—2017 年内部控制信息披露现状可知：2013—2017 年，上市公司对外披露内部控制评价报告和内部控制审计报告的数量均呈现逐年递增的上升趋势，其中，九成主板上市公司披露内部控制评价报告，七成主板上市公司披露内部控制审计报告，但深沪交易所对其主板上市公司披露内部控制报告种类的侧重和管理存在差异，使深市主板上市公司披露内部控制评价报告的比例更高，而沪市主板上市公司披露内部控制审计报告的比例更高。除此之外，两市交易所也反映出一些共同的问题，比如上市公司披露内部控制审计报告的总体比例和自愿性程度均不及内部控制评价报告，深市交易所在市公司表现得尤为突出，这也是本次现状分析中反映出的需要引起相关部门重视的问题之一。而内部控制信息披露质量分析结果表明：中国上市公司内部控制信息披露整体质量水平在进入强制披露阶段后进步明显，呈现逐年提高的良好发展态势，但上述数据分析中也暴露出一些问题，比如由于大多投资者对内部控制审计报告的忽视态度，导致大多数上市公司将披露的重点放在内部控制评价报告上，导致上市公司内部控制信息披露的规范性下降，资本市场中传播的内部控制信息内容失衡，加剧投资者与公司之间的信息不对称性；D 指数的描述性统计数据表明，我国上市公司披露内部控制信息的完整性和相关性评分较低，说明上市公司披露的内部控制信息在完整性和相关性方面相对较差，是目前提升我国上市公司内部控制信息披露质量工作中亟待完善的重要环节之一。

第7章 内部控制信息披露对股权资本成本直接影响研究——基于内部控制缺陷视角

在经济发展初期，我国政府对上市公司内部控制信息披露的监管较为松懈，尤其是在改革开放之前的计划经济时代，公司受政府干预过多，缺乏自主权。大多数企业并不重视在其内部制定完善的内部控制制度，对于生产经营过程中发生的一些内部控制活动，通常依靠相互协调实现内部消化。改革开放之后，随着我国经济的不断发展，产权分离制度的不断完善，企业改革的不断深化，政府开始重视对上市公司内部控制的监督和管控。为了进一步完善我国资本市场的发展，更好地维护投资者利益，从2008年起，国家相关部门逐步开始对上市公司内部控制信息的披露提出更加具体和严格的强制性要求，比如2010年颁布的《企业内部控制配套指引》，要求深沪主板上市公司于2012年执行实施，我国内部控制信息进入强制披露阶段。在此背景下，国内学者越来越关注内部控制信息披露中的核心领域——内部控制缺陷披露，而股权资本成本是内部控制信息披露的重要经济后果之一，以往的研究主要围绕自愿披露阶段下，内部控制信息披露与股权资本成本相关性研究，本章以强制披露阶段相关数据作为研究依托，结合第四章梳理出来的第一条作用路径，从内部控制缺陷视角出发，关注上市公司中那些具有实质性内容的内部控制缺陷，将内部控制缺陷细分为"存在""披露""修正"三个阶段，深入研究内部控制缺陷的不同阶段、不同表现形式、不同性质披露主体等内在因素对股权资本成本产生的差异性直接影响，进而为学术界提供内部控制信息披露影响股权资本成本的直观性证据。

7.1 理论分析与研究假设

7.1.1 "存在"内部控制缺陷阶段

一方面，上市公司存在内部控制缺陷，加剧信息不对称性水平，导致会计信息质量和会计稳健性水平下降（方红星等，2012），投资者作为信息使用者将承担由于信息风险导致的未来收益不确定性和对公司未来现金流的估计失误。现有研究表明：在其他条件不变的情况下，投资者预期报酬率诉求与其预期将承担的风险正相关，未来收益的不确定性越高，投资者的要求报酬率水平就越高。因此，他们会从自身利益最大化角度出发，要求更高的风险补偿和预期报酬率诉求，进而导致股权资本成本随之升高。

另一方面，内部控制目标的实现与股权资本成本密切相关。当上市公司存在内部控制缺陷时，表明其内部控制存在漏洞，顺利实现其内部控制目标的风险较大。内部控制存在漏洞具体表现在以下几个方面：公司经营合法性较差，有较高的违约风险；资产流动性较低，出现财务困境的可能性较高；经营效率较低，盈利能力较弱，缺乏一个行之有效的发展战略。在这样的漏洞下，契约机制有效性下降，管理层更有可能进行内幕交易、盈余操纵等危害股东利益的行为，投资者也会据此判断其可能承担的投资风险，这些漏洞也将极大程度地损害投资者的投资信心，提高其风险判断，投资者为了保证其自身经济利益不受损害，会对应提高其要求的风险补偿和预期报酬率诉求，股权资本成本随之上升。基于此，本节提出如下假设：

H1：在控制其他因素不变的情况下，存在内部控制缺陷的公司相对不存在内部控制缺陷的公司股权资本成本更高。

7.1.2 “披露”内部控制缺陷阶段

从风险管理角度来说，企业要及时对其所面临的风险进行识别、评估以及应对，这是为了对企业可能存在的影响因子进行管理控制，从而保证股东利益的最大化。现有研究表明：在存在内部控制缺陷的上市公司中，披露内部控制缺陷的公司与投资者之间的信息不对称性相对更低，更能有效地减少委托人与代理人之间的冲突，缓解逆向选择与道德风险。上市公司披露的内部控制缺陷信息在某种角度上说，是向外传递利好信息，具有投资者和社会公众决策价值，能够帮助投资者及时识别、评估和应对公司的风险情况，降低投资不确定性，更能准确预估公司未来现金流，进而增强其投资信心，降低其要求的风险补偿和预期报酬率诉求，股权资本成本随之降低；从内部控制信息披露意愿角度来说，公司积极主动披露内部控制缺陷，尤其是重大或重要内部控制缺陷时，更能向投资者传递出更主动的披露意向和更高的披露内部控制信息的自愿性程度。有研究表明：披露内部控制信息的自愿性程度越高，其公司内部控制监督机制越完善，公司治理质量越高，股权资本成本越低（Cassell et al.，2011）；从评判公司内部控制有效性角度来说，高质量的内部控制信息披露往往代表着公司具有较好的经营状况和业绩，良好的战略内部控制能够保证股东利益最大化的实现。需要强调的是，公司充分披露内部控制缺陷并不意味着公司的财务报告一定存在重大错报漏报或信息失真，充分披露内部控制缺陷的各类型报告，只要其内容客观、真实，对于鉴别上市公司内部控制有效性以及区分财务信息质量和透明度就具有积极的作用和意义，对于投资者而言就是有利的。基于此，本节提出如下假设：

H2a：在控制其他因素不变的情况下，在存在内部控制缺陷的上市公司中，披露内部控制缺陷的公司相对未披露内部控制缺陷的公司股权资本成本更低。

内部控制作为公司实现其生产经营目标的有力工具，在制定和实施的过程中必须考虑公司生产经营目标的方方面面。考虑我国特殊的经济背景，公司的内部控制必须同时兼顾财务报告和其他业务。因此，我国上市公司内部控制范围包含财务报告内部控制和非财务报告内部控制两个方面，其中，财务报告内部控制是指针对财务报告目标而设计和实施的内部控制。由于财务报告内部控制的目标集中体现为财务报告的可靠性，因而财务报告类型内部控制缺陷主要是指不能合理保证财务报告内容可靠性的内部控制设计和运行缺陷；非财务报告内部控制是指财务报告内部控制以外的其他内部控制，因而非财务报告类型内部控制缺陷主要是指财务报告内部控制缺陷以外的其他内部控制缺陷。也就是说，财务报告内部控制的重点作用是保证公司财务报告内容的真实可靠以及财务报告编制过程中各环节的合法性、合规性及有效性，所以，财务报告内部控制质量的高低将直接影响公司的财务信息质量，而非财务报告内部控制则更多关注的是公司的生产经营、规章制度、业务流程等方面，与财务信息质量的相关性没有那么密切，且具有识别难度大、职责划分不明等特点。所以，当公司出现财务报告类型内部控制缺陷时，表明与财务报告相关的业务出现漏洞，财务信息质量可能存在隐患，因而更能引起投资者的关注以及质疑、厌恶等负面情绪，进而影响其投资信心和认可度，最终影响其投资决策，而非财务报告类型内部控制缺陷相对不会引起投资者如此程度的关注和负面情绪。因此，投资者会差别对待公司披露不同表现形式的内部控制缺陷。基于此，本节提出如下假设：

H2b：在控制其他因素不变的情况下，披露内部控制缺陷的表现形式会影响股权资本成本，即披露财务报告类型内部控制缺陷公司的股权资本成本要高于披露非财务报告类型内部控制缺陷公司的股权资本成本。

7.1.3 “修正”内部控制缺陷阶段

从营运管理角度来说，修正内部控制缺陷可以更好地发挥契约机制的监督作用，加强对管理层的监督约束，进而提高公司营运管理效率，避免由于内部控制缺陷导致的监督缺位、内部控制管理漏洞等带来的一系列损害股东利益的行为，提高投资者投资信心，降低投资风险，保障其利益最大化目标的实现。有研究表明：当内部控制缺陷的修正与公司监管力度的加强相配合时，可以更好地降低股权资本成本，促进公司健康有序发展（林钟高，2017）。

从信号传递角度来说，内部控制缺陷作为一种负面信号，会给投资者带来一定程度的消极印象。当上市公司对其存在的内部控制缺陷进行修正并将该修正信号对外传递，便能改善投资者的消极印象，让公司形象有所改变，为其营造一些正面影响，比如吸引投资者，降低融资成本等。与未修正内部控制缺陷的公司相比，投资者一定会更青睐于那些着手修正内部控制缺陷并产生有效结果的公司，他们会更信赖后者，更愿意投资后者，公司的融资成本下降，股权资本成本随之降低。基于此，本节提出如下假设：

H3a：在控制其他因素不变的情况下，修正内部控制缺陷的公司相对未修正内部控制缺陷的公司股权资本成本更低。

从财务信息质量角度来说，从前文的分析可知，财务报告内部控制质量的高低将直接影响公司的财务信息质量，也就是说，修正财务报告类型内部控制缺陷有利于提高公司的财务信息质量，减少公司中财务报告相关业务漏洞，比如财务错报、数据造假、盈余管理等，降低公司潜在的财务风险。由于投资者更加关注并且厌恶财务报告类型内部控制缺陷，当公司对外传播修正财务报告类型内部控制缺陷的消息时，与非财务报告类型内部控制缺陷相比，向投资者传递的正面效应会更强烈，让投资者坚信其财务信息质量得到提高，进而获得其更多的信任、更低的风险补偿要求以及更低的预期报酬率诉求。

从内部控制缺陷修正效果角度来说，财务报告类型内部控制缺陷主要涉及财务报告相关内容，其漏洞具体，指向明确，差错明显，在修正措施的制定实施上更容易落实到位，修正效果也更容易衡量评价，成效相对更显著，进而更能向投资者传递积极效应。而非财务报告类型内部控制缺陷由于涉及业务广、流程多、内容复杂多样，导致识别难度大、职责划分不明，修正难度相对较大，且衡量修正效果的主观性程度较强，衡量难度较大，成效相对不显著，进而不易向投资者传递积极效应。换句话说，即具有同样修正效果的不同表现形式内部控制缺陷对投资决策的影响力度差距明显，前者更能增强投资者信心，获得更多的认可和支持。因此，投资者同样会差别对待不同表现形式内部控制缺陷的修正。基于此，本节提出如下假设：

H3b：在控制其他因素不变的情况下，修正内部控制缺陷的表现形式会影响股权资本成本，即修正财务报告类型内部控制缺陷公司的股权资本成本将低于修正非财务报告类型内部控制缺陷公司的股权资本成本。

目前，国有企业改革是中国经济体制改革的关键环节，混合所有制带来的不同性质资本之间相互融合，导致不同性质股东之间利益相互抗衡，股东异质性问题导致中国上市公司内部控制制度的制定和实施都存在很多异处，不断变化的风险补偿、投资信任、融资效率等也影响着股权资本成本的高低。

受股东异质性与中国特殊背景下的政治关联和政府干预共同影响，国家股东与非国家股东在投资领域、投资决策原则等方面存在很大差异。国有企业的控股股东为国家股东，一般由政府指派，而非国有企业控股股东为非国家股东，通常不受政治因素干扰。较非国家股东，国家股东会更追求“公共政策性使命”与“盈利性使命”的协调一致性，当两者发生冲突时，国家股东必然选择牺牲“盈利性使命”来实现“公共政策性使命”，而非国家股东则不然，他们以股东利益最大化为目标，会更加关注影响公司生产绩效的一切漏洞并尽可能快地消除。也就是说，同样面对财务报告类型内部控制缺陷，国家股东在修正之前除了考虑其带来的经济效应外，还会考虑个人晋升、政治效应、社会影响等方面，若这些因素之间存在冲突，可能会影响其内部控制缺陷的修正效率。而非国家股东只会考虑其对股东利益的影响，为提高其财务信息质量而尽最大努力积极修正财务报告类型内部控制缺陷，尽量减小内部控制缺陷对公司价值造成的负面影响，向投资者传递内部控制缺陷修正产生的正面效应。因此，投资者会认为在经济压力和公司利益的督促下，非国有企业管理层对财务报告类型内部控制缺陷的修正更积极主动，修正效果更佳，而对国有企业的修正存在担忧，缺乏信心和信任，对修正效果抱有质疑态度，因而相对国有企业，对非国有企业要求更低的风险补偿和预期报酬率诉求，其股权资本成本随之降低。基于此，本节提出如下假设：

H3c：在控制其他因素不变的情况下，修正财务报告类型内部控制缺陷的非国有企业相对国有企业更能降低其股权资本成本。

7.2 实证研究设计

7.2.1 数据来源与样本选择

本书以“强制披露阶段”作为研究背景，选择2013—2017年被强制要求披露内部控制信息的深沪A股主板上市公司作为研究样本，去除ST、*ST类以及金融保险业和存在无效数值的样本公司。考虑到内部控制缺陷对股权资本成本及其他相关变量的影响在时间上存在一定的滞后效应，为了保证实证研究的准确性，也为了更好地考察内部控制缺陷对股权资本成本的影响，本书借鉴叶建芳等（2012）、林钟高等（2017）的做法，对模型（6－1）、模型（6－2）和模型（6－3－1）中的 *cz*、*pl* 和 *xz* 变量在年份选择上作提前一年（$t-1$）处理，对模型（6－3－2）和模型（6－3－3）中的 *xx* 变量在年份选择上作提前两年（$t-2$）处理。各变量相关数据来源于国泰安数据库、“迪博”内部控制与风险管理数据库、巨潮资讯网。相关数据的统计和处理运用Stata 14.0、Excel和SPSS 23.0数据分析软件，对研究中涉及的连续变量均进行上下1%分位数的缩尾处理，以期排除极端值的影响。

针对内部控制缺陷不同阶段的不同假设进行筛选，在总样本中选取出适合于各个假设的样本有针对性地进行研究，并在上一期内部控制缺陷数据的基础上进行下一模型的数据筛选。首先，针对“存在”阶段，假设1考察存在内部控制缺陷上市公司对股权资本成本的影响时，五年总共获得11718个样本，其中存在内部控制缺陷的样本公司3483个，不存在内部控制缺陷的样本公司8235个。其次，针对“披露”阶段，假设2a考察对外披露重大或重要内部控制缺陷对股权资本成本的影响时，在3483个存在内部控制缺陷的样本公司中，区分出“对外披露”和“未对外披露”，五年总共获得“对外披露”样本公司276个，“未对外披露”样本公司3207个；假设2b考察披露内部控制缺陷的不同表现形式对股权资本成本的影响时，在“对外披露”的样本中挑选出分类报告了财务报告类与非财务报告类型内部控制缺陷的样本公司，分类表现形式共获得709个样本，其中财务报告类236个，非财务报告类473个。最后，针对“修正”阶段，假设3a考察修正内部控制缺陷对股权资本成本的影响时，在3483个存在内部控制缺陷的样本公司中，区分出“修正缺陷”和“未修正缺陷”，五年总共获得“修正内部控制缺陷”的样本公司155个，“未修正内部控制缺陷”的样本公司121个；假设3b考察修正内部控制缺陷的不同表现形式对股权资本成本的影响时，在上述修正内部控制缺陷的样本公司中筛选出前一年披露了内部控制缺陷类型的样本公司，共获得146个样本，其中财务报告类36个，非财务报告类110个，样本数量相对较少主要是由于在这五年中修正内部控制缺陷的样本中许多公司并未区分内部控制缺陷的表现形式；假设3c考察产权性质对内部控制缺陷修正性质与股权资本成本相关性的影响时，在146个披露了修正内部控制缺陷类型的样本中，有国有企业样本86个，非国有企业样本60个。

7.2.2　变量定义与计量

（1）被解释变量。根据中国具体国情和实际经济情况，也为了更准确估算股权资本成本，本节排除三因素模型，采用CAPM、Gordon模型、OJ模型、GLS模型、PEG模型和MPEG模型六种方法分别进行估算。其中，由于股权资本成本估算方法的原因，GLS模型中的数据只估算到2014年，OJ模型、PEG模型和MPEG模型中的数据只估算到2015年。选取六种方法的估算结果均值作为样本公司的资本成本，具体估算原理及估算方法说明参见本书第1章第4节的相关内容。

（2）解释变量。

①“存在”内部控制缺陷的认定条件。本节在结合我国资本市场具体情况的基础上，借鉴Raghunandan和Rama（1996）的研究结论，定义样本公司

存在内部控制缺陷的认定条件，即若上市公司存在以下情形之一则认定其“存在”内部控制缺陷：上市公司在日常经营或者自查活动中发现了自身内部控制存在的重大或重要内部控制缺陷，董事会或者管理层针对这些缺陷制订了整改措施，并在内部控制评价报告中披露出来；上市公司由于存在违规事实，受到中国证监会、证券交易所等部门的处罚或者立案调查；出具的内部控制审计报告为非标准审计意见，包括保留意见、否定意见和无法表示意见；上市公司对已经公布的财务报告进行重述。本节依据此认定条件来判定样本公司是否存在内部控制缺陷，如果样本公司确定存在内部控制缺陷时，取 1，否则取 0。

②“披露”内部控制缺陷的认定条件。本节在结合我国上市公司内部控制评价报告具体披露内容的基础上，借鉴 Ge 和 McVay（2005）的研究结论，运用上市公司是否在内部控制评价报告中披露实质性重大或重要内部控制缺陷作为其“披露”内部控制缺陷的认定条件。如果上市公司对外披露实质性重大或重要内部控制缺陷时，取 1，否则取 0。实质性内部控制缺陷的具体定义见表 7－1。

表 7－1　　实质性内部控制缺陷的定义

类型	定义说明
财务报告类缺陷	对应计科目的会计处理不恰当、对金融工具及衍生品的会计处理不恰当、无形资产及商誉减值测试过程中的缺陷、对或有损失和坏账等项目的会计处理的控制不充分、对权益法投资的会计处理不恰当、应收账款证券化的正式文件的缺陷等
会计准则与政策类缺陷	会计政策的选择及执行中的内部控制缺陷、准则运用的内部控制缺陷、与交易的授权、确认、记录即检查相关的内部控制缺陷、结账过程中的内部控制缺陷等
收入确认类缺陷	与收入确认政策的设计、检查相关的内部控制缺陷

③“披露”内部控制缺陷的表现形式。如果样本公司当年披露的内部控制缺陷表现形式为财务报告类型内部控制缺陷时取 1，为非财务报告类型内部控制缺陷时取 0。

④“修正”内部控制缺陷的认定条件。包括全部修正和部分修正两种情况，如果样本公司在前一年披露存在内部控制缺陷，进行整改修复之后当年

披露不再存在内部控制缺陷或当年披露的内部控制缺陷数量比前一年减少时，则认为公司修正了内部控制缺陷时取1，否则取0。

⑤"修正"内部控制缺陷的表现形式。如果样本公司当年修正的内部控制缺陷在前一年度的表现形式为财务报告类型内部控制缺陷时取1，为非财务报告类型内部控制缺陷时取0。

（3）控制变量。本节借鉴Gode等（2003）、张然等（2012）、盛常艳（2012）、林钟高等（2017）、周嘉南等（2018）、芦雅婷（2019）等相关权威文献，选择公司规模、资产负债率、盈利水平、发展能力、运营效率、第一大股东持股比例、审计意见和产权性质八个控制变量，并对行业和年份设置虚拟变量进行控制。

本章实证研究中的所有变量具体定义说明见表7-2。

表7-2　　变量定义

变量类别	变量名称	英文代码	预期符号	变量名称与说明
被解释变量	股权资本成本	*re*	/	股权资本成本均值
解释变量	"存在"内部控制缺陷	*cz*	+	如果上市公司在样本年份存在内部控制缺陷时取1，否则取0
	"披露"内部控制缺陷	*pl*	-	如果上市公司在样本年份披露重大或重要内部控制缺陷时取1，否则取0
	内部控制缺陷表现形式	*bx*	+	如果上市公司在内部控制评价报告中披露出财务报告类型内部控制缺陷取1，仅披露非财务报告类型内部控制缺陷取0
	"修正"内部控制缺陷	*xz*	-	如果上市公司在前一年存在或披露内部控制缺陷，进行修正之后在样本年份不再存在内部控制缺陷或披露内部控制缺陷数量减少，认为修正了内部控制缺陷时取1，否则取0
	"修正"内部控制缺陷形式	*xx*	-	如果上市公司修正的前一年内部控制缺陷为财务报告类取1，为非财务报告类取0

续表

变量类别	变量名称	英文代码	预期符号	变量名称与说明
控制变量	公司规模	*size*	-	取样本公司总资产自然对数
	资产负债率	*lev*	+	负债总额/股东权益总额
	盈利水平	*roa*	-	总利润/总资产
	发展能力	*growth*	-	营业收入增长率
	运营效率	*at*	-	营业收入/平均资产总额
	股权集中度	*f1*	+	第一大股东持股比例
	财务报告审计意见	*sj*	-	如果样本年份公司发布财务报告审计意见为标准无保留时取1，否则取0
	产权性质	*G*	+	如果样本公司实际控制人性质为国有时取1，为非国有时取0
	Year	*X*	/	年份虚拟变量，当样本公司年份为 *i* 时取1；否则取0
	Industry	*Y*	/	行业虚拟变量，当样本公司属于行业 *i* 时取1；否则取0

7.2.3 模型设计

为了检验“存在”内部控制缺陷阶段的H1，构建以下多元线性回归模型（7-1）。

$$re = \alpha_0 + \alpha_1 cz + \sum CONTROL + \sum Year + \sum Industry + \sigma \quad (7-1)$$

为了检验“披露”内部控制缺陷阶段的H2a、H2b，对应构建以下多元线性回归模型（7-2-1）、多元线性回归模型（7-2-2）。

$$re = \beta_0 + \beta_1 pl + \sum CONTROL + \sum Year + \sum Industry + \theta \quad (7-2-1)$$

$$re = \beta_0 + \beta_1 bx + \sum CONTROL + \sum Year + \sum Industry + \theta \quad (7-2-2)$$

为了检验“修正”内部控制缺陷阶段的H3a、H3b、H3c，对应构建以下多元线性回归模型（7－3－1）、多元线性回归模型（7－3－2）、多元线性回归模型（7－3－3）。

$$re = \gamma_0 + \gamma_1 xz + \sum CONTROL + \sum Year + \sum Industry + \partial \tag{7－3－1}$$

$$re = \gamma_0 + \gamma_1 xx + \sum CONTROL + \sum Year + \sum Industry + \partial \tag{7－3－2}$$

$$re = \gamma_0 + \gamma_1 xx + \gamma_2 xx \times G + \sum CONTROL + \sum Year + \sum Industry + \partial \tag{7－3－3}$$

7.3　上市公司内部控制缺陷各阶段现状分析

7.3.1　“存在”内部控制缺陷阶段

表 7－3 是依据上述“存在”内部控制缺陷认定条件得到的 2012—2016 年样本公司存在重大或重要内部控制缺陷具体构成情况统计表。从表 6－3 可以看出，2012—2016 年，总计有 3482 家样本公司被认定为存在内部控制缺陷，其中，上市公司在日常经营或者自查活动中发现自身内部控制存在的重大或重要内部控制缺陷，且董事会或者管理层针对这些缺陷制订了整改措施，并在内部控制评价报告中披露出来的仅有 276 家，占比 7.93%，是样本公司存在内部控制缺陷的构成要素中所占比例最低的一项；上市公司由于存在违规事实，受到了中国证监会、证券交易所的处罚或者立案调查的有 1154 家，占比 33.14%；出具的内部控制审计报告为非标准审计意见，包括保留意见、否定意见和无法表示意见的有 281 家，占比 8.07%；上市公司对已经公布的财务报告进行重述的有 2635 家，占比 75.67%，是样本公司存在内部控制缺陷的构成要素中所占比例最高的一项。这说明，上市公司在披露内部控制缺陷具体内容的规范性程度有待提高，对外披露重大或重要内部控制缺陷时的动机选择性较强，粉饰或规避对外披露重大或重要内部控制缺陷的意愿较强，使最终对外披露重大或重要内部控制缺陷的数量相对较少。此外，上市公司充分披露财务重述问题以及监管部门完整公告上市公司存在违规事实，一方面说明，我国绝大多数上市公司正在依照国家相关规定不断完善其内部控制

信息披露制度，提高其内部控制缺陷披露的自愿性与完整性，逐步由被动披露内部控制信息向自愿披露内部控制信息转变，管理者也开始逐渐意识到完善其内部控制信息披露制度，提高内部控制信息披露质量的重要性，积极主动向广大投资者披露更多真实可靠的内部控制缺陷信息；另一方面说明，相关监管部门的监管力度正逐步加大，针对上市公司披露内部控制缺陷信息的制度要求和规范性约束正在逐步具体化，我国针对上市公司内部控制制定的强制披露制度正趋于健全和完善。

表 7－3　　样本公司“存在”内部控制缺陷构成情况统计表

认定条件	总计	占比
披露重大或重要内部控制缺陷	276	7.93%
发生财务重述	2634	75.67%
存在违规事实	1154	33.14%
非标审计意见	281	8.07%
存在内部控制缺陷总数	3482	

注：依据四项认定条件获得内部控制缺陷数量存在重叠计数。

表 7－4 是 2012—2016 年样本公司财务重述情况统计表。表中数据显示：第一，2012—2016 年，上市公司发生财务重述的数量占其内部控制缺陷存在数量的比例呈现逐年下降趋势，总体占比 75.65%，各年所占比例分别为 92.17%、74.83%、73.39%、73.01%、71.95%，表明上市公司发生财务重述的数量比例也在逐年下降；第二，财务重述类型按照发生数量降序排列依次为技术问题（41%）、应法律法规或交易所要求（23.23%）、会计问题（19.17%）、敏感问题（14.01%）、重大会计差错、会计舞弊或会计丑闻（1.29%），其中，技术问题发生比例呈现逐年上升趋势，数据显示，直至 2016 年，有超过半数（50.82%）的上市公司是由于技术问题导致的财务重述情况发生，表明上市公司在编制财务报表时应更加关注规避由于录入、打印、校对、排版等技术问题导致的财务重述，减少内部控制缺陷的产生。而敏感问题发生比例呈现逐年下降趋势，数据显示，直至 2016 年，仅有不到一成（9.84%）的上市公司由于敏感问题导致财务重述情况的发生，表明上市公司由于投资者质询或公司认为有助于投资者决策等原因对年报财务指标或公司生产经营、风险、公司治理等重要问题导致的补充更正概率降低，反映

出公司在生产经营、公司治理以及内部控制方面的不断优化；第三，按照重述时间维度将其划分为当期重述（79.69%）和滞后重述（19.17%），表明绝大多数上市公司能做到当期财务重述。且上市公司当期重述比例逐年上升，滞后重述比例逐年下降，表明上市公司进行财务重述的及时性水平不断提高；第四，财务重述对公司净利润的影响数据显示，83（3.15%）家公司提高收益，144（5.47%）家公司降低收益，377（14.31%）家公司对收益无影响，表明财务重述对净利润产生负面影响的概率大于正面影响，且对净利润无影响的概率更高。

表 7－4　　样本公司 2012—2016 年财务重述情况统计表

<table>
<tr><th colspan="2">年份
项目</th><th>2012</th><th>2013</th><th>2014</th><th>2015</th><th>2016</th><th>总计</th></tr>
<tr><td colspan="2">存在内部控制缺陷</td><td>434</td><td>767</td><td>725</td><td>793</td><td>763</td><td>3482</td></tr>
<tr><td colspan="2">发生财务重述</td><td>400
（92.17%）</td><td>574
（74.83%）</td><td>532
（73.38%）</td><td>579
（73.01%）</td><td>549
（71.95%）</td><td>2634
（75.65%）</td></tr>
<tr><td rowspan="6">财务重述类型</td><td>技术问题</td><td>125
（31.25%）</td><td>210
（36.58%）</td><td>195
（36.65%）</td><td>271
（46.8%）</td><td>279
（50.82%）</td><td>1080
（41%）</td></tr>
<tr><td>应法律法规或交易所要求</td><td>76
（19%）</td><td>180
（31.36%）</td><td>139
（26.13%）</td><td>110
（19%）</td><td>107
（19.49%）</td><td>612
（23.23%）</td></tr>
<tr><td>会计问题</td><td>78
（19.5%）</td><td>121
（21.08%）</td><td>112
（21.05%）</td><td>119
（20.55%）</td><td>75
（13.66%）</td><td>505
（19.17%）</td></tr>
<tr><td>敏感问题</td><td>79
（19.75%）</td><td>88
（15.33%）</td><td>77
（14.47%）</td><td>71
（12.26%）</td><td>54
（9.84%）</td><td>369
（14.01%）</td></tr>
<tr><td>重大会计差错、会计舞弊或会计丑闻</td><td>9
（2.25%）</td><td>12
（2.09%）</td><td>3
（0.56%）</td><td>8
（1.38%）</td><td>2
（0.36%）</td><td>34
（1.29%）</td></tr>
<tr><td>其他/未知</td><td>67</td><td>156</td><td>199</td><td>214</td><td>246</td><td>882</td></tr>
<tr><td rowspan="3">重述时间维度</td><td>当期重述</td><td>282
（70.5%）</td><td>457
（79.62%）</td><td>430
（80.83%）</td><td>469
（81%）</td><td>461
（83.97%）</td><td>2099
（79.69%）</td></tr>
<tr><td>滞后重述</td><td>117
（29.25%）</td><td>115
（20.03%）</td><td>91
（17.11%）</td><td>97
（16.75%）</td><td>85
（15.48%）</td><td>505
（19.17%）</td></tr>
<tr><td>无法区分</td><td>35</td><td>195</td><td>204</td><td>227</td><td>217</td><td>878</td></tr>
</table>

续表

项目＼年份		2012	2013	2014	2015	2016	总计
重述对净利润影响	提高收益	12 （3%）	26 （4.53%）	13 （2.44%）	21 （3.63%）	11 （2%）	83 （3.15%）
	降低收益	31 （7.75%）	36 （6.27%）	20 （3.76%）	32 （5.53%）	25 （4.55%）	144 （5.47%）
	无影响	53 （13.25%）	80 （13.94%）	104 （19.55%）	79 （13.64%）	61 （11.11%）	377 （14.31%）
	其他/未知	338	625	588	661	666	2878

表 7－5 是 2012—2016 年样本公司违规情况统计表。表中数据显示，第一，2012—2016 年，上市公司发生违规事实并被处罚的数量占其内部控制缺陷存在数量的比例呈现先增后减再增的变化趋势，总体占比 33.14%，各年所占比例分别为 23.27%、38.59%、36.41%、29.89%、33.29%；第二，表中列示了样本公司发生违规数量排名前五的违规类型，分别是“推迟披露”“重大遗漏”“虚假记载”“披露不实”和“违规买卖股票”，其发生数（占比）分别是 319（27.64%）、198（17.16%）、176（15.25%）、72（6.24%）和 71（6.15%）；第三，样本公司发生“推迟披露”违规事实的比例呈现逐年上升的发展趋势，各年所占比例分别为 21.78%、24.32%、26.89%、28.03%、34.25%，表明直至 2016 年，有超过三成的上市公司推迟披露内部控制信息，上市公司披露内部控制信息的及时性水平亟待提高，这与第五章相关结论相吻合；第四，样本公司发生“虚假记载”违规事实的比例呈现逐年下降的发展趋势，各年所占比例分别是 31.68%、20.27%、13.26%、10.46%、9.45%，表明相关监管部门针对内部控制信息披露内容方面的监管已初见成效，抑制了虚假记载违规行为的发生，上市公司披露内部控制信息的可靠性水平正逐步提高。

表 7－5　　样本公司 2012—2016 年违规情况统计表

项目＼年份	2012	2013	2014	2015	2016	总计
存在内控缺陷	434	767	725	793	763	3482

续表

年份 项目		2012	2013	2014	2015	2016	总计
存在违规事实		101 （23.27%）	296 （38.59%）	264 （36.41%）	239 （29.89%）	254 （33.29%）	1154 （33.14%）
违规类型	推迟披露	22 （21.78%）	72 （24.32%）	71 （26.89%）	67 （28.03%）	87 （34.25%）	319 （27.64%）
	重大遗漏	19 （18.81%）	43 （14.53%）	47 （17.80%）	42 （17.57%）	47 （18.50%）	198 （17.16%）
	虚假记载	32 （31.68%）	60 （20.27%）	35 （13.26%）	25 （10.46%）	24 （9.45%）	176 （15.25%）
违规类型	披露不实	0	16 （5.41%）	25 （9.47%）	15 （6.28%）	16 （6.30%）	72 （6.24%）
	违规买卖股票	9 （8.91%）	16 （5.41%）	16 （6.06%）	20 （8.37%）	10 （3.94%）	71 （6.15%）

表 7－6 是 2012—2016 年样本公司内部控制审计报告意见统计表。表中数据显示，第一，2012—2016 年，上市公司披露内部控制审计报告占披露内部控制评价报告的比例呈逐年上升趋势，总体占比 75.1%，各年所占比例分别为 63.59%、76.14%、76.69%、77.05%、77.06%，表明披露内部控制审计报告的上市公司数量上升；第二，从会计师事务所出具的审计意见类型来看，近乎九成的上市公司被出具了标准无保留意见，但被出具标准无保留意见的上市公司比例呈逐年下降趋势，各年所占比例分别为 93.12%、92.81%、89.57%、87.89%、85.03%，且被出具无保留意见加事项段的上市公司比例呈逐年上升趋势，各年所占比例分别为 5.07%、5.14%、7.73%、9.66%、13.95%，表明上市公司披露内部控制审计报告的质量下降，其披露内容获得审计单位的认可度下降。

表 7－6　　样本公司 2012—2016 年内部控制审计报告意见统计表

年份 项目	2012	2013	2014	2015	2016	总计
披露内部控制评价报告样本公司数量	434	767	725	793	763	3482

续表

项目	年份	2012	2013	2014	2015	2016	总计
披露内部控制审计报告样本公司数量		276（63.59%）	584（76.14%）	556（76.69%）	611（77.05%）	588（77.06%）	2615（75.1%）
审计意见类型	标准无保留意见	257（93.12%）	542（92.81%）	498（89.57%）	537（87.89%）	500（85.03%）	2334（89.25%）
	保留意见加事项段	0	0	0	2（0.34%）	1（0.18%）	3（0.11%）
	无保留意见加事项段	14（5.07%）	30（5.14%）	43（7.73%）	59（9.66%）	82（13.95%）	228（8.72%）
	否定意见	5（1.81%）	11（1.88%）	14（2.52%）	13（2.13%）	5（0.85%）	48（1.84%）
	无法发表意见	0	1（0.17%）	1（0.19%）	0	0	2（0.07%）

7.3.2 “披露”内部控制缺陷阶段

表 7－7 是 2012—2016 年样本公司披露内部控制缺陷分类情况统计表。在手工搜集到的 2098 个对外披露内部控制缺陷内容明细的样本中，按照缺陷等级划分内部控制缺陷的相关数据显示，样本公司披露重大缺陷 101 个，占比 4.81%，重要缺陷 175 个，占比 8.35%，一般缺陷 1822 个，占比高达 86.84%，说明一般缺陷占上市公司披露内部控制缺陷的数量最多，上市公司更能主动披露负面效应较小的一般缺陷。

按照财务报告缺陷与非财务报告缺陷划分内部控制缺陷的相关数据显示，样本公司披露财报类缺陷 395 个，占比 18.83%，非财报类缺陷 887 个，占比 42.28%，说明上市公司披露非财报类缺陷的数量显著高于财报类缺陷，这主要是由于我国内部控制规范体系所指内部控制既涉及财务报告方面，又涉及非财务报告方面，要求上市公司加强在非财报类缺陷方面的披露。

按照设计缺陷与运行缺陷划分内部控制缺陷的相关数据显示，样本公司披露设计缺陷 278 个，占比 13.25%，运行缺陷 885 个，占比 42.18%，两种类型均有的缺陷 120 个，占比 5.72%，说明超过四成的上市公司存在运行缺陷，运行缺陷的存在比例显著高于设计缺陷，表明我国上市公司应在健全内部控制信息披露制度时更加关注规避运行缺陷，加强内部控制运行方面的建设。

表7-7　样本公司2012—2016年“披露”内部控制缺陷分类情况统计表

分类标准	计数	总计（占比）
缺陷等级	重大缺陷	101（4.81%）
	重要缺陷	175（8.35%）
	一般缺陷	1822（86.84%）
财报缺陷/非财报缺陷	财务报告类缺陷	395（18.83%）
	非财务报告类缺陷	887（42.28%）
	未区分/无法识别	816
设计缺陷/运行缺陷	设计缺陷	278（13.25%）
	运行缺陷	885（42.18%）
	两者均有	120（5.72%）
	未区分/无法识别	815
总计		2098

7.3.3　“修正”内部控制缺陷阶段

表7-8是2012—2016年样本公司内部控制缺陷修正情况统计表。表中数据显示，第一，在手工搜集到的2098个对外披露内部控制缺陷内容明细的样本中，1053个样本显示完成了内部控制缺陷的修正，占比为50.19%，326个样本显示未完成内部控制缺陷的修正，占比高达15.54%，而272个样本显示未开始内部控制缺陷的修正，占比也较高，为12.96%。这说明，我国进入强制披露阶段以来，在已对外披露内部控制缺陷的样本公司中，仅有五成的公司全部完成了内部控制缺陷的修正，并对外披露了内部控制缺陷修正的有效性评价，修正比例较低；第二，从年份数据来看，2012—2016年，全部完成内部控制缺陷修正的样本公司所占比例分别为37.13%、45.71%、50.25%、52.88%、55.93%，呈现逐年上升的发展趋势，而未完成内部控制缺陷修正以及未开始内部控制缺陷修正的样本公司所占比例均呈现逐年下降

的发展趋势，各年所占比例分别为 32.91%、11.91%、10.1%、8.91%、8.32%和 25.74%、18.01%、16.67%、11.87%、11.68%。这说明：中国上市公司内部控制缺陷信息披露整体质量进步明显，监管部门前期颁布的相关法律法规正在对上市公司修正内部控制缺陷发挥监督约束作用，越来越多的公司管理者开始重视内部控制缺陷对于公司各方面产生的负面效应，正按照国家相关部门规定，积极主动地修正内部控制缺陷。

表 7－8　样本公司 2012—2016 年“修正”内部控制缺陷情况统计表

修正有效性评价＼年份		2012	2013	2014	2015	2016	总计
已开始修正（包含一般缺陷）	全部完成修正	88 （37.13%）	165 （45.71%）	199 （50.25%）	285 （52.88%）	316 （55.93%）	1053 （50.19%）
	未完成修正	78 （32.91%）	43 （11.91%）	40 （10.1%）	48 （8.91%）	47 （8.32%）	326 （15.54%）
	未披露修正运行结果	5	64	65	91	89	304 （14.49%）
未开始修正（包含一般缺陷）	未开始修正	61 （25.74%）	65 （18.01%）	66 （16.67%）	64 （11.87%）	66 （11.68%）	272 （12.96%）
	未披露是否开始修正	5	24	26	53	47	143 （6.82%）
内部控制缺陷总计（包含一般缺陷）		237	361	396	539	565	2098

7.4 实证结果分析

7.4.1 描述性统计分析

表 7－9 是模型（7－1）的描述性统计。数据显示，存在内部控制缺陷（*cz*）的均值为 0.2972，说明有近三成的样本公司存在内部控制缺陷。存在内部控制缺陷的样本公司股权资本成本（*re*）的均值为 0.0606，标准差为 0.0254，说明样本公司股权资本成本总体变化幅度不大，相对较稳定，最小

值为 0.0061，最大值为 0.1592，说明样本公司两端极值之间差异较大。其他控制变量也显示出了一定的差异，比如盈利水平（*roa*）的均值为 0.0365，标准差为 0.1577，最小值为 -6.776，最大值为 10.4009，说明存在内部控制缺陷的样本公司总体盈利能力相对较低，均值仅为 0.0365，最小值更是低至 -6.776，且标准差较大，表明存在内部控制缺陷的样本公司盈利能力差异显著。

表 7-9　　模型（7-1）描述性统计

变量	N	均值	标准差	最小值	最大值
re	11717	0.0606	0.0254	0.0061	0.1592
cz	11717	0.2972	0.4571	0	1
size	11717	22.1782	1.2972	15.5773	28.0699
roa	11717	0.0365	0.1577	-6.7760	10.4009
growth	11717	6.7916	551.2017	-11.9245	4500.0157
lev	11717	0.4294	0.2284	0.0080	8.6118
at	11717	0.6386	0.5563	0.0000	12.3729
fl	11717	0.3459	0.1467	0.0220	0.8999
sj	11717	0.9724	0.1637	0	1
g	11717	0.3748	0.4841	0	1

注：计算结果均为小数点后保留 4 位，由 Stata 14.0 计算得出（下同）。

表 7-10 是模型（7-2-1）的描述性统计。数据显示，披露内部控制缺陷（*pl*）的均值为 0.0793，说明只有 7.93% 的样本公司对外披露其内部存在的重大或重要内部控制缺陷，披露比例较低。披露内部控制缺陷的样本公司股权资本成本（*re*）的均值为 0.0596，总体略低于存在内部控制缺陷的样本公司，标准差为 0.0255，说明样本公司股权资本成本总体变化幅度不大，相对较稳定，最小值为 0.0061，最大值为 0.1564，两端极值之间差异较大。

表 7-10　　模型（7-2-1）描述性统计

变量	N	均值	标准差	最小值	最大值
re	3482	0.0596	0.0255	0.0061	0.1564
pl	3482	0.0793	0.2702	0	1
size	3482	22.1060	1.2360	15.9792	27.7840

续表

变量	N	均值	标准差	最小值	最大值
roa	3482	0.0276	0.2756	-6.7760	10.4009
growth	3482	2.6712	52.1369	-4.4917	2354.549
lev	3482	0.4596	0.2684	0.0091	8.6118
fl	3482	0.3350	0.1431	0.0220	0.8999
sj	3482	0.9428	0.2322	0	1
g	3482	0.3627	0.4809	0	1
at	3482	0.6436	0.6198	0.0044	10.8130
fl	3482	0.3350	0.1431	0.0220	0.8999
sj	3482	0.9428	0.2322	0	1
g	3482	0.3627	0.4809	0	1

表7-11是模型（7-2-2）的描述性统计。数据显示，披露内部控制缺陷表现形式（*bx*）的均值为0.3319，说明披露财务报告类型内部控制缺陷的数量少于披露非财务报告类型内部控制缺陷的数量。披露财务报告类型内部控制缺陷的样本公司股权资本成本（*re*）的均值为0.0590，标准差为0.0261，略高于模型（7-1）和模型（7-2-2），但数值仍然较小，说明样本公司股权资本成本总体变化幅度不大，相对较稳定，最小值为0.0178，最大值为0.1532，两端极值间差异不大。

表7-11　　模型（7-2-2）描述性统计

变量	N	均值	标准差	最小值	最大值
re	708	0.0590	0.0261	0.0178	0.1532
bx	708	0.3319	0.4712	0	1
size	708	22.0526	1.2807	17.3882	25.7260
roa	708	0.0027	0.1973	-2.8341	0.8631
growth	708	3.8847	48.4053	-4.4917	982.6619
lev	708	0.4970	0.2687	0.0282	3.2619
at	708	0.6458	0.7047	0.0049	9.2248
fl	708	0.3365	0.1436	0.0220	0.8999

续表

变量	N	均值	标准差	最小值	最大值
sj	708	0.8785	0.3269	0	1
g	708	0.4364	0.4963	0	1

表7-12是模型（7-3-1）的描述性统计。数据显示，修正内部控制缺陷（*xz*）的均值为0.5616，说明超过半数的上市公司修正了前一年的内部控制缺陷，但仍有四成左右的公司放任前一年披露的内部控制缺陷不做修正。修正内部控制缺陷的样本公司股权资本成本（*re*）的均值为0.0577，标准差为0.0248，变化幅度不大，相对稳定，最小值为0.0184，最大值为0.1465，其数据变化规律与上述模型基本一致。

表7-12　　　　模型（7-3-1）描述性统计

变量	N	均值	标准差	最小值	最大值
re	276	0.0577	0.0248	0.0184	0.1465
xz	276	0.5616	0.4971	0	1
size	276	22.1656	1.4238	17.3882	25.7260
growth	276	4.4185	47.0413	-1.7000	744.9106
lev	276	0.5428	0.2896	0.0302	3.2619
at	276	0.7042	0.8125	0.0257	8.1295
fl	276	0.3360	0.1448	0.0565	0.8251
sj	276	0.8116	0.3917	0	1
g	276	0.4819	0.5006	0	1

表7-13是模型（7-3-2）、模型（7-3-3）的描述性统计。由于在修正内部控制缺陷的样本公司中，第一年披露具体内部控制缺陷表现形式的公司尚且不多，因此使验证该假设的样本量相对较少，但检验结果依然与研究假设基本一致。数据显示，修正内部控制缺陷表现形式（*xx*）的均值为0.2466，说明上市公司对财务报告类型内部控制缺陷的修正数量明显少于非财务报告类型内部控制缺陷的修正数量。修正缺陷表现形式的样本公司股权资本成本（*re*）的均值为0.0647，略高于前几个模型，标准差为0.028，变化幅度不大，相对稳定，最小值为0.0178，最大值为0.1398，其数据变化规

律与上述模型基本一致。

表 7-13　　模型（7-3-2）、模型（7-3-3）描述性统计

变量	N	均值	标准差	最小值	最大值
re	146	0.0647	0.0280	0.0178	0.1398
xx	146	0.2466	0.4325	0	1
size	146	22.3617	1.3084	19.5397	25.6150
roa	146	0.0100	0.1266	-0.8851	0.8631
growth	146	0.3807	1.2649	-1.2454	12.1957
lev	146	0.5207	0.2099	0.0822	1.1110
at	146	0.6665	0.5449	0.0521	4.3998
fl	146	0.3527	0.1437	0.0362	0.7561
sj	146	0.9178	0.2756	0	1
g	146	0.5890	0.4937	0	1

7.4.2　单变量分析

表7-14至表7-18分别是模型（7-1）、模型（7-2-1）、模型（7-2-2）和模型（7-3-1）、模型（7-3-2）、模型（7-3-3）中主要变量相关系数检验结果，左下角为Sperman相关系数分析结果，右上角为Pearson相关系数分析结果，可以看出，各变量间相关系数值均较小，表明各变量之间不存在显著多重共线性，这一结果也通过后文多元线性回归分析中的VIF检验得以印证。

主变量相关系数检验结果表明：存在内部控制缺陷（*cz*）与股权资本成本（*re*）显著正相关，初步验证H1成立；披露内部控制缺陷（*pl*）与股权资本成本（*re*）显著负相关，初步验证H2a成立；修正内部控制缺陷表现形式（*xx*）与股权资本成本（*re*）显著负相关，初步验证H3b成立；披露内部控制缺陷表现形式（*bx*）与股权资本成本（*re*）正相关，但仅有Sperman检验结果显示两者在10%水平上显著，而Pearson检验结果显示两者间不显著，H2b需进行进一步验证；同样，修正内部控制缺陷（*xz*）与股权资本成本（*re*）负相关，但仅有Pearson检验结果显示两者在10%水平上显著，而Sperman检验结果显示两者间不显著，H3a需进行进一步验证。

表 7-14 模型（7-1）主变量相关系数矩阵

变量	*re*	*cz*	*size*	*roa*	*growth*	*lev*	*at*	*fl*	*sj*	*g*
re	1	0.0248***	0.1763***	0.0084	0.0284***	0.1198***	0.0657***	0.0679***	0.0009	0.0372***
cz	0.0288***	1	0.0359***	0.0367***	-0.0153*	-0.0859***	-0.0058	0.0485***	0.1175***	0.016*
size	0.1731***	0.0175*	1	-0.0052	0.0163*	0.4606***	0.0447***	0.2260***	0.0995***	0.3555***
roa	0.1895***	0.1119***	-0.0667***	1	0.0003	-0.2696***	0.0615***	0.0257***	0.1147***	-0.0437***
growth	-0.0087	0.003	0.0082	0.0046	1	0.0062	-0.0042	-0.0095	0.0003	0.0111
lev	0.1242***	-0.0782***	0.5289***	-0.4155***	0.0372***	1	0.1176***	0.0722***	-0.1597***	0.2892***
at	0.1024***	0.0127	0.0370***	0.2311***	-0.1647***	0.1069***	1	0.0651***	-0.0145	0.0410***
fl	0.0679***	0.0468***	0.1798***	0.0871***	-0.0394***	0.0783***	0.0858***	1	0.0696***	0.2148***
sj	-0.0028	0.1175***	0.0771***	0.1558***	0.0380***	-0.1085***	0.0541***	0.0742***	1	0.0011
g	0.0364***	0.016*	0.3489***	-0.1758***	-0.0313*	0.3058***	0.0296***	0.2125***	0.0011	1

注：左下角为 Spearman 相关系数矩阵，右上角为 Pearson 相关系数矩阵（下同）；*** 表示在 1% 水平上显著；** 表示在 5% 水平上显著；* 表示在 10% 水平上显著（下同）。

表 7－15　　模型（7－2－1）主变量相关系数矩阵

变量	*re*	*pl*	*size*	*roa*	*growth*	*lev*	*at*	*fl*	*sj*	*g*
re	1	−0. 0222 *	0. 0921 ***	−0. 0248	0. 01	0. 1012 ***	0. 0418 **	0. 0379 **	−0. 0139	0. 033 *
pl	−0. 0229 *	1	0. 0142	−0. 0367 **	0. 0098	0. 0910 ***	0. 0287 *	0. 0021	−0. 1659 ***	0. 0727 ***
size	0. 1276 ***	0. 0124	1	−0. 0095	−0. 009	0. 3349 ***	0. 0272	0. 2167 ***	0. 1628 ***	0. 2849 ***
roa	0. 1352 ***	−0. 1188 ***	−0. 0523 ***	1	−0. 0004	−0. 3017 ***	0. 0608 ***	0. 0018	0. 1035 ***	−0. 0279 *
growth	−0. 016	−0. 0523 ***	0. 0041	0. 0345 **	1	0. 0315 *	−0. 0099	0. 0055	−0. 027	−0. 0076
lev	0. 1182 ***	0. 0978 ***	0. 4770 ***	−0. 4163 ***	0. 0303 *	1	0. 0997 ***	0. 0329 *	−0. 2083 ***	0. 2537 ***
at	0. 0887 ***	0. 0092	0. 0562 ***	0. 2144 ***	−0. 1457 ***	0. 0960 ***	1	0. 0625 ***	−0. 0327 *	0. 0369 **
fl	0. 0444 ***	0. 0002	0. 1683 ***	0. 0815 ***	−0. 023	0. 0475 ***	0. 1009 ***	1	0. 1038 ***	0. 1832 ***
sj	−0. 0181	−0. 1659 ***	0. 1240 ***	0. 2172 ***	0. 0679 ***	−0. 1497 ***	0. 0862 ***	0. 1096 ***	1	0. 0082
g	0. 0368 **	0. 0727 ***	0. 2746 ***	−0. 1818 ***	0. 0083	0. 2921 ***	0. 0555 ***	0. 1782 ***	0. 0082	1

表 7－16　模型（7－2－2）主变量相关系数矩阵

变量	*re*	*bx*	*size*	*roa*	*growth*	*lev*	*at*	*fl*	*sj*	*g*
re	1	0.0506	0.0526	−0.0174	−0.0427	0.0785**	0.0068	−0.0026	0.0187	−0.0315
bx	0.0559*	1	0.0888**	0.0256	−0.0318	0.0417	−0.012	0.0056	−0.0868**	0.0268
size	0.0703	0.0936**	1	0.1059***	−0.0522	0.2585***	0.006	0.2883***	0.2314***	0.3233***
roa	0.0938**	−0.0458	0.0358	1	0.0088	−0.4063***	0.0756**	0.0567	0.3139***	0.0103
growth	−0.1020***	−0.0401	−0.0072	0.0700*	1	0.0529	0.0258	−0.0374	−0.0459	0.0008
lev	0.0984***	0.0484	0.3820***	−0.4085***	−0.0289	1	0.1072***	0.0079	−0.2714***	0.2510***
at	0.0709*	0.0353	0.0862**	0.2021***	−0.1616***	0.1077***	1	0.055	−0.0122	0.0364
fl	0.01	0.0139	0.2571***	0.0792**	−0.0311	0.0373	0.1402***	1	0.1629***	0.2265***
sj	−0.0214	−0.0868**	0.1979***	0.2767***	0.0407	−0.2093***	0.1042***	0.1738***	1	0.0308
g	−0.0177	0.0268	0.3127***	−0.1707***	0.0165	0.2903***	0.0482	0.2300***	0.0308	1

表 7-17　　模型（7-3-1）主变量相关系数矩阵

变量	*re*	*xz*	*size*	*roa*	*growth*	*lev*	*at*	*fl*	*sj*	*g*
re	1	-0.1088*	0.0031	-0.0575*	-0.0526	0.0758	-0.0163	-0.0707	0.028	-0.0919*
xz	-0.0739	1	-0.0541	-0.1082*	0.0856	0.0511	0.0231	-0.0368	-0.2279***	-0.0337
size	0.0178*	-0.0602	1	0.1227**	-0.1187**	0.1406**	-0.0943	0.4362***	0.3887***	0.2934***
roa	-0.0266	-0.0241	0.0561	1	0.0107	-0.3752***	0.0661	0.0392	0.2938***	-0.0071
growth	-0.0764	-0.0496	0.0438	0.0618	1	0.0136	0.1278**	-0.0917	-0.1209**	-0.0706
lev	0.1159*	0.0028	0.2670*	-0.4283***	0.0218	1	0.0831	-0.0041	-0.2623***	0.1824***
at	0.0359	-0.0269	0.0715	0.2672***	-0.1772***	0.0516	1	0.0856	-0.063	-0.0138
fl	-0.065	-0.0492	0.4367***	-0.0284	-0.0946	0.0717	0.1742***	1	0.2215***	0.3117***
sj	-0.0123	-0.2279***	0.3663***	0.2974***	-0.0207	-0.2224***	0.0769	0.2293***	1	0.1123*
g	-0.0658*	-0.0337	0.2638***	-0.1291**	0.0643	0.1872***	0.0172	0.3086***	0.1123	1

表 7-18 模型（7-3-2）、模型（7-3-3）主变量相关系数矩阵

变量	*re*	*xx*	*size*	*roa*	*growth*	*lev*	*at*	*fl*	*sj*	*g*
re	1	-0.0155*	0.1469*	-0.0128	-0.0601	0.1521*	0.0096	0.0295	-0.0635	0.0065*
xx	-0.026*	1	-0.0202	-0.0799	-0.0532	0.0591	-0.1551*	-0.0101	-0.1181	-0.0066
size	0.1576*	0.0049	1	0.1842**	-0.0173	0.3639***	-0.0365	0.3784***	0.1106	0.2428***
roa	0.0573	-0.1131	0.1901**	1	0.0734	-0.0606	0.1288	0.0755	0.3079***	-0.0004
growth	-0.0788	-0.0517	0.0259	0.0207	1	-0.0918	-0.0973	-0.0464	0.0465	0.0807
lev	0.1835**	0.0603	0.3948***	-0.2969***	-0.0116	1	0.1311	0.0712	-0.1999**	0.1851**
at	0.0819	-0.1682**	-0.0557	0.2219***	-0.1647**	0.0849	1	0.1358	-0.0427	0.0316
fl	0.0643	-0.0141	0.3660***	0.1526*	-0.1624*	0.1307	0.0858	1	0.1116	0.2446***
sj	-0.097	-0.1181	0.1006	0.2402***	0.1172	-0.1763**	-0.087	0.1601*	1	-0.0472
g	0.0003*	-0.0066	0.1866**	-0.1126	-0.077	0.1985**	-0.0743	0.2287***	-0.0472	1

7.4.3 “存在”内部控制缺陷阶段多元线性回归分析

表 7－19 是模型（7－1）的多元线性回归结果。可以看出，vif 检验结果表明：各变量之间不存在多重共线性问题。$F=53.98$，且在 1% 水平上显著，$R^2=0.0398$，$Adj-R^2=0.0391$，拟合优度虽然不高但也与同类研究相差不大，原因可能在于影响股权资本成本的因素众多，并不能完全加以控制，因此回归结果有效。存在内部控制缺陷（*cz*）与股权资本成本（*re*）正相关，且在 1% 水平上显著，表明存在内部控制缺陷的上市公司股权资本成本更高，因此，H1 成立。

表 7－19　　　　模型（7－1）回归结果

re	系数	*t* 值	vif
cz	0.0014***	2.69	1.02
size	0.0030***	14.1	1.48
roa	0.0031**	2.02	1.11
growth	0.0001***	2.97	1.00
lev	0.0064***	5.16	1.53
at	0.0023***	5.49	1.03
fl	0.0059***	3.62	1.09
sj	－0.0019	－1.28	1.08
g	－0.0023***	－4.43	1.20
_cons	－0.0129	－2.87	—
年度	已控制	已控制	—
行业	已控制	已控制	—
N 值	11717		—
F 值	53.98***		—
R^2	0.0398		—
$Adj-R^2$	0.0391		—

7.4.4 “披露”内部控制缺陷阶段多元线性回归分析

表 7－20 是模型（7－2－1）、模型（7－2－2）的多元线性回归结果。

可以看出，vif检验结果均表明：下列两个模型各变量之间不存在多重共线性问题。在模型（7－2－1）中，$F=7.61$，且在1%水平上显著，$R^2=0.0193$，Adj－$R^2=0.0168$，拟合优度虽然不高但也与同类研究相差不大，原因可能在于影响股权资本成本的因素众多，并不能完全加以控制，因此回归结果有效。披露内部控制缺陷（*pl*）与股权资本成本（*re*）负相关，且在10%水平上显著，表明对外披露内部控制缺陷的上市公司股权资本成本更低，因此，H2a成立。

在模型（7－2－2）中，$F=1.4$，且在1%水平上显著，$R^2=0.0178$，Adj－$R^2=0.0151$，同样，拟合优度虽然不高，但也与同类研究相差不大，原因可能是影响股权资本成本的因素众多，并不能完全加以控制，因此回归结果有效。披露内部控制缺陷表现形式（*bx*）与股权资本成本（*re*）正相关，且在5%水平上显著，表明对外披露财务报告类型内部控制缺陷的上市公司股权资本成本更高，也侧面反映出投资者对于上市公司披露财务报告类型内部控制缺陷的关注程度更高，并且更加反感上市公司披露财务报告类型内部控制缺陷，因此，H2b成立。

表7－20　　模型（7－2－1）、模型（7－2－2）回归结果

变量	模型（7－2－1）			模型（7－2－2）		
re	系数	*t*值	vif	系数	*t*值	vif
pl	－0.0031*	－1.93	1.04	—	—	—
bx	—	—	—	0.0031**	－1.49	1.03
size	0.0014***	3.44	1.31	0.0009	1.02	1.41
roa	－0.0003	－0.17	1.12	0.0018	0.32	1.34
growth	0.0001***	2.96	1.00	0.0001***	－1.23	1.01
lev	0.0072***	3.80	1.41	0.0100**	2.2	1.54
at	0.0013*	1.88	1.02	－0.0001	－0.04	1.04
fl	0.0039	1.26	1.08	－0.0013	－0.18	1.14
sj	－0.0017	－0.84	1.15	0.0022	0.66	1.27
g	－0.0004*	－0.44	1.15	－0.0037*	－1.7	1.19
_cons	0.0259	3.17	—	0.0349	1.91	—
年度	已控制	已控制	—	已控制	已控制	—

续表

变量	模型（7-2-1）			模型（7-2-2）		
行业	已控制	已控制	—	已控制	已控制	—
N 值	3482		—	708		—
F 值	7.61 ***		—	1.40 ***		—
R^2	0.0193		—	0.0178		—
$Adj-R^2$	0.0168		—	0.0151		—

7.4.5 “修正”内部控制缺陷阶段多元线性回归分析

表7-21是模型（7-3-1）、模型（7-3-2）、模型（7-3-3）的多元线性回归结果。可以看出，vif检验结果均表明：下列三个模型各变量之间不存在多重共线性问题。在模型（7-3-1）中，$F=1.87$，且在1%水平上显著，$R^2=0.0405$，拟合优度虽然不高但也与同类研究相差不大，原因可能在于影响股权资本成本的因素众多，并不能完全加以控制，因此回归结果有效。修正内部控制缺陷（*xz*）与股权资本成本（*re*）负相关，且在10%水平上显著，表明修正内部控制缺陷的上市公司股权资本成本更低，侧面反映出当上市公司积极有效地修正其内部控制缺陷，保证其来年不存在内部控制缺陷时，投资者的投资信心会大大增强，进而降低其风险补偿和要求报酬率，股权资本成本随之降低，因此，H3a成立。

在模型（7-3-2）中，$F=0.64$，且在1%水平上显著，$R^2=0.0407$，拟合优度虽然不高但也与同类研究相差不大，原因可能是影响股权资本成本的因素众多，并不能完全加以控制，因此回归结果有效。修正内部控制缺陷表现形式（*xx*）与股权资本成本（*re*）负相关，且在10%水平上显著，表明修正财务报告类型内部控制缺陷的上市公司股权资本成本更低，侧面反映出财务报告类型内部控制缺陷的修正更能促进股权资本成本的降低，带来更多的正面效应，也能获得投资者更多的关注和肯定，因此，H3b成立。

在模型（7-3-3）中，在加入修正内部控制缺陷表现形式（*xx*）与产权性质（G）的交乘项（$xx \times G$）之后，调整R^2随之变大为0.0592，意味着该模型的解释力度增强。回归结果也显示，修正内部控制缺陷表现形式（*xx*）与产权性质（G）的交乘项（$xx \times G$）与股权资本成本（*re*）正相关，且在 10% 水平上显著，表明相比国有企业，非国有企业修正财务报告类型内部控制缺陷更能降低其股权资本成本，侧面反映出非国有企业修正财务报告类型内部控制缺陷更能获得投资者的认可，更能降低其要求的风险补偿，产生更多的正面效应，因此，H3c 成立。

表 7－21　模型（7－3－1）、模型（7－3－2）、模型（7－3－3）回归结果

变量	模型（7－3－1）			模型（7－3－2）			模型（7－3－3）		
re	系数	*t* 值	vif	系数	*t* 值	vif	系数	*t* 值	vif
xz	－0.0053*	－1.79	1.07	—	—	—	—	—	—
xx	—	—	—	－0.0019*	－0.35	1.05	－0.0128*	－1.85	2.58
xx × *G*	—	—	—	—	—	—	0.0187*	1.77	2.98
size	0.0004	0.34	1.59	0.0028*	1.29	1.50	0.0024*	1.14	1.52
roa	－0.0056	－1.17	1.27	－0.0024	－0.12	1.18	－0.0069	－0.57	1.20
growth	0.0001*	－1.75	1.04	－0.0010	－0.52	1.04	－0.0005	－0.46	1.06
lev	0.0080*	1.37	1.39	0.0131*	1.02	1.31	0.0169***	1.83	1.36
at	－0.0001	－0.06	1.08	－0.0003	－0.06	1.14	0.0004	0.09	1.14
fl	－0.0111	－1.01	1.35	－0.0024	－0.13	1.27	－0.0008	－0.05	1.27
sj	0.0034	0.91	1.44	－0.0058	－0.62	1.19	－0.0048	－0.68	1.20
g	－0.0054*	－1.58	1.19	－0.0023	－0.45	1.13	－0.0071*	－1.22	1.52
_cons	0.0556	2.32	—	0.0032	0.07	—	0.0125	0.30	—
年度	已控制	已控制	—	已控制	已控制	—	已控制	已控制	—
行业	已控制	已控制	—	已控制	已控制	—	已控制	已控制	—
N 值	276		—	146		—	146		—
F 值	1.87***		—	0.64***		—	1.58***		—
R^2	0.0405		—	0.0407		—	0.0592		—

7.5 本章小结

本章从内部控制缺陷视角出发，将内部控制缺陷分为“存在”“披露”“修正”三个阶段，概述分析上市公司内部控制缺陷各阶段现状，并结合内部控制缺陷表现形式和股东异质性变量，实证研究中国上市公司在进入强制披露阶段后（2013—2017 年）内部控制信息披露对股权资本成本的直接影响。

（1）利用内部控制缺陷相关数据对中国上市公司内部控制缺陷各阶段现状进行详细分析。首先，内部控制缺陷“存在”阶段。上市公司披露重大或重要内部控制缺陷的主动性程度较低，且超过七成的上市公司发生了财务重述行为，财务重述行为构成了公司内部控制缺陷的最重要组成部分，但纵观各年发生财务重述行为公司数量可以看出，上市公司发生财务重述的数量比例在逐年下降，这是值得肯定的，但财务重述行为中发生最频繁的是技术问题，这需要引起公司管理者的重视；上市公司发生的违规行为中，数量最多的推迟披露，且发生数还在逐年递增，表明公司内部控制缺陷信息披露的及时性水平亟待提高，但值得一提的是，虚假记载违规行为的发生数在逐年下降，表明公司内部控制缺陷信息披露的真实性和可靠性水平有所提高，这与第 5 章中国上市公司内部控制信息披露质量的分析结果相吻合；此外，上市公司对外披露内部控制审计报告的总体质量水平呈现下降趋势，公司管理者和相关监管部门应加强对这方面的监督和管理。其次，“披露”内部控制缺陷阶段。上市公司披露内部控制缺陷中一般缺陷的数量最多，足以看出，上市公司对外披露一般缺陷的积极主动性最高；超过四成的上市公司存在运行缺陷，运行缺陷的存在比例显著高于设计缺陷。最后，“修正”内部控制缺陷阶段。从发展趋势来看，越来越多的上市公司开始重视内部控制缺陷的修正，修正比例逐年上升，但从修正比例来看，仅有五成的上市公司全部完成了内部控制缺陷的修正，并对外披露了内部控制缺陷修正的有效性评价，修正比例较低。

（2）实证研究内部控制信息披露对股权资本成本的直接影响。实证结果表明：首先，“存在”内部控制缺陷阶段，存在内部控制缺陷的公司相对不存在内部控制缺陷的公司股权资本成本更高，内部控制缺陷的存在会提高公司股权资本成本，要求管理者提高内部控制缺陷的发现和预警能力，尽早感知发现并消除内部控制缺陷。其次，“披露”内部控制缺陷阶段，在存在内部控制缺陷的上市公司中，披露内部控制缺陷的公司相对未披露内部控制缺陷的公司股权资本成本更低，要求公司管理者在面对内部控制缺陷时，应及时主动地向投资者真实披露内部控制缺陷的相关内容，不应粉饰、隐瞒或拒绝披露，避免给公司生产经营和公司价值带来更加负面的影响，不利于公司的长远发展；此外，披露内部控制缺陷的表现形式会影响股权资本成本，披露财务报告类型内部控制缺陷公司的股权资本成本更高，表明不同类型内部控制缺陷对于投资者投资决策的影响效力存在差异，投资者对财务报告类型内部控制缺陷更加敏感和厌恶，因此，公司披露不同类型内部控制缺陷带来的市场反应也会存在显著差异。最后，“修正”内部控制缺陷阶段，修正内部控制缺陷的公司相对未修正内部控制缺陷的公司股权资本成本更低，要求管理者应为了公司健康稳定发展而考虑，及时主动地修正内部控制缺陷；修正内部控制缺陷的表现形式会影响股权资本成本，修正财务报告类型内部控制缺陷公司的股权资本成本更低，表明投资者会更关注公司对财务报告类型内部控制缺陷的操作行为，并给予更积极的投资反应；此外，结合股东异质性因素研究发现，与国有企业相比，修正财务报告类型内部控制缺陷的非国有企业的股权资本成本更低。

对于上述内部控制缺陷各阶段相关数据暴露出来的一些负面问题以及实证研究得到的相关结论，本书会在第 8 章的相关内容中做进一步的提炼总结，并且依据上述结论有针对性地提出一些政策建议，以期为学术界、公司管理层和相关监管部门建言献策。

第8章 内部控制信息披露对股权资本成本间接影响研究——基于证券市场投资风险视角

与西方资本市场相比，中国资本市场依旧处于发展初期，发展尚未成熟，存在新兴资本市场共有的三大缺点：一是缺乏一个健全完善的法律体系来维护投资者权益，市场中夹杂的很多不合理甚至违法现象得不到及时惩处；二是为弥补发展不成熟带来的各种缺失，我国资本市场也过多地依赖“关系经济”，利用“关系”更好地平衡制度的缺失和经济的不成熟；三是区域经济发展不均衡程度加深，这对于处在经济变革时期的中国而言，必将带来巨大的负面效应。

在如此多变而年轻的资本市场中，中国上市公司股权资本成本不仅受到内部控制信息披露的直接影响，还受到其他因素对两者间关系的间接影响，股票流动性和股票投资风险作为证券市场投资风险中的两大代表性风险因素，必将在内部控制信息披露与股权资本成本相关关系中起到不可忽视的调节作用。结合第4章梳理出的第二条作用路径，首先，从证券市场的融资机制来看，上市公司采取充分的信息披露机制，可以降低公司与投资者之间的信息不对称性，降低投资者的预期风险，增加投资者的盈利信心，进而增大其追加投资的可能性，从而增加股票流动性，降低流动性风险溢价，进而降低股权资本成本。其次，从资产定价理论来看，降低投资者面临的证券市场投资风险可以降低其预期报酬率诉求，即投资风险的降低会降低股权资本成本。因此，本章将从股票流动性和股票投资风险两个层面着手，深入研究内部控制信息披露质量对股权资本成本的间接影响。

我国股权结构的不合理导致“一股独大”问题在过去很长一段时间内长期存在。随着我国股权结构的不断调整和混合所有制经济改革的推进，“一股独大”现象逐步消失，但上市公司中“大股东控股”，尤其是混合制企业中“国家股东控股”等一系列新问题又接踵而至，代理问题依旧十分突出。

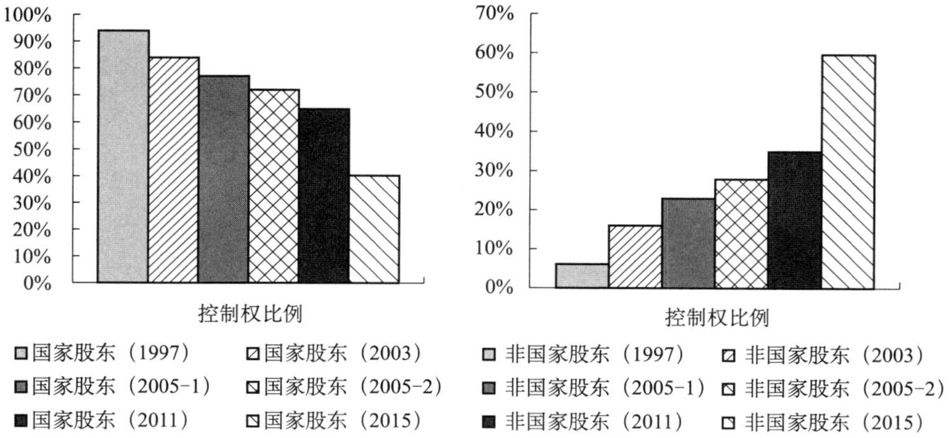

图8－1　中国上市公司不同股东控制权比例变化过程

注：图中数据根据相关文献整理。

图8－1呈现的是近20年来，我国国家股东和非国家股东控制权比例的变化情况，也反映出中国上市公司“一股独大”现象的消失过程。可以看出，中国上市公司在1997年有94%是由国家股东直接或间接管控的，非国家股东只有6%①；在2003年，中国上市公司中仍然有高达84%的直接或间接控制人是国家股东，非国家股东为16%；股权分置改革期间，2004年，由国家股东直接或间接管控的上市公司比例为77.13%，非国家股东为22.87%；2005年，由国家股东直接或间接管控的上市公司比例为72.06%，非国家股东为27.94%；到2011年，股权分置改革已基本结束，中国上市公司经济结构发生巨大变化，国家股东直接或间接控股的上市公司所占比例为64.92%，非国家股东为35.05%②；到2015年，国家股东直接或间接控股的上市公司所占比例已降至40.24%，非国家股东为59.76%，“一股独大”现象也已基本消失。图7－1的变化过程显示出国有企业市场化改革的显著成效，混合制经济的影响促使国家在上市公司中的地位发生转变，这对充分发挥国有资本成本的市场化潜能和提高国家股东控股企业的综合竞争力以及均衡企业的经营目标非常有利。但不可否认，“国家股东”作为新晋“控股股

① 相关数据来自1997—1998年《中国国有企业改革的状况和前景》一文。

② 数据来自深沪市上市公司2011年年报中对实际控制人披露情况的分析报告。

东”，侧面反映出我国资本市场长期存在“大股东控股”的特点，这与我国资本市场股权结构失衡以及内部控制体系的不完善密切相关。

在中国，国家股东与非国家股东性质上的差异以及由此导致其对应的股权资本成本的差异是实施混合所有制改革的财务基础。中国上市公司中扮演“大股东”角色的绝大多数是国家股或法人股，而法人股中的大多数最终控制人仍然是国家。改革背景下的中国，在国家通常扮演上市公司中的第一大股东，国家控股比例仍处高位且董事会没有实行累积投票制的背景下，要求报酬率较高的非国家股东的加入势必带来股权资本成本更高的股权结构，从而产生与改革目标相违背的“资本成本博弈”现象。这些现象最终导致“大股东控股”，中小股东利益缺乏保障，上市公司内部控制结构混乱，内部控制信息披露质量低下等影响公司绩效的治理问题。

混合所有制改革的优势就在于：利用股东异质性产生的利益博弈从而促使国家股权资本成本的整体水平最低化，当国家股东以社会福利最大化或政治目标设定为主要的经营目标时，国有和私有之间签订的契约就可以在此时发挥最佳的调控器作用，对经济目标和政治目标进行最优平衡。可以肯定的是，“资本成本博弈”带来的新现象势必会伴随国家股东职能的明确、国有资本成本投资理性度的提高以及公司治理水平的提升而逐渐消失，而这正是中国混合所有制经济改革迈向成功的必经阶段。

也正是由于这样的经济背景，导致不同性质股东在股权资本成本和经营目标设定上会存在巨大差异。因此，研究股东异质性是否影响上市公司内部控制信息披露质量与资本成本之间相关关系；股票流动性和股票投资风险产生的调节效力是否会受到股东异质性因素的双重影响；这些调节因素与上述存在的差异是否相关等都是我们不可回避的问题，也是探讨我国混合经济体制改革是否趋于成功的必经之路。因此，本章将股东异质性作为突破口，结合中国资本市场混合所有制经济改革的实际情况，从经营风险相关因素出发，基于前文运用相关理论梳理出的第二条作用路径，揭示外界因素是如何干扰或协助内部控制信息披露质量对股权资本成本的间接影响，这些干扰因素会对其产生怎样的调节效应，股东异质性因素对其带来的财务影响，运用实证数据搭建一条受外界因素调节效应干扰下的内部控制信息披露间接影响股权资本成本的作用路径。

8.1　理论分析与研究假设

投资者在资本市场上进行股票投资时，会面临各种各样类型的风险，比如投资者自身的投资风险、投资公司的信息风险、经营风险、系统性风险等，这些风险带来的经济后果都与投资者利益密切相关。从投资风险角度来说，高质量的内部控制信息披露有助于降低投资者将要承受的投资风险，投资者的预期报酬率诉求会随着其将要承受的投资风险的减小而降低。具体而言，当投资者获取的披露信息对其投资决策效力不足时，投资者对企业经营现状的判断和未来盈利预测的不确定性会随之提高，从而提高公司的股权资本成本。因此，对于公司而言，内部控制信息披露制度不仅可以降低企业财务舞弊行为的发生率，还可以避免财务信息错报和漏报的意外行为，内部控制信息披露质量的高低决定了企业披露财务报告内容的真实性、客观性、全面性程度；对于投资者而言，内部控制信息披露质量高的公司，其投资者获得的决策有用性信息会更多，信息的价值含量会更高，进而降低其未来预期收益的不确定性，提高其投资信心，相对于内部控制信息披露质量低的公司，其预测的未来投资风险会更低，要求的风险补偿也更低，公司的股权资本成本随之降低，也就是说，内部控制信息披露质量的高低也是其预测未来可能承担投资风险大小的重要依据之一，决定了投资者风险补偿及预期报酬率诉求，而股票投资风险的大小是决定公司股权资本成本高低的重要因素之一。张完定等（2016）认为，当机构投资者持股比例较小、中小投资者与公司信息不对称较为严重的时候，投资者会由于可能存在的高水平投资风险而对内部控制存在严重缺陷的公司要求更高的股权资本成本。因此，上市公司内部控制信息披露质量越高，其投资风险越低，股权资本成本越低。基于此，本节提出如下假设：

H1a：在其他条件不变的情况下，内部控制信息披露质量与股票投资风险负相关。

H1b：在其他条件不变的情况下，股票投资风险与股权资本成本正相关。

研究中国股权资本成本问题，必须结合中国资本市场具有中国特色的制度环境，全面考察内部控制信息披露质量和股票投资风险对股权资本成本产生的双重影响。现有研究表明，内部控制信息披露质量与股权资本成本之间显著负相关。此外，从系统性风险角度来看，如果把CAPM模型改写成现金流替代的形式，可推导出股权资本成本取决于企业未来期望现金流与企业现金流和市场现金流协方差的比值，内部控制信息披露质量不仅影响着投资者对该比值的估计，还影响着该比值的实际数值，因此，高质量的内部控制信息披露会降低企业的系统性风险（投资风险），进而降低股权资本成本。换句话说，在存在多种股票可以选择的资本市场，投资者持有投资组合的情况下，企业系统性风险（投资风险）的降低会干扰高质量的内部控制信息披露对股权资本成本的影响。国外的研究也证明，内部控制信息披露有助于减少管理者与投资者之间的信息不对称，降低投资者未来收益不确定性的预估风险，进而降低投资者的预期报酬率①。而现有研究指出：投资风险越高的公司，投资者预估预期收益和公司未来现金流分布的失误率越高，越会要求更高的风险补偿和预期报酬率诉求，公司股权资本成本随之升高，这意味着内部控制信息披露质量对股权资本成本的影响会受到来自股票投资风险的干扰是负向的。因此，本节认为，内部控制信息披露质量与股票投资风险之间存在"互斥关系"，即股票投资风险的提高会削弱内部控制信息披露质量与股权资本成本之间的负相关性。基于此，本节提出如下假设：

H1c：在其他条件不变的情况下，股票投资风险互斥作用于内部控制信息披露质量与股权资本成本之间的负相关性。

中国混合所有制改革背景下的新产物——股东异质性，将股东按性质不同划分为国家股东和非国家股东两类，相对于非国家股东而言，国家股东具有统御作用。因为两种股东之间本身就存在本质上的区别，所以对于预期报酬和经营目标的设定等方面存在巨大差异。在中国混合制经济市场背景下，多数人把国家股东和非国家股东作对比，比较其优劣之差，寄希望于在混合所有制改革的帮衬下让不同性质的资本能够有效地融合，促进资源的优化配

① Boardman与Vining（1989）和Dewenter与Malatesta（2001）发现对大型跨国企业来说，完全私有企业比政府拥有控制的企业业绩更好。Claessens与Djankov（1999）在东欧开展大型私有化项目期间，对私有化前后期间的公司的销售额和劳动生产率进行了对比分析。他们的研究同样也发现私人所有权可以提高一个公司的业绩。较少的研究发现与上述相反的结论。在这少数研究中，Kole与Mulherin（1997）发现，在第二次世界大战期间当联邦政府临时管理公司时，两组美国公司之间没有显著差异。

置。有研究指出，国家股东与较差的财务报告质量和较低的会计信息透明度有关，这意味着有国家股东控股的公司可能存在更大的信息不对称性问题，这种信息不对称性将会直接影响股权资本成本。此外，由于中国资本市场的政治特殊性，国家股东与非国家股东在要求报酬率的确定时所考虑的因素大不同，国家股东在追求自己的预期报酬率时，不仅要像一般的非国家股东一样考虑风险和收益的性价比，还需要考虑控股公司的未来发展前景和对社会福利和政治目标的影响。进而在掺杂了众多复杂的考虑因素之后，国家股东会对自己的要求报酬率进行调整甚至降低，最终形成国有股权资本成本，并在此基础上对控股公司的财务政策和投资决策作出制定和管控。也就是说，国家股东受到的政治诉求和社会牵制更多，其受市场机制影响下的变动幅度和弹性空间都相对较小。此外，国家股东与非国家股东相比，更容易获得外部融资，受到更少的融资约束，而这种市场融资优先权的获得会弱化其市场选择机制，降低平均生产力和企业的综合竞争力。因此，本书认为，非国家股东控股公司的股票投资风险对内部控制信息披露质量与股权资本成本之间产生的互斥效应会强于国家控股公司，其股票投资风险的降低更能削弱上市公司内部控制信息披露质量与股权资本成本的负相关性。基于此，本节提出如下假设：

H1d：在其他条件不变的情况下，相对于国家股东控股公司，非国家股东控股公司存在的互斥作用更显著。

从提高信息透明度角度出发，提高内部控制信息披露质量是有效提高信息透明度，降低管理者与投资者之间信息不对称性的方法之一，高质量的内部控制信息披露在降低信息不对称后产生的经济后果有助于提高股票流动性，也就是说，内部控制信息披露质量的提高有助于股票流动性的增强；而股票流动性与交易成本显著相关，提高股票流动性可以降低其流动性风险溢价和股票交易成本，而风险溢价和交易成本是上市公司股权资本成本中的重要组成部分，即提高股票流动性进而可以降低股权资本成本。此外，早期研究表明：信息风险是导致交易成本上升的主要原因之一，而信息风险又会显著作用于股票流动性，即经由股票流动性的间接传导，内部控制信息披露质量可以降低公司股权资本成本，因此可以推导出：内部控制信息披露质量的提高可以增加股票流动性，而股票流动性的增加会降低股权资本成本，股票流动性会间接影响内部控制信息披露质量与股权资本成本之间的相互关系。基于此，本节提出如下假设：

H2a：在其他条件不变的情况下，内部控制信息披露质量与股票流动性正相关。

H2b：在其他条件不变的情况下，股票流动性与股权资本成本负相关。

与研究股票投资风险思路一致，研究中国股权资本成本问题时，在明确内部控制信息披露质量与股权资本成本之间显著负相关关系后，必须结合中国资本市场具有中国特色的制度环境，全面考察内部控制信息披露质量和股票流动性对股权资本成本产生的双重影响。现有研究指出：较高的股票流动性与股权资本成本之间是通过减少市场中逆向选择的出现频率来降低股票的流动性风险溢价、交易成本和融资成本，进而为高质量的内部控制信息披露营造良好的市场环境，降低投资者预期的未来投资风险和预期收益的不确定性，降低上市公司股权资本成本，增强内部控制信息披露质量对股权资本成本的负向作用。反之，如果流动性较低，股票的流动性成本随之较高，投资者必然要求其在预期回报率方面作出补偿，股票流动性风险溢价随之升高，从而股票价格相对于其潜在价值就会相对被低估，上市公司股权资本成本提高，进而削弱了内部控制信息披露质量对股权资本成本的负相作用。这意味着股票流动性会干扰内部控制信息披露质量与股权资本成本间关系，且内部控制信息披露质量与股票流动性之间存在“补充关系”，即股票流动性的提高可以增强内部控制信息披露质量与股权资本成本的负相关性。基于此，本节提出如下假设：

H2c：在其他条件不变的情况下，股票流动性补充作用于内部控制信息披露质量与股权资本成本之间的负相关性。

中国新兴资本市场不仅面临所有权与控制权分离带来的一系列问题的困扰，还受到混合所有制改革背景下来自中国政治制度环境的特殊影响。因此，股东异质性是不可忽视的重要调节因素。在所有权和控制权的分离，内部又缺乏完备的内部控制体系的情况下，在鱼龙混杂充满噪音的资本市场中，由于私有制中对所有权的定义比公有制中的定义更清晰，即实现利益最大化目标。因此非国家股东追求利润的动机和积极性会强于国家股东，他们会更关注企业的市场定位和综合竞争力，进而导致高效率的监管机制和经营绩效。虽然混合制下大力推行国有企业改革，促使国家股东控股企业逐步市场化，优化企业的内部控制信息披露质量，对股东原本过低的要求报酬率进行调整，逐步向非国家股东市场化操作模式转变，将股东财富最大化作为企业的首要目标。但国家股东与非国家股东在追求要求报酬率时所考虑的因素仍存在诸多差异。比如国家股东在追求自己的要求报酬率时，不仅要像一般的非国家股东一样考虑风险和收益的性价比，还需要考虑国家市场经济的未来发展和对社会福利和政治目标的影响，因此可能会牺牲国有资本的投资绩效和市场化水平。国家股东控股企业的功能性定位虽然科学全面，但也会带来不可避免的尴尬，即国有企业在生产经营中将面临不同经营目标的诉求冲突。现有研究指出，国家股东持股比例与内部控制质量呈负相关关系，政府干预与会计信息披露质量呈负相关关系。因此，本书认为，非国家股东控股公司的股票流动性对内部控制信息披露质量与股权资本成本之间产生的补充效应会强于国家控股公司，其股票流动性的提高更能增强上市公司内部控制信息披露质量与股权资本成本的负相关性。基于此，本节提出如下假设：

H2d：在其他条件不变的情况下，相对于国家股东控股公司，非国家股东控股公司存在的补充作用更显著。

上述影响的理论路径分析如图 8－2 所示。

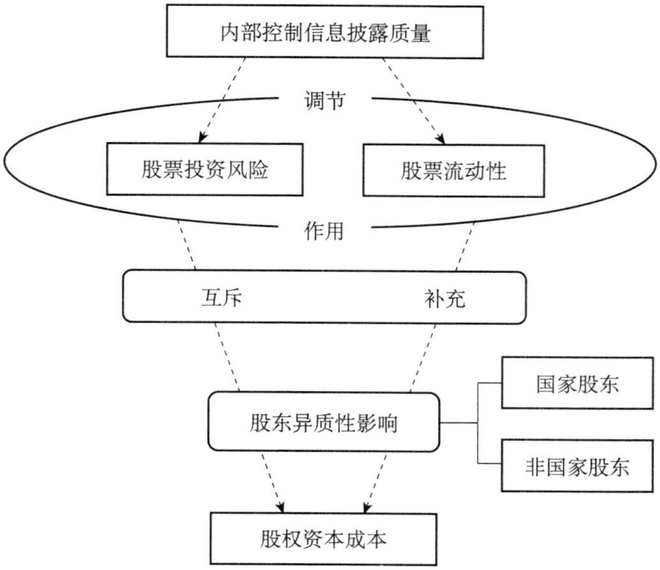

图 8－2 调节效力影响路径

8.2 实证研究设计

8.2.1 样本数据来源

由于本书构建的是我国强制披露阶段下的内部控制信息测评 *D* 指数，为保证研究样本时间的一致性，本节所有样本均选择2013—2017年深沪A股的数据。其中，股权资本成本（*re*）的样本数据来自国泰安（GTA）数据库、锐思（RESSET）数据库和万得（Wind）数据库，内部控制信息披露质量（*D*）取本书第5章构建的内部控制信息测评 *D* 指数为替代变量，股票投资风险取风险因子贝塔值（β），样本数据来自锐思（RESSET）数据库，股票流动性引用非流动性指标（*Amihud*）作为替代变量，其样本所需计算数据来自国泰安（GTA）数据库、锐思（RESSET）数据库和万得（Wind）数据库，其他样本数据是通过阅读上市公司公开披露的年度财务报告、内部控制自我评价报告、内部控制审计报告及内部控制鉴证报告等资料手工搜集获得的，均来源于国泰安（CSMAR）数据库、色诺芬（CCER）数据库和锐思（RESSET）数据库，如有缺失数据，再从上市公司年报中手工搜集补充。对被解释变量与模型中的解释变量、控制变量进行整理，剔除金融保险业公司、ST和ST*公司以及样本数据中所有无效数值后，最终得到样本总量3183个。相关数据的统计和处理均通过Excel、Stata14.0软件配合完成。

8.2.2 变量定义与计量

（1）被解释变量。为了准确估算股权资本成本，本书采用CAPM模型、Gordon模型、OJ模型、GLS模型、PEG模型和MPEG模型六种方法分别进行估算。其中，由于股权资本成本估算方法的原因，GLS模型中的数据只估算到2015年，OJ模型、PEG模型和MPEG模型中的数据只估算到2016年。选取六种方法的估算结果均值作为样本公司的资本成本（*re*），具体估算原理及估算方法说明参见本书第1章第4节的相关内容。

（2）解释变量。

①内部控制信息披露质量。本节沿用第6章基于层次分析法和最大熵权

赋值法构建并计算得出的内部控制信息披露质量测评 D 指数作为本节内部控制信息披露质量的替代变量，具体构建与计算过程参照本书第 6 章第 1 节的相关内容。

②股票投资风险。根据资本资产定价模型，股票的贝塔值（β）是衡量该股票收益相对于平均股票收益的变动程度，它能很好地代表股票的风险程度。因此，本书借鉴前人的研究方法，将 β 作为股票投资风险的替代指标。

③股票流动性。本节借鉴周冬华（2014），王茵田等（2016）的研究，选用高频数据非流动性指标（*Amihud*）作为其替代变量，该方法取资产交易期间日收益率绝对值和日交易金额平均值的比值作为衡量非流动性的数据值。这是同时考虑流动性的速度、宽度以及深度，反映三维复合流动性的一种测量方法，是国内外学者普遍通用的流动性替代指标，其计算公式为：

$$Amihud = \frac{1}{M_i}\sum_{d=1}^{D_i}\left(\frac{|R_{i,d}|}{V_{i,d}} \times 10^6\right)$$

其中，*Amihud* 代表股票的非流动性；d 为交易日期；i 为交易年份；M 为 i 年总交易天数；$V_{i,d}$为 i 年 d 日成交金额；$R_{i,d}$为 i 年 d 日收益率。

由于上式中算出的 *Amihud* 值代表的是股票非流动性，且数值较大，为了保证回归计算结果的准确性和数据统计的技术规范要求，本节取 *Amihud* 倒数作为股票流动性的替代指标，并对其做如下缩小处理，最终得到本节所需解释变量股票流动性 liq：

$$liq = \frac{1}{Amihud} \times 10^{-5}$$

（3）控制变量。本节借鉴吴文峰等（2007）、杨朝军（2008）、毛新述等（2012）、周冬华（2014）、宋淑琴等（2015）、王茵田等（2016）、汪平等（2019）等相关权威文献，选择股权结构、董事会特征、财务特征和外部监管四类因素进行控制，其中，股权结构方面具体选取股权集中度、股权制衡度、股东异质性、高管持股比例、高管薪酬五个控制变量，且股东异质性变量选用实际控制人性质作为判断其异质性的标准，当样本公司的实际控制人性质为国有时，说明该公司为国家股东，其他则为非国家股东控股公司；董事会特征方面具体选取董事会规模、独立董事比例、零薪董事比例、董事会会议次数四个控制变量；财务特征方面具体选取公司规模、资产负债率、账面市值比、成长性和流动资产周转率五个控制变量；外部监管方面则选取是否聘请国内“十大”会计师事务所一个控制变量，并对行业和年份设置虚拟变量进行控制。

本章实证研究中的所有变量具体定义说明见表8－1。

表8－1　　　　　　　　　　　变量定义

变量类别	变量名称		英文代码	预期符号	变量名称与说明
被解释变量	股权资本成本		*re*	/	股权资本成本均值
解释变量	内部控制信息披露质量		*D*	－	自建内部控制信息披露质量测评D指数
	股票投资风险		*β*	＋	风险因子贝塔值
	股票流动性		*liq*	－	（*Amihud*值的倒数）$\times 10^{-5}$
控制变量	股权结构	股权集中度	*f1*	＋	第一大股东持股比例
		股权制衡度	*zh*	－	第二至第十大股东持股比例之和÷第一大股东持股比例
		股东异质性	*G*	＋	实际控制人性质为国有时取1，非国有取0
		高管持股比例	*gg*	－	高管持股数÷总股数
		高管薪酬	*gx*	＋	高管前三名薪酬总额（取薪酬总额自然对数）
	董事会特征	董事会规模	*dsh*	－	董事会人数（取自然对数）
		独立董事比例	*dd*	－	独立董事人数占董事会人数比例
		零薪董事比例	*lx*	－	董事会中不在公司领取报酬的董事比例
		董事会会议次数	*hy*	－	年度董事大会召开次数（取自然对数）
	财务特征	资产规模	*size*	＋	总资产（取自然对数）
		财务杠杆	*lev*	＋	资产负债率，负债总额/股东权益总额
		账面市值比	*bm*	＋	股东权益÷公司市值
		成长性	*growth*	－	营业总收入增长率
		流动资产周转率	*cat*	－	主营业务收入净额÷平均流动资产总额
	外部监管	审计事务所	*sj*	－	聘请国内“十大”会计师事务所时取1，否则取0
	虚拟变量	*Year*	*X*	/	年份虚拟变量，当样本公司年份为*i*时取1；否则取0
		Industry	*Y*	/	行业虚拟变量，当样本公司属于行业*i*时取1；否则取0

8.2.3 模型设计

H3a 是针对股票投资风险（β）与内部控制信息披露质量（D）相关性提出的设想。因此，为了检验 H4a，建立多元线性回归方程（8-1-1）。

$$\beta = \mu_0 + \mu_1 D + \sum control + \omega_1 \quad (8-1-1)$$

其中，μ_0，μ_1…为模型的回归系数，ω_1 为随机变量。

H3b 是针对股票投资风险（β）与股权资本成本（re）相关性提出的设想，因此，为了检验 H4b，建立多元线性回归方程（8-1-2）。

$$re = \gamma_0 + \gamma_1 \beta + \sum control + \varepsilon_1 \quad (8-1-2)$$

其中，γ_0，γ_1…为模型的回归系数，ε_1 为随机变量。

H3c 是针对股票投资风险（β）、内部控制信息披露质量（D）与股权资本成本（re）三者相关性提出的设想，即内部控制信息披露质量（D）对股权资本成本（re）产生影响时，是否受到股票投资风险（β，调节变量）的干扰，因此，为了证明股票投资风险（β，调节变量）会干扰内部控制信息披露质量（D）对股权资本成本（re）的影响，加入交乘项 $D \times \beta$，构建调节效应模型（8-1-3）。

$$re = \gamma'_0 + \gamma'_1 D + \gamma'_2 \beta + \gamma'_3 D \times \beta + \sum control + \varepsilon_2 \quad (8-1-3)$$

其中，γ'_0，γ'_1…为模型的回归系数，ε_2 为随机变量。

H4a 是针对股票流动性（liq）与内部控制信息披露质量（D）相关性提出的设想。因此，为了检验 H5a，建立多元线性回归方程（8-2-1）。

$$liq = \mu'_0 + \mu'_1 D + \sum control + \omega_2 \quad (8-2-1)$$

其中，μ'_0，μ'_1…为模型的回归系数，ω_2 为随机变量。

H4b 是针对股票流动性（liq）与股权资本成本（re）相关性提出的设想，因此，为了检验 H5b，建立多元线性回归方程（8-2-2）。

$$re = \delta_0 + \delta_1 liq + \sum control + \rho_1 \quad (8-2-2)$$

其中，δ_0，δ_1…为模型的回归系数，ρ_1 为随机变量。

H4c 是针对股票流动性（liq）、内部控制信息披露质量（D）与股权资本成本（re）三者相关性提出的设想，即内部控制信息披露质量（D）对股权资本成本（re）产生影响时，是否受到股票流动性（liq，调节变量）的干扰，因此，为了证明股票流动性（liq，调节变量）会干扰内部控制信息披露质量（D）对股权资本成本（re）影响，加入交乘项 $D \times liq$，构建调节效应模型（8－2－3）。

$$re = \delta'_0 + \delta'_1 D + \delta'_2 liq + \delta'_3 D \times liq + \sum control + \rho_2$$

其中，δ'_0，δ'_1…为模型的回归系数，ρ_2 为随机变量。

H3d、H4d 是要证明股东异质性是否会影响上述三者间关系，即是否存在双重调节效应，且影响程度是否存在差异。因此，为了检验 H3d、H4d，在模型（8－1－3）和模型（8－2－3）基础上，对 G 进行分组检验，比较其系数大小和显著性差异。为进一步证实实证比较结果，提高实证结果的准确性和可信度，再分别对分组样本进行 Chow 检验①，进一步检验分组样本的线性回归系数和显著性是否存在差异，明确股东异质性因素是否会影响上述三者间关系，双重调节效应是否存在。

8.3 实证结果分析

8.3.1 描述性统计分析

表 8－2 是所有样本变量的描述性统计结果。可以看出，样本公司股权资本成本（re）的均值为 0.0623，标准差为 0.0259，最小值为 0.006，最大值为 0.1574，说明样本公司两端极值之间还是存在很大差异，但标准差较小，说明样本公司股权资本成本总体变化幅度不大，相对较稳定。

内部控制信息披露质量（D）的均值为 8.2510，最小值为 3.8648，最大值为 8.6994，且标准差为 0.2636，说明大部分样本公司内部控制信息披露水平相差无几，在均值之间上下波动，最大值与均值之间悬殊不大，但最小值与最大值之间差距甚远，表明样本公司内部控制信息披露缺乏质量特别突出的标杆企业，大多数公司之间相互效仿，整体水平有待提高，且仍有小部分样本公司内部控制信息披露质量严重低于市场平均值，亟待整改完善。

① Chow 检验是指一种统计和计量经济学的检验。它可以测试两组不同数据的线性回归系数之间是否存在差异。

股票投资风险（β）的均值为 1.1109，最小值为 -0.4079，最大值为 2.3437，标准差为 0.3184，说明不同样本公司股票投资风险差异巨大，且波动幅度较大，整体风险水平相对正常，对于投资者而言，保持理性投资，作出正确投资决策，规避投资风险至关重要，各股票投资风险的巨大差异是导致投资者之间出现极其不同盈亏收益结果的重要原因之一。

股票流动性（*liq*）的均值为 0.0689，最小值为 0，最大值为 1.6056，标准差为 0.0907，说明样本公司整体股票流动性水平较低，且各股票流动性波动幅度较大，差异明显，参差不齐，且最大值远远高于均值，说明样本公司中的股票流动性水平极度不均衡，这是市场机制作用下的产物。国家应加强对股票流动性方面的管理，促进其均衡发展，改善证券市场流动性的整体水平，保障其健康和谐发展。

股东异质性（*G*）均值为 0.1254，说明样本公司中，实际控制人为国家股东的上市公司数量大约占总样本的 12.5%，远远少于非国家股东控股公司数量。

表 8-2　　样本变量描述性统计

变量	N	均值	标准差	最小值	最大值
re	3183	0.0623	0.0259	0.0060	0.1564
D	3183	8.2510	0.2636	3.8648	8.6994
β	3183	1.1109	0.3184	-0.4079	2.3437
liq	3183	0.0689	0.0907	0.0000	1.6056
G	3183	0.1254	0.3312	0.0000	1.0000
fl	3183	0.3585	0.1507	0.0220	0.8909
zh	3183	0.7744	0.7157	0.0077	5.8083
gg	3183	0.0311	0.0983	0.0000	0.8100
gx	3183	14.3276	0.6876	9.0384	17.3525
dsh	3183	2.1570	0.2065	1.3863	2.8904
dd	3183	0.3757	0.0573	0.1818	0.8000
lx	3183	0.2323	0.1895	0.0000	0.6667
hy	3183	2.2443	0.3987	0.6931	4.0254
size	3183	22.5644	1.4307	15.9792	27.9617

续表

变量	N	均值	标准差	最小值	最大值
lev	3183	0.5169	1.1571	0.0294	63.9712
bm	3183	1.0708	1.1246	0.0010	11.0049
growth	3183	1.2959	23.4784	-11.9245	982.6619
cat	3183	1.3653	1.2387	0.0046	19.8747
sj	3183	0.6145	0.4868	0.0000	1.0000

8.3.2 相关性分析

（1）单变量分析。表8-3是模型（8-1）和模型（8-2）中主要变量相关系数检验结果，左下角为Sperman相关系数分析结果，右上角为Pearson相关系数分析结果，可以看出，各变量之间不存在显著共线性关系。

其中，在Sperman检验中，股票投资风险（β）与内部控制信息披露质量（*D*）相关系数为-0.1095，且在1%水平上显著，表明两者间显著负相关；股票流动性（*liq*）与内部控制信息披露质量（*D*）相关系数为0.1491，且在1%水平上显著，表明两者间显著正相关；股权资本成本（*re*）与股票投资风险（β）相关系数为0.0564，且在5%水平上显著，表明两者间显著正相关；股权资本成本（*re*）与股票流动性（*liq*）相关系数为-0.1067，且在1%水平上显著，表明两者间显著负相关；股权资本成本（*re*）与内部控制信息披露质量（*D*）相关系数为-0.1367，且在1%水平上显著，表明两者间显著负相关；而在Pearson检验中，股票投资风险（β）与内部控制信息披露质量（*D*）相关系数为-0.0530，且在5%水平上显著，表明两者间也显著负相关；股票流动性（*liq*）与内部控制信息披露质量（*D*）相关系数为0.0695，且在1%水平上显著，表明两者间也显著正相关；股权资本成本（*re*）与股票投资风险（β）相关系数为0.0335，且在10%水平上显著，表明两者间也显著正相关；股权资本成本（*re*）与股票流动性（*liq*）相关系数为-0.1042，且在1%水平上显著，表明两者间也显著负相关；股权资本成本（*re*）与内部控制信息披露质量（*D*）相关系数为-0.0741，且在1%水平上显著，表明两者间显著负相关。可以看出，两种单变量相关性分析结果一致，与预期相符，初步说明H3a、H3b和H4a、H4b成立。

表 8 - 3　　模型（8 - 1）、模型（8 - 2）各变量相关系数矩阵

	re	β	liq	D	G	fl	zh	gg	gx	dsh	dd	lx	hy	size	lev	bm	growth	cat	sj
re	1	0.0335 *	-0.1042 ***	-0.0741 ***	-0.0304 *	0.0632 ***	-0.0036	-0.0202	0.1466 ***	0.002	0.0196	-0.0099	0.0597 ***	0.1482 ***	0.0246	0.0777 ***	-0.0307 *	0.0464 ***	0.0259
β	0.0564 ***	1	0.0558 ***	-0.0530 ***	0.0382 *	0.0288	-0.0634 ***	0.0194	0.0598 ***	0.0256	0.0023	0.0258	0.0123	0.0455 *	-0.0473 ***	0.0039	-0.0282	-0.0659 ***	0.0141
liq	-0.1067 ***	0.1744 ***	1	0.0695 ***	-0.0092	0.0855 ***	-0.0505 ***	-0.0760 ***	0.3002 ***	0.0378	0.1809 ***	0.0256	0.1003 ***	0.5454 ***	-0.0022	0.1596 ***	-0.0222	0.0314 *	0.1146 ***
D	-0.1367 ***	-0.1095 ***	0.1491 ***	1	-0.014	0.0194	0.0072	-0.0034	-0.012	-0.0181	0.0314 *	0.0108	-0.0211	0.0129	0.0581 ***	0.0004	0.0131	0.0055	0.0193
G	-0.0342 *	0.0376 *	0.0335 *	-0.0022	1	0.0875 ***	-0.0826 ***	-0.1138 ***	0.0293 *	0.0783 ***	-0.026	0.2315 ***	-0.0714 ***	0.0466 ***	0.002	0.011	0.0315 *	0.0410 *	-0.0101
fl	0.0690 ***	0.0261	0.0237	0.1639 ***	0.0915 ***	1	-0.6614 ***	-0.0380 *	0.1019 ***	0.0282	0.0790 ***	0.1748 ***	-0.0864 ***	0.3114 ***	-0.0269	0.1558 ***	-0.0115	0.0754 ***	0.0793 ***
zh	-0.0031	-0.0643 ***	-0.0352 *	-0.1536 ***	-0.0854 ***	-0.7270 ***	1	0.1503 ***	0.0503 ***	0.0028	-0.0463 ***	-0.1363 ***	0.1058 ***	-0.1109 ***	-0.0113	-0.1140 ***	0.0048	-0.0576 ***	-0.0051
gg	0.0105	0.0168	0.0071	-0.0647 ***	-0.1557 ***	-0.1975 ***	0.2631 ***	1	0.0032	-0.1043 ***	0.0409 *	-0.2388 ***	0.0061	-0.1889 ***	-0.0423 *	-0.1562 ***	-0.0131	-0.0966 ***	0.0464 * *
gx	0.1660 ***	0.0482 **	0.3773 ***	-0.0693 ***	0.0354 *	0.0957 ***	0.0686 ***	0.4140 ***	1	0.0726 ***	0.0132	0.018	0.1576 ***	0.4404 ***	-0.0274	0.1606 ***	-0.0420 *	0.0307 *	0.1500 ***
dsh	0.0138	0.0084	0.1081 ***	-0.0216	0.0726 ***	0.0282	0.0067	-0.0797 ***	0.0533 ***	1	-0.4847 ***	0.2162 ***	-0.0054	0.2192 ***	-0.0172	0.1531 ***	-0.0105	0.1126 ***	0.0341 *
dd	-0.0068	0.0015	0.0603 ***	0.0806 ***	-0.0245	0.0613 ***	-0.0385 *	0.004	0.0219	-0.5087 ***	1	-0.1714 ***	0.0424 *	0.0854 ***	0.0067	0.0645 ***	-0.0026	-0.0437 *	0.0388 *
lx	-0.0034	0.0313 *	0.0524 ***	0.0064	0.2319 ***	0.1784 ***	-0.1585 ***	-0.3306 ***	0.0207	0.2168 ***	-0.1424 ***	1	-0.0492 ***	0.1263 ***	0.0360 *	0.0892 ***	0.0165	0.0871 ***	0.0082
hy	0.0472 ***	0.0098	0.1003 ***	-0.0456 *	-0.0766 ***	-0.0839 ***	0.1299 ***	0.973 ***	0.1367 ***	-0.0209	0.0307 *	-0.0533 ***	1	0.1902 ***	0.0254	0.1365 ***	0.0118	-0.0789 ***	-0.0093
size	0.1647 ***	0.0261	0.5850 ***	-0.0489 ***	0.0742 ***	0.2829 ***	-0.1072 ***	-0.0976 ***	0.4322 ***	0.2243 ***	0.0394 *	0.1558 ***	0.1783 ***	1	0.0058	0.6520 ***	-0.0307 *	0.1072 ***	0.1181 ***
lev	0.0971 ***	-0.0363 *	0.0407 ***	0.1069 ***	0.0472 ***	0.0353 *	-0.0835 ***	-0.1877 ***	0.0497 ***	0.1526 ***	0.0003	0.1201 ***	0.2328 ***	0.4392 ***	1	0.0829 ***	0.0063	0.0752 ***	0.0095
bm	0.0861 ***	0.0129	0.1858 ***	-0.0491 ***	0.0759 ***	0.1806 ***	-0.1667 ***	-0.1756 ***	0.1760 ***	0.1940 ***	-0.0009	0.1408 ***	0.01092 ***	0.7430 ***	0.6015 ***	1	0.0105	0.0901 ***	0.0528 * *
growth	0.0014	0.0559 ***	0.0197	-0.0639 ***	0.0446 *	0.0086	-0.0006	0.0202	0.0388 *	-0.0380 *	0.0310 *	0.0087	0.0628 ***	0.0087	0.0342 *	-0.0073	1	-0.0198	-0.0377 *
cat	0.0761 ***	-0.0699 ***	0.0066	0.1152 ***	0.0281	0.1018 ***	-0.0752 ***	0.1002 ***	0.0508 ***	0.1280 ***	-0.0556 ***	0.0850 ***	-0.1110 ***	0.1311 ***	0.1208 ***	0.1793 ***	-0.2749 ***	1	0.0131
sj	0.0165	0.0119	0.0929 ***	0.1095 ***	-0.0101	0.0845 ***	-0.0005	0.0699 ***	0.1461 ***	0.0124	0.0442 *	0.0095	-0.017	0.0903 ***	-0.023	0.0148	0.0008	0.0387 *	1

注：（1）左下角为 Speman 相关系数分布，右上角为 Pearson 相关系数分布；（2）“***、**、*”分别表示在 1%、5%、10% 水平上呈现显著水平（双尾检验）。

（2）多元线性回归分析。表 8－4 是模型（8－1－1）和模型（8－2－1）的多元线性回归结果，回归结果经过怀特异方差检验，并进行了可行广义最小二乘法（FGLS）修正。从模型（8－1－1）可以看出，$F=17.63$，且在 1% 水平上显著，$R^2=0.1718$，Adj－$R^2=0.162$，VIF 均值 = 1.4 < 2，说明该模型拟合度较好且不存在多重共线性问题，因此回归结果有效。股票投资风险（β）与内部控制信息披露质量（D）负相关，且在 5% 水平上显著，表明股票投资风险越高，内部控制信息披露质量越低，与单变量分析结果一致，H4a 成立。从模型（8－2－1）可以看出，$F=67.97$，且在 1% 水平上显著，$R^2=0.4443$，Adj－$R^2=0.4378$，VIF 均值 = 1.4 < 2，说明该模型拟合度较好且不存在多重共线性问题，因此回归结果同样有效。股票流动性 *liq* 与内部控制信息披露质量 *D* 正相关，且在 1% 水平上显著，表明股票流动性越强，内部控制信息披露质量越高，与单变量分析结果一致，H4a 成立。

表 8－4　　模型（8－1－1）、模型（8－2－1）回归结果

变量	模型（8－1－1）		模型（8－2－1）	
	系数	*t* 值	系数	*t* 值
D	－0.2715**	－2.46	0.1230***	4.79
G	0.0003*	1.77	－0.0001**	－2.45
fl	－0.0970*	－1.88	－0.1297***	－10.79
zh	－0.0460***	－4.50	－0.0186***	－7.82
gg	0.1048*	1.83	0.0147	1.09
gx	0.0088	0.99	0.0031	1.47
dsh	0.0861***	2.79	－0.0020	－0.28
dd	0.1039	0.96	0.2054***	8.15
lx	0.0471	1.55	0.0126*	1.78
hy	－0.0170	－1.23	－0.0064**	－1.99
size	－0.0040	－0.65	0.0508***	35.64
lev	－0.0073	－1.61	0.0012	1.13
bm	0.0080	1.17	－0.0265***	－16.64
growth	－0.0002	－1.06	0.0000	0.70

续表

变量	模型（8-1-1）		模型（8-2-1）	
	系数	*t* 值	系数	*t* 值
cat	-0.0112**	-2.42	0.0010	0.94
sj	0.0000	0.42	0.0001***	3.36
_cons	0.0070	3.14	-0.0108	-20.79
年度	已控制	已控制	已控制	已控制
行业	已控制	已控制	已控制	已控制
F 值	17.63***		67.97***	
R^2 值	0.1718		0.4443	
$Adj-R^2$ 值	0.162		0.4378	
N 值	3183		3183	
VIF 均值	1.4		1.4	

注：*** 表示在 1% 水平上显著；** 表示在 5% 水平上显著；* 表示在 10% 水平上显著。（下同）

根据样本筛选原则，该样本是时序与截面混合数据，属于平行面板样本，故采用 Panel Data 模型，可以综合利用样本信息，并减少多重共线性带来的影响。

表 8-5 是模型（8-1-2）和模型（8-2-2）的多元线性回归结果。首先，模型（8-1-2）的回归结果经过怀特异方差检验，并进行了可行广义最小二乘法（FGLS）修正。从模型（8-1-2）可以看出，$F=7.92$，且在 1% 水平上显著，$R^2=0.0385$，$\text{Adj}-R^2=0.0336$，VIF 均值 $=1.39<2$，说明该模型拟合度较好且不存在多重共线性问题，因此回归结果有效。股权资本成本（*re*）与股票投资风险（β）正相关，且在 5% 水平上显著，表明股票投资风险越高，股权资本成本越高，与单变量分析结果一致，H3b 成立。其次，从模型（8-2-2）经过豪斯曼检验可知，Hausman 检验值 $=7.59$，且在 5% 水平上显著，该检验结果说明否定了该模型随机效应和固定效应的系数无系统差异的原假设，因此该模型选用固定效应模型，进一步规避不随时间变化的不可观察的异质性的遗漏变量问题，减轻内生性的影响。从模型（8-2-2）可以看出，$F=2.19$，且在 1% 水平上显著，$R^2=0.1890$，说明该模型拟合度较好，因此回归结果有效。股权资本成本（*re*）与股票流动性（*liq*）

负相关，且在5%水平上显著，表明股票流动性越强，股权资本成本越低，与单变量分析结果一致，H4b成立。

表8－5　　模型（8－1－2）、模型（8－2－2）回归结果

变量	模型（8－1－2）		模型（8－2－2）	
re	系数	*t* 值	系数	*t* 值
β	0.0031**	2.19	—	—
liq	—	—	－0.0235**	－2.32
G	－0.0025*	－1.77	0.0021	0.73
fl	0.0088**	2.02	0.0016	0.11
zh	－0.0010	1.16	－0.0011	－0.46
gg	－0.0031	－0.63	－0.0508***	－2.77
gx	0.0037***	4.86	－0.0008	－0.41
dsh	－0.0036	－1.34	－0.0027	－0.36
dd	－0.0044	－0.47	0.0169	0.83
lx	－0.0028	－1.07	0.0067	1.08
hy	0.0018	1.53	－0.0011	－0.52
size	0.0018***	3.57	0.0004	0.21
lev	0.0005	1.38	0.0148***	2.59
bm	－0.0003	－0.49	0.0010	0.95
growth	0.0000	－1.32	0.0000	－0.94
cat	0.0007*	1.88	0.0010	1.12
sj	－0.0002	－0.17	－0.0053*	1.93
_cons	－0.0269	－2.1	0.0555	1.19
年度	已控制	已控制	已控制	已控制
行业	已控制	已控制	已控制	已控制
F 值	7.92***		2.19***	
R^2 值	0.0385		0.1890	
$Adj-R^2$ 值	0.0336		—	
N 值	3183		3183	
Hausman 值	—		7.59**	
VIF 均值	1.39		—	

注：*** 表示在1%水平上显著；** 表示在5%水平上显著；* 表示在10%水平上显著。

表 8-6 是模型（8-1-3）和模型（8-2-3）的多元线性回归结果。首先，模型（8-1-3）的回归结果经过怀特异方差检验，并进行了可行广义最小二乘法（FGLS）修正。从模型（8-1-3）可以看出，$F=11.74$，且在 1% 水平上显著，$R^2=0.0691$，Adj $-R^2=0.0632$，说明该模型拟合度较好，因此回归结果有效。股权资本成本（*re*）与股票投资风险（β）正相关，且在 1% 水平上显著，表明股票投资风险越高，股权资本成本越高；股权资本成本（*re*）与股票投资风险的交乘项 $D\times\beta$ 负相关，且在 1% 水平上显著，表明股票投资风险的增加会削弱内部控制信息披露质量与股权资本成本之间的负相关性，即调节效应存在，且该调节效应属于互斥性质，H3c 成立。其次，从模型（8-2-3）经过豪斯曼检验可知，Hausman 检验值 =21.06，且在 1% 水平上显著，该检验结果也否定了该模型随机效应和固定效应的系数无系统差异的原假设，因此该模型选用固定效应模型，进一步规避不随时间变化的不可观察的异质性的遗漏变量问题，减轻内生性的影响。从模型（8-2-3）可以看出，$F=2.57$，且在 1% 水平上显著，$R^2=0.2480$，说明该模型拟合度较好，因此回归结果有效。股权资本成本（*re*）与股票流动性（*liq*）负相关，且在 5% 水平上显著，表明股票流动性越强，股权资本成本越低；股权资本成本（*re*）与股票流动性的交乘项 $D\times liq$ 正相关，且在 5% 水平上显著，表明股票流动性的增加会加深内部控制信息披露质量与股权资本成本之间的负相关性，即调节效应存在，且该调节效应属于补充性质，H5c 成立。

表 8-6　　模型（8-1-3）、模型（8-2-3）回归结果

变量	模型（8-1-3）		模型（8-2-3）	
re	系数	*t* 值	系数	*t* 值
D	-0.0172**	-2.30	-0.0382***	-3.26
β	0.4977***	4.18	—	—
$D\times\beta$	-0.0634***	-4.4	—	—
liq	—	—	-0.0225**	-1.99
$D\times liq$	—	—	0.0028**	2.02
G	-0.0021	-1.54	-0.0024*	-1.73
fl	0.0057	1.31	0.0077*	1.69

续表

变量	模型（8－1－3）		模型（8－2－3）	
re	系数	t 值	系数	t 值
zh	0.0012	1.33	0.0014	1.57
gg	－0.0039	－0.8	－0.0037	－0.76
gx	0.0039 ***	5.24	0.0039 ***	5.10
dsh	－0.0040	－1.55	－0.0040	－1.51
dd	－0.0105	－1.14	－0.0098	－1.06
lx	－0.0033	－1.28	－0.0029	－1.13
hy	0.0018	1.53	0.0019	1.59
size	0.0023 ***	4.56	0.0019 ***	3.05
lev	0.0003	0.67	0.0000	0.01
bm	－0.0005	－0.92	－0.0003	－0.51
growth	0.0000	－1.57	0.0000 *	－1.65
cat	0.0002	0.59	0.0004	1.06
sj	－0.00115	－1.23	－0.0009	－0.91
_cons	－0.1664	－2.64	0.2811	2.90
年度	已控制	已控制	已控制	已控制
行业	已控制	已控制	已控制	已控制
F 值	11.74 ***		2.57 ***	
R^2 值	0.0691		0.2480	
Adj－R^2 值	0.0632		—	
N 值	3183		3183	
Hausman 值	—		21.06 ***	

注：*** 表示在 1% 水平上显著；** 表示在 5% 水平上显著；* 表示在 10% 水平上显著。

8.3.3　分组检验分析

表 8－7 是模型（8－1－3）的分组回归结果。$G=1$ 为实际控制人为国家股东的样本企业的回归结果，$G=0$ 为实际控制人为非国家股东的样本企业的回归结果，且该回归结果均经过怀特异方差检验，并进行了可行广义最小二

乘法（FGLS）修正。对比两组交乘项和其他解释变量的系数绝对值大小以及显著性强弱可知，$G=1$ 时，股权资本成本（re）与交乘项 $D\times\beta$ 系数为 -0.0242，表明两者产生的互斥作用大约为 2.42%，且在 10% 水平上显著；$G=0$ 时，股权资本成本（re）与交乘项 $D\times\beta$ 系数为 -0.0027，表明其产生的相斥作用大约为 0.27% <2.42%，且不显著。此外，$G=1$ 时，股权资本成本（re）与内部控制信息披露质量（D）系数为 -0.0061，且不显著；$G=0$ 时，股权资本成本（re）与内部控制信息披露质量（D）系数为 -0.0105，其绝对值大于前者，且在 5% 水平上显著。$G=1$ 时，股权资本成本（re）与股票投资风险（β）系数为 0.1892，且在 5% 水平上显著；$G=0$ 时，股权资本成本（re）与股票投资风险（β）系数为 0.0212 < 0.1892，且不显著。表明实际控制人为国家股东样本公司的互斥作用更大，与 H3d 相反，初步判定 H3d 不成立。但单靠对比系数大小和显著性强弱来判定两组样本变量作用力存在差异的方法是局限的，还需通过显著性 Chow 检验进一步确定其交乘项系数是否存在差异。

表 8－7　　　　　　模型（8－1－3）分组回归结果

变量	$G=1$		$G=0$	
re	系数	t 值	系数	t 值
D	−0.0061	−0.42	−0.0105**	−2.51
β	0.1982**	1.64	0.0212	0.68
$D\times\beta$	−0.0242*	−1.66	−0.0027	−0.72
fl	−0.0201	−1.49	0.0082*	1.78
zh	−0.0075**	−2.27	0.0017*	1.87
gg	0.1396	1.24	−0.0047	−0.96
gx	0.0046**	1.98	0.0040***	4.98
dsh	−0.0106	−1.4	−0.0034	−1.22
dd	−0.0375	−1.29	−0.0080	−0.82
lx	−0.0056	−0.71	−0.0019	−0.71
hy	−0.0012	−0.32	0.0022*	1.81
$size$	0.0025	1.46	0.0022***	4.11
lev	−0.0046	−0.6	0.0002	0.56

续表

变量	G=1		G=0	
re	系数	t 值	系数	t 值
bm	-0.0002	-0.09	-0.0005	-0.89
growth	0.0000	-1.06	0.0000	-1.11
cat	0.0024***	2.75	-0.0001	-0.34
sj	-0.0045	-1.63	-0.0003	-0.31
_cons	0.0452	0.37	0.0465	1.28
年度	已控制	已控制	已控制	已控制
行业	已控制	已控制	已控制	已控制
F 值	3.07***		10.18***	
R^2 值	0.1204		0.0589	
$Adj-R^2$ 值	0.0811		0.0531	
N 值	399		2784	

注：*** 表示在 1% 水平上显著；** 表示在 5% 水平上显著；* 表示在 10% 水平上显著。

表 8-8 是模型（8-2-3）的分组回归结果。$G=1$ 为实际控制人为国家股东的样本企业的回归结果，$G=0$ 为实际控制人为非国家股东的样本企业的回归结果。对比两组交乘项和其他解释变量的系数绝对值大小和显著性强弱可知，$G=1$ 时，股权资本成本（re）与交乘项 $D\times liq$ 系数为 0.013，表明两者产生的补充作用大约为 0.13%，且不显著；$G=0$ 时，股权资本成本（re）与交乘项 $D\times liq$ 系数为 0.0016，表明其产生的补充作用大约为 0.16% > 0.13%，且在 10% 水平上显著。此外，$G=1$ 时，股权资本成本（re）与内部控制信息披露质量（D）系数为 -0.0164，表明其产生的负面作用大约为 1.64%，且不显著；$G=0$ 时，股权资本成本（re）与内部控制信息披露质量（D）系数为 -0.0094，表明其产生的负面作用大约为 0.94% < 1.64%，且在 1% 水平上显著。$G=1$ 时，股权资本成本（re）与股票流动性（liq）系数为 -0.1696，表明其产生的负面作用大约为 16.96%，且不显著；$G=0$ 时，股权资本成本（re）与股票流动性（liq）系数为 -0.0321，表明其产生的负面作用大约为 3.21% < 16.96%，且在 10% 水平上显著。表明补充作用在实际控制人为非国家股东的样本公司中表现得更为显著，与 H5d 相符，初步判定 H5d 成立。但单靠对比系数绝对值大小和显著性强弱来判定两组样本变量作

用力存在差异的方法是局限的，还需通过显著性 Chow 检验进一步确定其交乘项系数是否存在差异。

表 8-8　　模型（8-2-3）分组回归结果

变量	$G=1$		$G=0$	
re	系数	*t* 值	系数	*t* 值
D	-0.0164	-1.38	-0.0094***	-2.77
liq	-0.1696	-0.10	-0.0321**	-0.19
D × *liq*	0.0013	0.07	0.0016*	0.08
fl	-0.0027	-0.05	0.0011	0.07
zh	-0.0225*	-1.79	-0.0008	-0.34
gg	0.1119	0.56	-0.0518***	-2.81
gx	0.0210***	2.75	-0.0014	-0.65
dsh	0.0040	0.20	-0.0030	-0.36
dd	-0.0045	-0.07	0.0194	0.88
lx	0.0490***	2.63	0.0042	0.61
hy	0.0051	0.75	-0.0021	-0.94
size	-0.0065	-0.72	0.0024	1.2
lev	0.0110	0.34	0.0140**	2.3
bm	0.0014	0.38	0.0014	1.22
growth	0.0000	-0.86	0.0000	-0.67
cat	0.0025	1.48	0.0005	0.39
sj	-0.0006	-0.09	0.0054	1.63
_cons	0.0145	0.07	0.1005	1.78
年度	已控制	已控制	已控制	已控制
行业	已控制	已控制	已控制	已控制
F 值	1.75**		2.55***	
R^2 值	0.1353		0.2780	
N 值	399		2784	

注：*** 表示在 1% 水平上显著；** 表示在 5% 水平上显著；* 表示在 10% 水平上显著。

8.3.4 Chow 检验分析

为进一步检验 H3d、H4d，本节采用 Chow 检验假设其两组变量线性回归系数显著性不存在差异。从表 8－9 可知，$D\times\beta$、β 和 D 的 P 值分别为 0.3285、0.3309 和 0.8568，在原假设是两组样本系数显著性不存在差异的前提下，均不显著，肯定了原假设，即两组样本变量系数不存在显著性差异，H3d 不通过 Chow 检验。这说明：第一，H3d 不成立；第二，表 8－7 中的系数对比结果显示实际控制人为国家股东的样本企业中股票投资风险起到更显著的互斥效应的判断没有通过检验，两组样本系数显著性不存在差异，也就是说，本节实证结果表明：股东异质性对股票投资风险互斥于内部控制信息披露质量与股权资本成本相关性的双重调节效应不存在。

表 8－9　　模型（8－1－3）分组 Chow 检验显著性分析

变量	分组	系数	Std. Err. （robust）	z	［95% Conf.	Interval］
D	g1_mean	0.0950^{***}	0.0147	6.48	0.0662	0.1237
	g2_mean	0.0115^{*}	0.0065	1.78	－0.0012	0.0243
β	g1_mean	2.1846^{***}	0.3259	6.7	1.5458	2.8235
	g2_mean	0.3462^{***}	0.1123	3.08	0.1262	0.5662
$D\times\beta$	g1_mean	-0.2690^{***}	0.0393	－6.84	－0.3460	－0.1920
	g2_mean	-0.0445^{***}	0.0136	－3.26	－0.0712	－0.0177

（1）［g1_mean］D－［g2_mean］$D=0$
chi2（1）＝0.03
Prob > chi2 ＝0.8568

（2）［g1_mean］β－［g2_mean］$\beta=0$
chi2（2）＝0.95
Prob > chi2 ＝0.3309

（3）［g1_mean］$D\times\beta$－［g2_mean］$D\times\beta=0$
chi2（3）＝0.95
Prob > chi2 ＝0.3285

注：g1 代表 $G=1$，即“国家股东”控股公司；g2 代表 $G=0$，即“非国家股东”控股公司。

从表 8 - 10 可知，$D \times liq$、liq 和 D 的 P 值分别为 0.0852、0.086 和 0.0594，在原假设是两组样本系数显著性不存在差异的前提下，均在 10% 水平上显著，否定了原假设，即两组样本变量系数存在显著性差异，假设 5d 通过 Chow 检验，两组样本系数显著性存在差异，结合表 8 - 8 的系数对比结果，说明实际控制人为非国家股东的样本企业中股票流动性起到更显著的补充效应的判断通过检验，也就是说，本节实证结果表明：股东异质性对股票流动性补充作用于内部控制信息披露质量与股权资本成本相关性的双重调节效应存在，且在其他条件不变的情况下，相对于国家股东控股企业，补充作用在非国家股东控股企业表现得更显著，H4d 成立。

表 8 - 10　　模型（8 - 2 - 3）分组 Chow 检验显著性分析

变量	分组	系数	Std. Err. (robust)	z	[95% Conf.	Interval]
D	g3_mean	0.0541	0.0655	0.83	-0.0743	0.1826
	g4_mean	-0.0404***	0.0156	-2.58	-0.0710	-0.0098
liq	g3_mean	0.0868	0.0639	1.36	-0.0384	0.2121
	g4_mean	-0.0259*	0.0151	-1.71	-0.0555	0.0038
$D \times liq$	g3_mean	-0.0105	0.0077	-1.36	-0.0256	0.0047
	g4_mean	0.0032*	0.0018	1.73	-0.0004	0.0068

(1) [g3_mean] D - [g4_mean] D = 0
chi2 (1) = 0.28
Prob > chi2 = 0.0594

(2) [g3_mean] liq - [g4_mean] liq = 0
chi2 (2) = 2.95
Prob > chi2 = 0.0860

(3) [g3_mean] $D \times liq$ - [g4_mean] $D \times liq$ = 0
chi2 (3) = 2.96
Prob > chi2 = 0.0852

注：g3 代表 $G = 1$，即“国家股东”控股公司；g4 代表 $G = 0$，即“非国家股东”控股公司。

8.4　本章小结

首先，本章基于股权资本成本估算方法以及相关数据，从年份、行业和地理区域三个层面对中国上市公司 2013—2017 年股权资本成本现状进行简要分析，以期为进一步实证研究内部控制信息披露对股权资本成本的间接影响提供背景依托。通过分析我国上市公司股权资本成本现状可知：（1）年度数据分析结果表明：中国上市公司股权资本成本均值虽存在大幅度波动的过程，但总体呈现缓慢上升趋势；（2）行业数据分析结果表明：各行业股权资本成本存在明显差异，国家支柱产业和基础产业相对稳定，而受市场机制影响较大的竞争类行业则波动明显，差异显著；（3）地理区域数据分析结果表明：地理区域差异对上市公司股权资本成本存在较大影响，中国不同地理区域上市公司股权资本成本差异显著，且该差异与地区经济发展水平和市场化进程密切相关。

其次，在第 4 章基于相关理论梳理出的第二条作用路径的基础上，本章选择经营风险中两大代表性因素——股票投资风险和股票流动性，结合股东异质性变量，运用实证数据研究经济改革背景下，中国上市公司 2013—2017 年内部控制信息披露对股权资本成本的具体作用路径，深入探究内部控制信息披露质量如何间接影响股权资本成本。研究作用路径的数据结果表明：（1）基于股票投资风险因素实证研究发现：在其他条件不变的情况下，上市公司内部控制信息披露质量与股票投资风险显著负相关，而股票投资风险与股权资本成本显著正相关。管理者欲进一步吸引投资者，降低公司股票投资风险的有效途径是加强公司内部控制管理，提高公司内部控制信息披露质量，只有这样，才能有效地作用于股权资本成本的降低；股票投资风险互斥作用于内部控制信息披露质量与股权资本成本之间的负相关性，由于股票投资风险的增强会削弱内部控制信息披露对股权资本成本的负向影响，要求管理者为公司的长远发展而考虑，在致力于内部控制信息披露体系建设，努力降低股权资本成本过程中，必须重视对股票投资风险的约束和管控，才能达到事半功倍的效果，有助于降低管理者出于个人风险偏好的非理性决策行为的发生概率，规范和约束管理者在职经营决策行为；此外，结合股东异质性因素研究还发现，股票投资风险产生的互斥作用不受股东异质性变量的影响。（2）基于股票流动性因素实证研究发现：在其他条件不变的情况下，上市公司内部控制信息披露质量与股票流动性显著正相关，而股票流动性与股权资本成本显著负相关。管理者在完善高质量内部控制信息披露体系建设的过程中，必然向外传递良好的经营信号，降低与投资者之间的信息不对称性，吸引外部融资，提高股票流动性水平，进而降低融资成本，降低股权资本成本；股票流动性补充作用于内部控制信息披露质量与股权资本成本之间的负相关性，由于股票流动性的提高会增强内部控制信息披露对股权资本成本的负向影响，促使管理者在提高自身内部控制信息披露质量的过程中实施的各项管理行为将有利于进一步服务于股票流动性的提高，有助于公司利益最大化目标的实现；此外，结合股东异质性因素研究还发现，股票流动性产生的补充作用受股东异质性变量的影响，相对于国家股东控股企业，补充作用在非国家股东控股企业表现得更显著，这一结论需引起国家股东控股企业以及相关监管部门的进一步重视。

第9章　研究结论与政策建议

9.1　研究结论

随着我国股权结构的不断调整和混合所有制经济改革的推进，混合所有制改革优势也在不断显现，当国家股东以社会福利最大化或政治目标设定为主要的经营目标时，国有和私有之间签订的契约就可以在此时发挥最佳的调控器作用，对经济目标和政治目标进行最优平衡。但这也无法帮助中国证券市场摆脱所有权和控制权分类导致的内部控制体系缺乏投资者监督、内部控制信息披露制度不完善、个体上市公司股权资本成本偏高等一系列严重影响企业生产绩效和资本市场健康发展的经济难题。因此，本书结合中国特定的政治经济体制，并将上市公司实际控制人性质纳入研究范畴，将规范研究和实证研究相结合，深入系统地研究内部控制信息披露对股权资本成本之间的直接影响和间接影响。主要得到如下结论：

（1）本书从年份、行业和地理区域三个层面对中国上市公司2013—2017年股权资本成本现状进行描述性统计分析。

通过对年份、行业以及地理区域的相关数据分析可知：年度现状分析结果表明，中国上市公司股权资本成本均值虽存在大幅度波动的过程，但总体呈现缓慢上升趋势；行业现状分析结果表明，各行业股权资本成本存在明显差异，国家支柱产业和基础产业相对稳定，而受市场机制影响较大的竞争类行业则波动明显，差异显著。地理区域现状分析结果表明，中国不同区域上市公司股权资本成本存在差异，且该差异与地区经济发展水平和市场化进程密切相关。正是由于现状分析中存在的这些显著差异，为后续进一步实证研究股东异质性、股票流动性、股票投资风险影响股权资本成本提供理论依据和数据支撑。

（2）本书利用自建的内部控制信息披露质量测评 D 指数概述中国上市公司 2013—2017 年内部控制信息披露现状，并分析该阶段上市公司内部控制信息披露整体质量水平。

通过概述内部控制信息披露现状可知：总体来说，2013—2017 年，各年度披露内部控制信息的上市公司数量较往年稳步提升，披露比例较高，整体披露情况良好，进步明显。具体而言，大约有九成的主板上市公司对外披露内部控制评价报告，七成的主板上市公司对外披露内部控制审计报告，这表明监管机构推行的措施对促进上市公司内部控制信息披露整体质量的提升发挥了重要作用，信息不对称问题得到缓解。但上市公司在内部控制信息披露和内部控制建设中依然存在一些不可忽视的问题，比如深沪两市上市公司披露内部控制评价报告和内部控制审计报告的自愿性程度差异明显，深市主板上市公司披露内部控制评价报告的比例更高，而沪市主板上市公司披露内部控制审计报告的比例更高；上市公司披露内部控制评价报告的自愿性程度明显高于内部控制审计报告，投资者会更关注上市公司披露的内部控制评价报告，而对内部控制审计报告的关注度不够。相关监管部门应不断突破，针对现有问题有针对性地制定解决措施，以促进上市公司进一步提升内部控制水平，提高风险防范能力，保障证券市场健康发展。

通过分析内部控制信息披露整体质量水平可知：（1）中国上市公司内部控制信息披露质量整体水平在进入强制披露阶段后呈现逐年提高的发展趋势，表明国家颁布的内部控制相关规范正在对中国证券市场内部控制信息披露质量的改善发挥作用，强制披露制度已逐步被广大上市公司所接受，越来越多的企业正逐步由被动披露内部控制信息向自愿披露内部控制信息转变，管理者也开始逐渐意识到完善其内部控制信息披露制度，提高内部控制信息披露质量的重要性，积极主动向广大投资者披露更多真实可靠的内部控制信息；（2）我国主板上市公司内部控制信息披露质量总体水平虽涨幅明显，呈现良好发展趋势，但还有部分上市公司内部控制信息披露质量亟待改善。比如 D 指数表明：我国上市公司披露内部控制信息的完整性和相关性评分较低，说明上市公司披露内部控制信息在完整性和相关性方面存在缺失，对外披露的内部控制信息在完整性和相关性方面的缺失已成为现阶段阻碍我国主板上市公司内部控制信息披露质量上升的主要短板。因此，我国上市公司在内部控制信息披露的完整性和相关性方面的制度建设亟待改善，尤其在完整性方面，提高上市公司对外披露内部控制信息的完整性和相关性水平，进而为全面提高上市公司内部控制信息披露质量扫清障碍。

（3）我国上市公司2013—2017年内部控制缺陷“存在”“披露”“修正”阶段的现状分析结果既表现出好的发展趋势，也反映出其中存在的问题。

在内部控制缺陷“存在”阶段，好的发展趋势主要表现为以下四个方面：第一，上市公司披露内部控制缺陷的自愿性和完整性程度提高，监管部门的监督力度正逐步加大，尤其在惩处违规事实和监管财务重述披露方面。第二，上市公司发生财务重述的概率在逐年下降，尤其是由于敏感问题导致的财务重述。数据结果表明：公司在生产经营、公司治理以及内部控制方面的不断优化以及公司进行财务重述的及时性水平在不断提高。第三，上市公司发生“虚假记载”违规事实的比例呈现逐年下降的发展趋势。数据结果表明：相关监管部门针对内部控制信息披露内容方面的监管已初见成效，抑制了虚假记载违规行为的发生，上市公司披露内部控制信息的真实性水平正逐步提高。第四，上市公司披露内部控制审计报告的数量逐年上升。存在的问题主要表现为以下四点：一是上市公司中存在的内部控制缺陷主要由财务重述和违规事实构成，而自我发现并披露的重大或重要内部控制缺陷所占比例最小，表明上市公司披露内部控制缺陷的规范性程度较低，公司管理者对外披露重大或重要内部控制缺陷时的动机选择性较强，避重就轻，粉饰或规避对外披露重大或重要内部控制缺陷的意愿较强，使最终对外披露重大或重要内部控制缺陷的数量相对较少。二是近半数的公司由于技术问题导致财务重述，表明上市公司编制的财务报表中存在较多录入、打印、校对、排版等技术问题，进而导致其发生财务重述。三是上市公司发生违规事实排名前五的违规类型分别是“推迟披露”“重大遗漏”“虚假记载”“披露不实”和“违规买卖股票”，其中，发生“推迟披露”违规事实的比例呈现逐年上升的发展趋势。数据结果表明：上市公司披露内部控制信息的及时性水平亟待提高。四是上市公司披露的内部控制审计报告显示，虽然披露数量在逐年增加，但被出具标准无保留意见的公司比例呈逐年下降趋势，且被出具无保留意见加事项段的公司比例呈逐年上升趋势。数据结果表明：上市公司披露内部控制审计报告的质量下降，其披露内容获得审计单位的认可度下降。

在“披露”内部控制缺陷阶段，存在的问题主要表现为以下两点：首先，缺陷等级数据显示，一般缺陷占上市公司披露内部控制缺陷的数量最多，上市公司更愿意主动披露负面效应较少的一般缺陷；其次，超过四成的上市公司存在运行缺陷，运行缺陷的存在比例显著高于设计缺陷，表明我国上市公司应在健全内部控制信息披露制度时更加关注规避运行缺陷，加强内部控制运行方面的建设。

在“修正”内部控制缺陷阶段，好的发展趋势主要表现为：上市公司中全部完成内部控制缺陷修正的样本公司所占比例呈现逐年上升的发展趋势，而未完成内部控制缺陷修正以及未开始内部控制缺陷修正的样本公司所占比例均呈现逐年下降的发展趋势，表明上市公司修正内部控制缺陷的积极性提高；而存在的问题主要表现为：仅有大约五成的公司全部完成了内部控制缺陷的修正，并对外披露了内部控制缺陷修正的有效性评价，修正比例较低。

（4）本书基于内部控制缺陷视角下的内部控制信息披露对股权资本成本的直接作用机制主要表现为：其一，“存在”内部控制缺陷阶段，上市公司存在内部控制缺陷与股权资本成本显著正相关；其二，“披露”内部控制缺陷阶段，在存在内部控制缺陷的上市公司中，披露内部控制缺陷与股权资本成本显著负相关；其三，披露内部控制缺陷的表现形式会影响股权资本成本，披露财务报告类型内部控制缺陷公司的股权资本成本更高；其四，“修正”内部控制缺陷阶段，修正内部控制缺陷与股权资本成本显著负相关；其五，修正内部控制缺陷的表现形式会影响股权资本成本，修正财务报告类型内部控制缺陷公司的股权资本成本更低；其六，股东异质性会影响修正内部控制缺陷的表现形式对股权资本成本的影响，与国有企业相比，修正财务报告类型内部控制缺陷的非国有企业的股权资本成本更低。

由此看来，内部控制缺陷的存在表明上市公司内部控制中存在漏洞，会引起投资者的负面情绪，影响投资信心，提升股权资本成本；而上市公司充分披露内部控制缺陷并不意味着公司的财务报告一定存在重大错报漏报或信息失真，充分披露内部控制缺陷的各类型报告只要其内容客观、真实，对于鉴别上市公司内部控制有效性，区分财务信息质量和透明度，就具有积极的作用和意义，对于投资者而言就是有利的。积极主动地披露和修正内部控制缺陷会得到投资者的青睐，降低公司与投资者之间的信息不对称性，增强投资者信心和认可度，带来正面效应，降低股权资本成本；且与非财务报告类型内部控制缺陷相比，投资者更关注和厌恶财务报告类型内部控制缺陷，不论是披露还是修正，均会引起投资者更多的反应，比如披露财务报告类型内部控制缺陷使股权资本成本更高，修正财务报告类型内部控制缺陷使股权资本成本更低；此外，股东异质性因素也会作用于修正内部控制缺陷对股权资本成本的影响，且投资者更认可非国有企业对财务报告类型内部控制缺陷的修正效果。

（5）内部控制信息披露质量、股票投资风险及股东异质性对股权资本成本的间接作用机制主要表现为：①高质量的内部控制信息披露能够更好地约束上市公司披露的财务报告质量，提高其财务报告的全面性、客观性、真实性和相关性，进而提高公司财务信息透明度，降低管理者与投资者之间的信息不对称性，降低投资者的股票投资风险，即上市公司内部控制信息披露质量与股票投资风险显著负相关；②股票投资风险决定了股权资本成本，当投资者的投资信心不足，对未来预期收益不确定性提高时，会要求提高其预期报酬率诉求和风险补偿，增加公司的融资成本，进而提高股权资本成本，即股票投资风险与股权资本成本显著正相关；③当股票投资风险与内部控制信息披露质量同时作用于股权资本成本时，内部控制信息披露质量与股票投资风险之间存在“互斥关系”，即股票投资风险的提高会削弱内部控制信息披露质量与股权资本成本之间的负相关关系；④股票投资风险产生的互斥作用不受股东异质性变量的影响，在“国家股东”控股企业和“非国家股东”控股企业之间没有显现出明显差异。

（6）内部控制信息披露质量、股票流动性及股东异质性对股权资本成本的间接作用机制主要表现为：①高质量的内部控制信息披露可以提高信息透明度，降低信息不对称性，提高股票流动性，即上市公司内部控制信息披露质量与股票流动性显著正相关；②流动性越大的股票，交易成本越低，即提高股票流动可以降低交易成本，随之降低股权资本成本，即股票流动性与股权资本成本显著负相关；③当股票流动性与内部控制信息披露质量同时作用于股权资本成本时，内部控制信息披露质量与股票流动性之间存在补充关系，即股票流动性的提高会增强内部控制信息披露质量与股权资本成本之间的负相关关系；④股票流动性产生的补充作用受股东异质性变量的影响，相比“国家股东”控股企业而言，股票流动性产生的补充作用在“非国家股东”控股企业中更显著。由此看来，国有企业在股票流动性方面的不敏感和与非国有企业间存在的差距，可能与其内部控制制度的不完善，权利配置与制度安排不合理，股东权益保护存在问题等原因有关。混合所有制改革后，中国上市公司所有权的成分多元化虽然导致国有制控股比例逐步下降，但对于部分核心的具有重要战略意义的行业，比如石油、天然气、矿业资源、新闻出版、广播媒体等行业，国家股东仍然会保持高比例的直接控股地位（Duanmu 等，2014），国家股东投资的主要目标通常会更加关注如何均衡地实现其政治目标和经济目标，但实际上，出于某些原因或某种无奈，大多数国家股东会优先选择实现其政治目标。

9.2　政策建议

针对上述研究结论，本书提出如下政策建议：

第一，强化上市公司管理层对于内部控制信息披露行为和披露内容的自愿程度和认知水平。从内部控制信息披露整体质量水平以及内部控制缺陷披露现状的分析结果来看，上市公司披露内部控制审计报告的数量和自愿程度远不及内部控制评价报告的披露，且投资者对内部控制审计报告的认知水平和关注度较低。据此，中国证监会等国家相关机构应加强内部控制审计报告披露工作的宣传和推广工作，推行内部控制信息强制性披露和鼓励性披露相结合的做法，制定相关规范、指南，不断强化上市公司管理层及广大投资者对内部控制信息披露具体内容，尤其是内部控制审计报告的认知水平和关注度，加强对会计师事务所在内部控制审计方面的监管和处罚力度。此外，应加强公司内部控制审计制度建设，强化内部控制审计在内部控制缺陷的自我发现、对外披露和自主修正方面的监管作用。研究结果还表明：存在内部控制缺陷会导致股权资本成本上升，且在存在内部控制缺陷的上市公司中，披露和修正内部控制缺陷的公司股权资本成本更低，尤其是披露和修正财务报告类型内部控制缺陷，因为投资者更关注并厌恶财务报告类型内部控制缺陷。据此，上市公司必须严格按照国家关于内部控制审计准则方面的相关规定指导建设内部控制审计制度，规范内部控制审计的主要环节，保持公司内部审计委员会的独立性和专业性。此外，外部审计单位应对公司内部控制中存在的缺陷尽早提出警告，与内部控制审计部门相配合，对公司披露和修正内部控制缺陷加以严格监督，尤其应该关注财务报告类型内部控制缺陷，一旦发现问题，应立刻将其体现在内部控制报告的审计意见中。让管理者清楚地意识到，存在内部控制缺陷，尤其是财务报告类型内部控制缺陷将给公司带来何种程度的负面影响，而高质量的内部控制审计则是提高和改善公司生产绩效、治理结构、投资决策的前提条件，必须激励上市公司提高自愿披露高质量内部控制审计报告的主动性。

第二，完善管理层内部的错误问责制和内部控制审计约束制度，建立健全上市公司治理结构。研究结果表明：上市公司内部存在自我发现并披露的重大或重要内部控制缺陷的主动性远低于一般缺陷，近半数的公司由于技术问题导致财务重述，“推迟披露”成为上市公司发生数量最多的一类违规事实，内部控制审计报告获得非标意见的数量逐年上升，表明其的披露内容无法获得审计单位的认可，运行缺陷的存在比例显著高于设计缺陷，修正内部控制缺陷的上市公司数量较少（仅占五成）等一系列内部控制信息披露方面的问题。据此，首先，上市公司需明确规定股东代表，即董事会和管理者群体，即管理层的权利和责任，对其掌管职权的范围和日常的负责事项应尽可能细化界定，有利于提高公司在实际运用过程中，董事会与管理层之间的合作效率，保证董事会与管理层之间的权力协调与相互制衡，避免管理者对公司决策有效性和科学性的影响。尽可能避免代理问题的出现，降低管理者在企业内部发生盈利操控、内幕交易、占用公司资金等违规行为发生的可能性，有利于降低股权资本成本；其次，在通过强化错误问责制来进一步明确管理者对于内部控制信息披露质量责任的基础上，健全公司内部的处罚机制，加强对未及时披露重大或重要内部控制缺陷、由于技术问题导致的财务重述、存在运行缺陷或为按规定修正内部控制缺陷，尤其是财务报告类型内部控制缺陷等行为的处罚力度，进一步发挥完善的公司治理结构对于内部控制信息披露质量的促进作用；最后，制定切实有效的提高公司审计委员会专业性和独立性的措施，高效健全公司治理结构。具体来说，要减少管理层对审计委员会的干预，明确审计委员会的职责，加强审计委员会的各类激励措施；保证审计委员会中独立董事比例，强调独立董事必须拥有审计、监察、会计核算、风险评估等方面的专业能力，保证审计委员会成员达到数量和能力的配比；加强审计委员会与外部审计单位之间的信息沟通和相互配合，进一步提高公司内部控制缺陷自我发现、披露和修正效率，健全和细化审计委员会对外部审计单位的监督与沟通的相关规定，保障审计委员会的独立性得到切实有效的提高。

第三，中国证监会等国家相关部门应加强对上市公司内部控制信息披露行为的监管力度，与广大投资者、公司内部监管机构相互配合，全面加强上市公司内部控制信息披露行为的外部监管和自查自纠，尽力做到在维护公平的同时提高市场效率。研究结果表明：针对我国上市公司内部控制信息强制性披露的制度法规等的实施情况并不理想，比如 2013—2017 年，沪市上市公司披露内部控制评价报告的数量和自愿性程度低于深市，而深市在披露内部控制审计报告方面略逊一筹，表明证券市场在此方面的监管存在问题。据此，相关部门需根据我国实际情况，加强监管力度，具体而言，中国证监会应不断完善上市公司内部控制信息披露方面的法律法规，必须细化到披露路径、披露内容、披露数量、披露时滞限额等，制定具体的惩罚制度进一步加大对内部控制信息披露方面存在问题的罚款力度。针对目前因技术问题导致财务重述发生频繁的现状，在《公开发行证券公司信息披露内容和格式》等文件中对内部控制信息披露的内容和格式制定具有可操作性的规范要求，以降低上市公司的编报出错率，交易所在中国证监会统一规定的基础上制定编报细则。在此基础上，对违反强制性信息披露规定的企业，通过加大行政处罚和经济处罚力度来提高违约成本。

第四，加强国有企业内部控制信息披露体系建设，降低企业股权资本成本。第 7 章、第 8 章的研究结果表明：股东异质性会影响修正内部控制缺陷的表现形式对股权资本成本的影响，与国有企业相比，修正财务报告类型内部控制缺陷的非国有企业的股权资本成本更低。且股票流动性产生的补充作用受股东异质性变量的影响，相比“国家股东”控股企业而言，股票流动性产生的补充作用在“非国家股东”控股企业中更显著。因此，在中国混合所有制改革背景下，将完善内部控制制度建设和强化内部控制信息披露体系建设作为国有企业股份制改革的核心。具体而言，深化国有企业股份制改革的基本宗旨，即国有资产增值最大化，提高国有企业通过提升投资者投资回报率保护投资者权益的意识，促使国有企业通过股份制改革的路径改变经营目标多元化的缺陷，将追求利益最大化、保护投资者利益、提高资本投资回报率等作为其唯一目标。只有做到经营目标的转化，才能保障国有企业生产绩效、经营成果和市场竞争力水平，保证国有企业在面对非国有企业时，不会呈现出低效率、绩效差、资本成本过高、缺乏市场竞争力，国有资产贬值等一系列说明国有企业发展不利、国家整体经济实力下滑、国民经济亚健康路径的现象。将保护投资者利益、实现国有资产增值最大化目标作为完善国有企业内部控制制度建设和内部控制信息披露体系建设的判断标准，不断加强对国有企业生产经营等环节的监管力度，提高其内部控制信息披露质量，进而降低其股权资本成本。

9.3 研究局限性

本书的研究局限性主要有以下两点：

第一，在构建中国2013—2017年内部控制信息披露质量测评*D*指数时，仅借鉴学术界较为常用的构建方法，结合本书的实际情况与中国当前的经济背景，最终选择层次分析法和最大熵权赋值法，自建熵测度模型，但在第二、第三层级指标的选取与定义上，仍存在一定程度的主观性，无法对2013—2017年中国上市公司内部控制信息披露质量进行全面无误差的评价，虽然*D*指数通过了有效性检验，但从实证研究严密性角度来说，自建的内部控制信息披露质量测评*D*指数仍然存在研究局限性。

第二，在进行内部控制信息披露质量测评*D*指数的有效性检验时，虽然以样本随机，相同年份，相同行业和相似资产规模为配对原则，但在两违规样本属于同行业，且资产规模类似的情况下，本书对其非违规样本的配对选择会受到样本出现的前后顺序影响，存在一定的主观性。且有效性检验中只提出了一个有关“违规行为”的假设，并没有增加其他假设，比如“年报更正行为”等，可能在说服力方面存在一定的局限性。

9.4 未来研究方向

未来研究方向应该主要围绕以下两方面进行更深入的研究：

一方面，对于测评上市公司内部控制信息披露质量方面，目前构建的模型和指标虽然不断完善，但局限性仍然很明显，各类测评指标都呈现出不同程度的片面性。未来研究应该着眼于建立一套客观、完整、全面且涉及范围广、准确率高的，专门针对中国上市公司内部控制信息披露质量衡量的数据指标，为投资者提供更清晰易懂的，能够全面真实反映上市公司内部控制、生产经营、投资回报率等内部控制披露信息，进一步提高中国资本市场信息透明度，降低信息不对称性，更好地保护投资者利益。

另一方面，针对内部控制信息披露与股权资本成本研究，应进一步着眼于国有企业股份制改革、政府规制等方面，研究在混合所有制背景下，进行股份制改革或加入政府规制等多方面因素的国有企业的内部控制信息披露质量是否与之前存在差异，怎样的差异；内部控制信息披露对于国有资本成本将会产生怎样的影响，该影响与非国有资本成本是否存在差异；等等。并试图运用实证数据说明国有企业改革的阶段性成效，并针对改革后的国有企业内部控制制度建设和公司治理结构完善提出有针对性的政策建议，为我国国有企业改革的顺利进行建言献策。

参考文献

[1] Abba M., Said R. M., Abdullah A., et al. The Relationship Between Environment Operational Performance and Environmental Disclosure of Nigerian Listed Companies [J]. *Journal of Environmental Accounting & Management*, 2018, 6 (1): 1 -15.

[2] Alhazaimeh A., Palaniappan R., Almsafir M. The Impact of Corporate Governance and Ownership Structure on Voluntary Disclosure in Annual Reports among Listed Jordanian Companies [J]. *Procedia - Social and Behavioral Sciences*, 2014, 129 (1): 341 -348.

[3] Ali T., Athar T., Fatemeh T., et al. The Relationship Between Cost of Equity and Earning Quality: Listed Companies in TSE [J]. *UCT Journal of Management and Accounting Studies*, 2016, 4 (2): 252 -259.

[4] Altamuro J., Beatty A. How Does Internal Control Regulation Affect Financial Reporting? [J]. *Journal of Accounting and Economics*, 2010, 49 (1 -2): 58 -74.

[5] Amihud Y., Mendelson H. Asset Pricing and the Bid - ask Spread [J]. *Journal of Financial Economics*, 1986, 17 (1): 223 -249.

[6] Asare S. K., Wright A. M. The Effect of Change in the Reporting Threshold and Type of Contril Deficiency on Equity Analysts' Evaluation of the Reliability of Future Financial Statements [J]. *Auditing, a Journal of Practice & Theory*, 2012, 31 (2): 1 -17.

[7] Ashbaugh - Skaife H., Collins D. W., Kinney W. R., et al. The Effect Of Sox Internal Control Deficiencies On Firm Risk And Costof Equity [J]. *Journal of Accounting Research*, 2009, 47 (1): 1 -43.

[8] Aswath Damodaran. Coeporate Finance: Theory and Practice [M]. John Wi-

ley & Sons, Inc, 1997: 623.

[9] Banz R. W. The Relationship between Return and Market Value of Common Stocks [J]. *Journal of Financial Economics*, 1981, 9 (1): 3 - 18.

[10] Barry C., Brown S. Differential Information and Security Market Equilibrium [J]. *Journal of Finance*, 1985, 20 (4): 407 - 422.

[11] Barry C., Brown S. Differential Information and Security Market Equilibrium [J]. *Journal of Financial and Quantitative Analysis*, 1985, 20 (4): 407 - 422.

[12] Bedard J. C., Hoitash R, Hoitash U. Evedence from the United States on the Effect of Auditor Involcement in Assessing Internal Control over Financial Reporting [J]. *Internal Journal of Auditing*, 2009, 13 (2): 105 - 125.

[13] Beneish M. D., Billings M. B., Hodder L. D. Internal Control Weaknesses and Information Uncertaint [J]. *The Accounting Review*, 2008, 83 (1): 665 - 703.

[14] Beretta S., Bozzolan S. A Framework for the Analysis of Firm Risk Communication [J]. *Journal of International Accounting*, 2004, 39 (1): 265 - 288.

[15] Bertomeu J., Cheynel E. Disclosure and the Cost of Capital: A Survey of the Theoretical Literature [J]. *Social Science Electronic Publishing*, 2016, 52 (2): 221 - 258.

[16] Bertomeu J. Discussion of Earnings Manipulation and the Cost of Capital [J]. *Journal of Accounting Research*, 2013, 51 (2): 475 - 493.

[17] Bhattacharya U., Daouk H., Welker M. The World Price of Earnings Opacity [J]. *The Accounting Review*, 2003, 78 (3): 641 - 678.

[18] Black F., Jensen M. C., Scholes M. S. The Capital Asset Pricing Model: Some Empirical Tests [J]. *Social Science Electronic Publishing*, 1972, 94 (8): 4229 - 4232.

[19] Bloomfield R. J., Wils T. J. Disclosure Effects in the Lab: Liquidity, Depth, and the Cost of Capital [J]. The Accounting Review, 2000, 75 (1): 13 - 41.

[20] Botosan C. A., Plumlee M. A. A Re - examination of Disclosure Level and

the Expected Equity Capital [J]. *Journal of Accounting Research*, 2002, 40 (1): 21 -40.

[21] Bronson S. N., Varcello J V, Raghunandan K. Firm Characteristics and Voluntary Management Reports on Internal Control [J]. *Auditing: A Journal of Practice and Theory*, 2006, 25 (2): 25 -39.

[22] Brown N. C., Pott C., Wompener A. The Effect of Internal Control and Risk Management Regulation on Earnings Quality: Evidence from Germany [J]. *Journal of Accounting & Public Policy*, 2014, 33 (1): 1 -31.

[23] Broyles J. Cost of Capital. International Encyclopedia of Business and Management [M]. 2nd Edited by Malcolm Warner, 2002: 739 -747.

[24] Bushee B. J., Noe C. F. Corporate Disclosure Practices, Institutional Investors, and Stock Return Volatility [J]. *Journal of Accounting Research*, 2000, 38 (3): 171 -202.

[25] Bushman R. M., Piotroski J. D. Smith A J, What determines corporate transparency? [J]. *Journal of Accounting Research*, 2004 (42): 207 -252.

[26] Cassell A. M. The Impact of Financial Reporting Quality on Debt Contracting: Evidence from Internal Control Weakness Reports [J]. *Journal of Accounting Research*, 2011, 49 (1): 97 -136.

[27] Chen H., Chen J. Z. Effect of Audit Quality on Earning Management and Cost of Equity Capital: Evidence from China [J]. *Contemporary Accounting Research*, 2011, 28 (3): 892 -925.

[28] Claus J., Thomas J. Equity Premia as Low as Three Percent? Evidence from Analysts' Earnings Forecasts for Domestic and International Stock Markets [J]. *Journal of Finance*, 2001, 56 (5): 1629 -1666.

[29] Costello A. M., Wittenberg - Moerman R. The Impact of Financial Reporting Quality on Debt Contracting: Evidence from Internal Control Weakness Reports [J]. *Journal of Accounting Research*, 2011, 49 (1): 97 -136.

[30] D'Amico E., Coluccia D., Fontana S., et al. Factors Influencing Corporate Environmental Disclosure [J]. *Business Strategy and the Environment*, 2016, 25 (3): 178 -192.

[31] Damodaran A. Equity Risk Premiums (ERP): Determinants, Estimation

and Implications, the 2015 Edition [M]. SSRN Electronic Journal, 2015: 46 -61.

[32] DeFond M. L. , Lennox C. S. The Effect of SOX on Small Auditor Exits and Audit Quality [J]. *Journal of Accounting and Economics*, 2011, 52 (1): 21 -40.

[33] Dellaportas S. , Salleh Z. , Stewart J. The Impact of Expertise on the Mediating Role of the Audit Committee [J]. *Managerial Auditing Journal*, 2012, 27 (4): 378 -402.

[34] Dhaliwal D. S. , Radhakrishnan S, Tsang A. Nonfinancial Disclosure and Analyst Forecast Accuracy: International Evidence on Corporate Social Responsilibity Disclosure [J]. *The Accounting Review*, 2012, 87 (3): 723 -759.

[35] Diamond D. , Verrecchia R. Discolour, Liquidity and the Cost of Capital [J]. *Journal of Finance*, 1991, 46 (4): 1325 -1359.

[36] Duanmu J. L. State - ownedMNCs and Host Country Expropriation Risk: The Role of Home State Soft Power and Economic Gunboat Diplomacy [J]. *Journal of International Business Studies*, 2014, 45 (8): 1044 -1060.

[37] Easley D. , Ohara M. Infornation and the Cost of Capital [J]. *Journal of Finance*, 2004, 59 (4): 1553 -1582.

[38] Easton P. D. PE Ratios and Estimating the Implied Expected Rate of Return on Equity Capital [J]. *The Accounting Review*, 2004, 79 (1): 73 -95.

[39] Easton P. , Taylor G. , Shroff P. , et al. Using Forecasts of Earnings to Simultaneously Estimate Growth and the Rate of Return on Equity Investment [J]. *Journal of Accounting Research*, 2002, 40 (3): 657 -676.

[40] Easton P. Estimating the Cost of Capital Implied by Market Prices and Accounting Data [J]. *Foundations and Trends in Accounting*, 2007, 2 (4): 241 -364.

[41] Esaley D. S. , Hvidkjaer, M O'hara. Is Information Risk a Determinant of Asset Returns? [J]. *Journal of Finance*, 2002, 79 (1): 73 -95.

[42] Esfahaniyan M. , Aghabarari M. , Safari E. A Survey of the Relationship Between Earnings Management and the Cost of Capital in Companies Listed on

the Tehran Stock Exchange [J]. *Advances in Environmental Biology*, 2013, 7 (10): 2775 -2781.

[43] Eugene F. , Brigham & Louis C. , Gapenski. Intermediate Financial Management [M]. The fifth edition, The Dryden Press, 1996: 173 -188.

[44] Fama E F. , French K. R. Common Risk Factors in the Returns on Stocks and Bonds [J]. *The Journal of Financial Economics*, 1993, 33 (1): 3 -56.

[45] Fama E. F. , French K. The Cross - Section of Excepted Stock Return [J]. *Journal of Finance*, 1992, 47 (1): 427 -465.

[46] Fama E. F. , Macbeth J. D. Risk, Return, and Equilibrium: Empirical Tests [J]. *Journal of Political Economy*. 1973, 81 (3): 607 -636.

[47] Feng M. , Chan Li, McVay S. Internal Control and Management Guidance [J]. *Journal of Accounting and Economics*, 2009, 48 (1): 190 -209.

[48] Gao F. , Wu J. S. , Zimmerman J. Unintended Consequences of Granting Small Firms Exemptions from Securities Regulation: Evidence from the Sarbanes - Oxley Act [J]. *Journal of Accounting Research*, 2010, 47 (2): 459 -506.

[49] Gao P. Disclosure Quality, Cost of Capital, and Investor Welfare [J]. *The Accounting Review*, 2010, 85 (1): 1 -29.

[50] Gao X. , Jia Y. Internal Control over Financial Reporting and the Safeguarding of Corporate Resources: Evidence from the Value of Cash Holdings [J]. *Contemporary Accounting Research*, 2016, 33 (2): 783 -814.

[51] Garay U. , Gonzalez M. , Guzman A. , et al. Internet - based Corporate Disclosure and Market Value: Evidence from Latin America [J]. *Emerging Markets Review*, 2013, 17 (12): 150 -168.

[52] Gebhardt W. R. , Lee C. , Swaminathan B. Toward an Implied Cost of Capital [J]. *Journal of Accounting Research*, 2001, 39 (1): 135 -176.

[53] Gietemann M. , Ireland J. Cost of Capital Strategic Disclosure and Accounting Choice [J]. *Journal of Business Finance and Accounting Research*, 2005, 43 (5): 651 -673.

[54] Glen Arnold. The Handbook of Corporate Finance: A Business Companion to Financial Markets, Decisions and Techniques [M]. Prentice Hall, 2005:

228.

[55] Gode D., P. Mohanram. Inferring the Cost of Capital Using the Ohlson – Juettner Model [J]. *Review of Accounting Studies*, 2003 (8): 399 – 431.

[56] Goh B. W., Li D. Internal Controls and Conditional Conservatism [J]. *The Accounting Review*, 2011, 86 (1): 975 – 1005.

[57] Gordon L. A., Wilford A. An Analysis of Multiple Consecutive Years of Material Weaknesses in Internal Control [J]. *The Accounting Review*, 2012, 87 (6): 2027 – 2060.

[58] Gordon, M. J. The Investment, Financing and Valuation of the Corporation [M]. Homewood, Illinois: Richard D. Irwin, 1962: 241 – 245.

[59] Gray P., Koh P. S., Tong Y. H. Accurals Quality, Infornation Risk and Cost of Capital: Evidence form Austrial [J]. *Journal of Business Finance and Accounting*, 2009, 36 (1 – 2): 51 – 72.

[60] Grossman S., Stiglitz J. On the Impossibility of Informationally Efficient Markets [J]. *American Economics Review*, 1980, 70 (3): 393 – 408.

[61] Hammersley J. S., Linda M. A., Shakespeare C. Market Reactions to the Disclosure of Internal Control Weaknesses and to the Characteristics of those Weanesses under Section 302 of the Sarbanes – Oxley Act of 2002 [J]. *Review if Accounting Studies*, 2008, 13 (1): 141 – 165.

[62] Hasan M. T., Hosain M. Z. Corporate Mandatory and Voluntary Disclosure Practices in Bangladesh: Evidence from Listed Companies of Dhaka Stock Exchange [J]. *Research Journal of Finance and Accounting*, 2015, 6 (12): 14 – 32.

[63] Hoitash R., Hoitash U., Johnstone K. M. Internal Control Material Weaknesses and CFO Compensation [J]. *Contemporary Accounting Research*, 2012, 29 (3): 768 – 803.

[64] Holt T. P., DeZoort T. The Effects of Internal Audit Report Disclosure on Investor Confidence and Investment Decisions [J]. *International Journal of Auditing*, 2009, 13 (1): 61 – 77.

[65] Hooks J., Davey H., Coy D. Researching in the Middle Ground [J]. *South African Journal of Accounting Research*, 2002, 16 (1): 41 – 57.

[66] Huang P. S., Guo J., Ma T. S., et al. Does the Value of Cash Holdings Deteriorate or Improve with Material Weaknesses in Internal Control over Financial Reporting? [J]. *Journal of Banking & Finance*, 2015, 54 (5): 30-45.

[67] Jensen M. C., Meckling W. H. Theory of the Firm: Managerial Behavior, Agency Costs and Ownership Structure [J]. *Journal of Financial Economics*, 1976, 3 (4): 305-360.

[68] Johnstone K., Li C., Rupley K. H. Changes in Corporate Governance Associated with the Revelation of Internal Control Material Weaknesses and Their Subsequent Remediation [J]. *Contemporary Accounting Research*, 2011, 28 (1): 331-383.

[69] Jorgensen B., Kirschenheiter M. Disclosure, Betas and Information Quality [D]. Columbia University, Working Paper, 2003.

[70] Joseph P. Ogden, Frank C. Jen, Philip F. O'. Connor. Advanced Corporate Finance: Policies and Strategies [M]. Prentice Hall, 2003: 282-283.

[71] Keune M. B., Keune T. M. Do Managers Make Voluntary Accounting Changes in Response to a Material Weakness in Internal Control? [J]. *Auditing*, 2018, 37 (2): 107-137.

[72] Kim J. B., Chung R. Accounting Transparency of Korean Firms: Measurement and Determinant Analysis [J]. *Journal of American Academy of Business*, 2005 (3): 222-229.

[73] Kim O., Verrecchia R. M. Liquity and Volume around Earnings Announcements [J]. *Journal of Accounting and Economics*, 1994, 17 (1): 41-68.

[74] Kima Y., Park M. S. Market Uncertainty and Disclosure of International Control Deficiencies under the Sarbanes - Oxley Act [J]. *Journal of Accounting and Public Policy*, 2009, 28 (5): 419-445.

[75] Lambert R., Leuz C., Verrecchia R. E. Accounting Information, Disclosure, and Cost of Capital [J]. *Journal of Accounting Research*, 2007, 45 (2): 385-420.

[76] Lang M. H. Discussion of "Stock Performance and Intermediation Changes Surrounding Sustained Increases in Disclosure" [J]. *Contemporary Account-*

ing Research, 2010, 16 (3): 521 – 524.

[77] Leuz C., Verrecchia R. E. Firms' Capital Allocation Choices, Information Quality, and the Cost of Capital [J]. *Social Science Electronic Publishing*, 2005.

[78] Levi S., Zhang X. J. Do Temporary Increases in Information Asymmetry Affect the Cost of Equity? [J]. *Management Science*, 2015, 61 (2): 354 – 371.

[79] Lewellen J., Shanken J. Learning, Asset – Pricing Tests, and Market Efficiency [J]. *Journal of Finance*, 2002, 57 (3): 1113 – 1145.

[80] Lisic L. L., Myers L. A., Seidel T. A., et al. Does Audit Committee Accounting Expertise Help to Promote Audit Quality? Evidence from Auditor Reporting of Internal Control Weaknesses [J]. *Contemporary Accounting Research*, 2019, 36 (4): 2521 – 2553.

[81] Mahdy F. E., Nyakundi M. M., Benjamin B. An Empirical Examination of the Arbitrage Pricing Theory: Evidence from the U. S. Stock Market [J]. *Journal of Modern Accounting and Auditing*, 2019, 15 (2): 69 – 79.

[82] Mandzila E. E. W., Zeghal D. Content Analysis Of Board Reports On Corporate Governance, Internal Controls and Risk Management: Evidence From France [J]. *Journal of Applied Business Research*, 2016, 32 (3): 637 – 648.

[83] Mc Mullen D. A., Rahunandan K., Rama D. V. Internal Control Reports and Financial Reporting Problems [J]. *Accounting Horizons*. 1996, 10 (4): 67 – 75.

[84] Merton R. C. A Simple Model of Capital Market Equilibrium within – complete Information [J]. *Journal of Finance*, 1987, 42 (1): 483 – 510.

[85] Modigliani F., Miller M. H. The Cost og Capital, Corporation Finance, and the Thoery of Investments [J]. *American Economics Review*, 1958 (48): 261 – 297.

[86] Munsif V., Raghunandan K., Rama D. V., et al. Audit Fees after Remediation of Internal Control Weaknesses [J]. *Accounting Horizons*, 2011, 25 (1): 87 – 105.

[87] Myers S. C. Determinants of Corporate Borrowing [J]. *Journal of Financial*

Economics, 1977 (5): 147 - 175.

[88] Ng J. The Effect of Information Quality on Liquidity Risk [J]. *Journal of Accounting and Economics*, 2011, 52 (2): 126 - 143.

[89] OECG. OECG 国有企业公司治理指引 [M]. (李兆熙译) 北京: 中国财政经济出版社, 2005: 8.

[90] Ogneva M., Subramanyam K. R., Raghunandan K. Internal Control Weakness and Cost of Equity: Evidence from SOX Section 404 Disclosures [J]. *The Accounting Review*, 2007, 82 (5): 1255 - 1297.

[91] Ohlson J. A., Juettner - Nauroth B. E. Expected EPS and EPS Growth as Determinants of Value [J]. *Review of Accounting Studies*, 2005, 10 (2): 349 - 365.

[92] Pettit R. R. Dividend Announcement: Security Performance, and Capital Market Efficiency [J]. *Journal of Finance*, 1972, 27 (12): 93 - 107.

[93] Rahunandan, Rama D. V. Management Reports after COSO [J]. *Internal Auditor*, 1994, 51 (4): 54 - 59.

[94] Rice S. C., Weber D. P., Wu B. Does SOX 404 Have Teeth? Consequences of the Failure to Report Existing Internal Control Weaknesses [J]. *The Accounting Review*, 2015, 90 (3): 1169 - 1200.

[95] Robert H. Hamada. Portfolio Analysis, Market Equilibrium, and Corporation Finance [J]. *Journal of Finance*, March 1969: 13 - 31.

[96] Robert M. B., Abbie J S. Financial Accounting Information and Corporate Governance [J]. *Journal of Accounting and Economics*, 2001, 32 (1): 237 - 333.

[97] Schneider A., Church B. The Effect of Auditors Internal Control Options on Loan Decisions [J]. *Journal of Accounting and Public Policy*, 2008, 27 (1): 1 - 18.

[98] Setiawan A., Djajadikerta H., Majidah. Impact of Internal Audit Function on Internal Control Disclosure [J]. *Advanced ence Letters*, 2017, 23 (9): 8078 - 8084.

[99] Sharma U., Davey H. Voluntary Disclosure in the Annual Reports of Fijian Companies [J]. *International Journal of Economics & Accounting*, 2013,

4 (2): 184 -208.

[100] Sharpe W. F. Capital Asset Prices: A Theory of Market Equilibrium under Conditions of Risk [J]. *The Journal of Finance*, 1964, 19 (3): 425 - 442.

[101] Shi W., Wang R. Dynamic Internal Control Performance over Financial Reporting and External Financing [J]. *Journal of Contemporary Accountiing & Economics*, 2012, 8 (1): 92 -109.

[102] Soliman M. M., Ragab A. A., Eldin M. B. Board Composition, Ownership Structure and Voluntary Disclosure: An Empirical Study of the Listed Companies in Egypt [J]. *Corporate Ownership and Control*, 2014, 11 (2): 415 -425.

[103] Solomon E. The Theory of Financial Management [M]. New York: Columbia University Press, 1963: 380 -382.

[104] Stephen A. R. The Determination of Finance Structure: The Incentive - Signaling Approach [J]. *Journal of Finance*, 1977, 8 (1): 23 -40.

[105] Stephen A. Ross, Randolph W. Westerfield & Jeffrey F. Jaffe. Corporate Finance, 6th ed [M]. MeGraw - Hill Edution, 2002: 39.

[106] Su L. N., Zhao X. R., Zhou G. S. Do Customers Respond to the Disclosure of Internal Control Weakness? [J]. *Journal of Business Research*, 2014, 67 (7): 1508 -1518.

[107] Verrecchia R. E., Leuz C. The Economic Consequences of Increased Disclosure [J]. *Journal of Accounting Research*, 2000, 38 (5): 91 -124.

[108] Verrecchia R. E. Discretionary Disclosure [J]. *Journal of Accounting and Economics*, 1983 (5): 179 -194.

[109] W. R. Gebhardt, M. C. Lee, B Swaminathan. Toward an Implied cost of capital [J]. *Journal of Accounting Research*, 2001, 39 (1): 135 -176.

[110] Willis D. M., Susan S. L. Management Reports on Internal Controls: What do they say about your Company? [J]. *Journal of Accountancy*, 2000, 14 (2): 52 -63.

[111] Yan Z. G. Internal Control Quality, Firm Risk and Cost of Equity Capital: Theoretical Analysis and Empirical Test [J]. *Economic Survey*, 2012, 1

(5): 107-111.

[112] Yancheva A. Some Aspects of Information Asymmetry and its Effect on the Cost of Capital [J]. *Izvestia Journal of the Union of Scientists*, 2018, 7 (3): 140-148.

[113] Ye C., Yu L. H. The Effect of Restatements on Trading Volume Reactions to Earnings Announcements [J]. *Review of quantitative finance and accounting*, 2018, 50 (1): 129-180.

[114] Zhang H., Kyaw K. Ownership Structure and Firm Performance: An Empirical Analysis of Chinese Companies [J]. *Economics and Finance*, 2017, 4 (2): 57-64.

[115] 比尔·尼尔特，雷弗·迈克尔罗伊．公司理财——基于价值的方法[M]．汪平，何瑛，闫甜等译，北京：经济管理出版社，2007：176.

[116] 查剑秋，张秋生，庄健康．战略管理下的企业内部控制与企业价值关系实证研究［J］．审计研究，2009（1）：76-80.

[117] 陈汉文，王韦程．谁决定了内部控制质量：董事长还是审计委员会?［J］．经济管理，2014（10）：97-107.

[118] 陈浪南，屈文洲．资本资产定价模型的实证研究［J］．经济研究，2000（4）：26-34.

[119] 陈小悦，孙爱军．CAPM在中国股市的有效性检验［J］．北京大学学报（哲学社会科学版），2000（4）：28-37.

[120] 陈信元，张余田，陈东华．预期股票收益的横截面多因子分析——来自中国证券市场的经验证据［J］．金融研究，2000（6）：22-35.

[121] 陈艳利，乔菲．内部控制信息披露有效性的影响因素和作用机制［J］．财经问题研究，2015（10）：87-94.

[122] 陈雨露，汪昌云．金融学文献通论——微观金融卷［M］．北京：中国人民大学出版社，2006：14.

[123] 陈展辉．股票收益的截面差异与三因素资产定价模型来自A股市场的经验研究［J］．中国管理科学，2004（6）：6.

[124] 程晓陵，王怀明．公司治理结构对内部控制有效性的影响［J］．审计研究，2008（4）：53-61.

[125] 程智荣．内部控制是否显著降低资本成本探讨［J］．现代财经（天津

财经大学学报)，2012 (6)：50 - 60.

[126] 蒂姆·奥吉尔，约翰·拉格曼，露辛达·斯派赛．资本成本：为企业更好的财务决策提供指南 [M]．宋云玲等译，北京：经济管理出版社，2005：82 - 83.

[127] 董卉娜，朱志雄．审计委员会特征对上市公司内部控制缺陷的影响 [J]．山西财经大学学报，2012 (1)：114 - 124.

[128] 杜舟，黄庆华，罗莉．XBRL 实施与上市公司自愿性信息披露——公司治理视角 [J]．经济问题，2017 (3)：101 - 106.

[129] 方红星，史继坤．自愿性内部控制鉴证与权益资本成本——来自深沪 A 股非金融类上市公司的经验证据 [J]．经济管理，2011 (12)：46 - 54.

[130] 方红星，张志平．内部控制质量与会计稳健性——来自深市 A 股公司 2007—2010 年年报的经验证据 [J]．审计与经济研究，2012 (5)：3 - 10.

[131] 方红星．内部控制信息披露的影响因素和经济后果 [M]．大连：东北财经大学出版社，2012：141 - 149.

[132] 封思贤．公司业绩与自愿性信息披露的实证研究 [J]．经济问题探索，2005 (6)：89 - 93.

[133] 韩海文．自愿性信息披露的实证研究：影响因素与经济后果 [D]．大连：东北财经大学，2010.

[134] 韩洪灵，张立燕．控制风险、披露压力与内部控制鉴证报告的自愿性披露——基于沪市 2008—2010 年 A 股上市公司的经验证据 [J]．江西财经大学学报，2014 (6)：34 - 44.

[135] 韩丽荣，盛金．自愿性披露时期内部控制缺陷影响因素的实证分析——以我国制造业 A 股上市公司样本为例 [J]．吉林大学社会科学学报，2013 (1)：132 - 140.

[136] 韩玲．企业内部控制信息披露影响因素研究 [J]．统计与决策，2012 (23)：186 - 190.

[137] 郝东洋，王静，张天西．内部控制效率、资本结构动态调整与公司价值 [J]．山西财经大学学报，2015 (12)：38 - 50.

[138] 何建国，张欣，周曙光．上市公司内部控制信息披露质量及影响因素——基于公司治理视角的经验证据 [J]．山西财经大学学报，2011

(3): 98 - 106.

[139] 黄平. 内部控制信息披露基本理论问题研究 [M]. 杭州: 浙江大学出版社, 2016: 84 - 88.

[140] 黄寿昌, 李芸达, 陈圣飞. 内部控制报告自愿披露的市场效应——基于股票交易量及股票收益波动率的实证研究 [J]. 审计研究, 2010 (4): 44 - 51.

[141] 靳云汇, 刘霖. 中国股票市场 CAPM 的实证研究 [J]. 金融研究, 2001 (7): 106 - 115.

[142] 靳云汇, 刘霖. 中国股票市场的双因子定价模型 [J]. 经济科学, 2000 (5): 92 - 99.

[143] 孔凡峰. 内部控制缺陷与债务成本——基于财务信息质量视角 [J]. 广东商学院学报, 2012 (3): 75 - 82.

[144] 赖建清, 吴世农. 我国上市公司最终控制人的现状研究 [A]. 公司财务研讨会论文集 [C]. 上海: 上海财经大学会计与财务研究院, 2004: 1 - 15.

[145] 李慧云, 张林, 吕文超. 市场化进程对自愿披露与公司价值调节效应的统计验证 [J]. 统计研究, 2014 (4): 97 - 101.

[146] 李将敏, 陈淑芳. 内部控制缺陷披露对资本成本的影响研究——基于沪深两市 A 股的经验数据 [J]. 西安财经学院学报, 2014, 27 (6): 54 - 60.

[147] 李平, 曾勇. 市场微观结构理论综述 [J]. 管理科学学报, 2003 (5): 87 - 98.

[148] 李万福, 林斌, 宋璐. 内部控制在公司投资中的角色: 效率促进还是抑制? [J]. 管理世界, 2011 (2): 81 - 99.

[149] 李浃. 深市上市公司内部控制信息披露现状、问题及改进建议 [J]. 证券市场导报, 2016 (8): 49 - 54.

[150] 李祎, 刘启亮, 李洪. IFRS、财务分析师、机构投资者和权益资本成本——基于信息治理观视角 [J]. 会计研究, 2016 (10): 26 - 33.

[151] 林勇, 陈创练, 林可全. 投资者保护理论研究新进展 [J]. 经济学动态, 2007 (11): 86 - 92.

[152] 林煜恩, 初昌玮, 池祥萱. 管理者权力、内部控制信息披露质量对研

发支出的影响［J］. 管理学刊，2018，31（4）：47－62.

［153］林钟高，丁茂恒. 内部控制缺陷及其修复对企业债务融资成本的影响——基于内部控制监管制度变迁视角的实证研究［J］. 会计研究，2017（4）：73－96.

［154］林钟高，郑军，王书珍. 内部控制与企业价值研究——来自沪深两市A股的经验分析［J］. 财经研究，2007（4）：132－143.

［155］刘桂春，胡立新. 内部控制信息披露质量对股价同步性的影响——基于深市主板上市公司的实证研究［J］. 新疆社会科学，2014（4）：20－26.

［156］刘芍佳，孙霈，刘乃全. 终极产权论、股权结构及公司绩效［J］. 经济研究，2003（4）：51－62.

［157］刘志迎，谭敏. 纵向视角下中国技术转移系统演变的协同度研究——基于复合系统协同度模型的测度［J］. 科学学研究，2012（4）：534－542.

［158］卢梭. 资本结构理论研究译文集［C］. 上海：上海三联书店，上海人民出版社，2003：1－2.

［159］芦雅婷，张俊民. 非财务报告内部控制缺陷披露具有盈余信息含量吗？——基于投资者信任视角的理论分析［J］. 华东经济管理，2019，33（1）：137－144.

［160］陆毅峰. 信息透明度与上市公司效应研究［J］. 中国注册会计师，2006（11）：67－70.

［161］罗伯特·A. 哈根. 新金融学——有效市场的反例［M］. 赵冬青译，北京：清华大学出版社，2002：136－137.

［162］罗孟旎. 混合所有制、公司治理质量与股权资本成本——基于中国资本市场经验证据的分析［J］. 商业研究，2017（7）：89－95.

［163］罗孟旎. 内部控制、外部审计与资本成本研究——兼论混合所有制改革的财务基础［J］. 经济体制改革，2018（3）：138－145.

［164］罗孟旎. 内部控制质量、股权资本成本与公司绩效——兼论股东异质性的财务影响［J］. 商业研究，2018（10）：128－137.

［165］马宁. 风险投资、企业会计信息透明度和代理成本［J］. 管理评论，2019（10）：222－233.

[166] 玛丽·奥沙利文．公司治理百年——美国和德国公司治理演变 [M]．黄一义等译，北京：人民邮电出版社，2007：52.

[167] 毛新述，叶康涛．上市公司权益资本成本的测度与评价——基于我国证券市场的经验 [J]．会计研究，2012 (11)：12－22.

[168] 乔洪武，刘国华．禀赋效应与信息的价值判断 [J]．经济评论，2005 (3)：16－20.

[169] 秦红斌，夏海勇，李英杰．民营上市公司治理因素对内部控制信息披露质量的影响——基于深市主板民营上市公司的研究 [J]．现代管理科学，2015 (2)：15－17.

[170] 邱东阳，陈林，孟卫东．内部控制信息披露与 IPO 抑价——深圳中小板市场的实证研究 [J]．会计研究，2010 (10)：34－39.

[171] 任广乾．媒体监督对公司治理中的投资者保护 [J]．中南大学学报 (社会科学版)，2014 (3)：28－32.

[172] 沈红波．市场分割、跨境上市与预期资本成本——来自 Ohlson－Juettner 模型的经验证据 [J]．金融研究，2007 (2)：146－155.

[173] 盛常艳．内部控制缺陷信息披露与公司业绩的关系——来自中国 A 股上市公司的数据 [J]．天津财经大学学报，2012 (6)：88－95.

[174] 施东晖．现代金融学前沿 [M]．上海：上海交通大学出版社，2006：91－121.

[175] 史茜，朱和平．上市公司内部控制报告披露影响因素的实证研究 [J]．财经论丛，2016 (3)：62－69.

[176] 宋浩．公司自愿性信息披露的治理效应研究 [D]．成都：西南财经大学，2012.

[177] 宋淑琴，高玲．产权性质、债务结构与债务重组规模——来自中国债务重组上市公司的经验证据 [J]．投资研究，2015 (3)：131－141.

[178] 宋淑琴，张艳．内部控制信息披露质量与股票风险、流动性、资本成本 [J]．金融学季刊，2015，9 (1)：144－165.

[179] 孙文娟．内部控制报告与权益资本成本的关系研究 [J]．财经理论与实践，2011 (7)：67－72.

[180] 索有．自愿性内部控制信息披露与权益资本成本关系研究 [J]．社会科学辑刊，2014 (1)：115－121.

[181] 田高良，齐堡垒，李留闯．基于财务报告的内部控制缺陷披露影响因素研究 [J]．南开管理评论，2010 (4)：134－141.

[182] 汪平，周行．公用事业企业实际控制人、股权资本成本与政府规制改革 [J]．改革，2019 (5)：134－147.

[183] 汪炜，蒋高峰．信息披露、透明度与资本成本 [J]．经济研究，2004 (7)：107－113.

[184] 王宏．创业板上市公司内部控制信息披露影响因素探究 [J]．江西财经大学学报，2011 (6)：43－48.

[185] 王凯亮，崔志敏．内部控制信息披露与企业价值的相关性研究 [J]．西安财经学院学报，2019，32 (4)：68－74.

[186] 王璐．内部控制信息对投资者异质信念的影响研究 [D]．长春：吉林大学，2018.

[187] 王敏，夏勇．内部控制质量与权益资本成本关系研究评述与展望 [J]．经济与管理研究，2011 (5)：49－55.

[188] 王艺霖，王爱群．内部控制缺陷披露，内部控制审计对权益资本成本的影响——来自沪市 A 股上市公司的经验证据 [J]．宏观经济研究，2014 (2)：123－130.

[189] 王茵田，文志瑛．我国流动性风险对债券定价的影响 [J]．投资研究，2016 (5)：76－90.

[190] 巫升柱．自愿披露水平与股票流动性的实证研究——基于中国上市公司年度报告的经验 [J]．财经问题研究，2007 (8)：59－65.

[191] 吴文峰，吴冲锋，芮萌．提高信息披露质量真的能够降低股权资本成本吗？[J]．经济学（季刊），2007 (3)：1201－1216.

[192] 吴益兵．内部控制审计、价值相关性与资本成本 [J]．经济管理，2009 (9)：64－69.

[193] 吴战篪，乔楠，余杰．信息披露质量与股票市场流动性——来自中国股市的经验证据 [J]．经济经纬，2008 (1)：138－141.

[194] 仵志忠．信息不对称理论及其经济学意义 [J]．经济学动态，1997 (1)：66－69.

[195] 肖耿．中国企业资本回报率之谜 [N]．南方周末，2006－9－21 (C23).

[196] 谢凡，曹健，陈莹等．内部控制缺陷披露的经济后果分析——基于上市公司内部控制强制实施的视角［J］．会计研究，2016（9）：62－67.

[197] 谢永珍，朱彩婕．董事会治理对内部控制重大缺陷修复影响的验证——基于媒体监督的调节作用［J］．山东大学学报（哲学社会科学版），2016（2）：61－69.

[198] 徐晟．会计信息质量影响权益资本成本的实证分析［J］．经济管理，2013，35（10）：100－108.

[199] 徐玉德，李挺伟，洪金明．制度环境、信息披露质量与银行债务融资约束——来自深市 A 股上市公司的经验证据［J］．财贸经济，2011（5）：51－57.

[200] 许慧．上市公司应计质量与信息风险和权益资本成本之关系［J］．现代财经，2013（1）：118－129.

[201] 许江波，贺小丹．未能发现还是动机选择——内部控制缺陷披露困境的成因［J］．经济与管理研究，2016（3）：123－130.

[202] 薛华，周宏．上海证券市场 CAPM 的实证检验［J］．财经问题研究，2001（11）：33－37.

[203] 闫华红，杜同同，邵应倩．中国上市公司内部控制信息披露现状［J］．经济与管理研究，2016，37（3）：131－136.

[204] 杨朝军，张志鹏，廖世光．证券市场流动性综合测度指标研究［J］．上海交通大学学报，2008，42（11）：1767－1771.

[205] 杨程程，程小可，王心卉．内部控制缺陷披露制度有效性及其影响因素［J］．经济与管理研究，2015（10）：138－144.

[206] 杨有红，汪薇．2006 年沪市公司内部控制信息披露研究［J］．会计研究，2008（3）：35－42.

[207] 杨玉凤，王火欣，曹琼．内部控制信息披露质量与代理成本相关性研究——基于沪市 2007 年上市公司的经验证据［J］．审计研究，2010（1）：82－88.

[208] 姚德利．信息不对称理论下道德效用分析［J］．技术经济，2002（3）：12－14.

[209] 姚海鑫，冷军．内部控制、外部监管与上市公司内部控制信息披露质量——基于博弈论的分析［J］．东北大学学报，2016（3）：247－254.

[210] 叶建芳，李丹蒙，章斌颖．内部控制缺陷及其修正对盈余管理的影响［J］．审计研究，2012（6）：50－59.
[211] 叶勇，胡培，何伟．上市公司终极控制权、股权结构及公司绩效［J］．管理科学，2005，18（2）：58－64.
[212] 殷枫．公司治理结构和自愿性信息披露关系的实证研究［J］．审计与经济研究，2006（2）：88－92.
[213] 于团叶．自愿性信息披露程度及其影响因素研究——以我国创业板公司为例［J］．审计与经济研究，2013（1）：68－78.
[214] 喻凯，龙雪晴．上市公司自愿性信息披露对股票流动性影响的实证研究［J］．财经理论与实践，2011（6）：71－75.
[215] 袁放建，冯琪，韩丹．内部控制鉴证、终极控制人性质与权益资本成本——基于沪市 A 股的经验证据［J］．审计与经济研究，2013，28（4）：34－42.
[216] 袁晴．创业板上市公司内部控制信息披露质量的研究［D］．成都：西南财经大学，2014.
[217] 张川，沈洪波，高新梓．内部控制的有效性、审计师评价与企业绩效［J］．审计研究，2009（6）：79－86.
[218] 张华军．行业竞争、信息质量与股权资本成本［J］．经济与管理研究，2012（8）：47－54.
[219] 张嘉兴，傅绍正．内部控制、注册会计师审计与盈余管理［J］．审计与经济研究，2014（2）：3－13.
[220] 张敏，朱小平．中国上市公司内部控制问题与审计定价关系研究——来自中国 A 股上市公司的横截面数据［J］．经济管理，2010（9）：108－113.
[221] 张然，王会娟，许超．披露内部控制自我评价与鉴证报告会降低资本成本吗？——来自中国 A 股上市公司的经验证据［J］．审计研究，2012（1）：96－102.
[222] 张完定，郑春潮，郑元青．治理机制与企业绩效关系研究——基于治理机制的相关性与替代性视角［J］．统计与信息论坛，2016（2）：65－70.
[223] 张晓岚，沈豪杰，杨默．内部控制信息披露质量与公司经营状况——基

于面板数据的实证研究［J］. 审计与经济研究，2012（3）：64－73.
［224］张瑶，郭雪萌，肖序. 内部控制缺陷信息披露、动机选择与经济后果［J］. 经济问题，2016（5）：118－123.
［225］张瑶，郭雪萌. 内部控制信息披露质量、披露方式与权益资本成本——基于缺陷信息披露的实证证据［J］. 经济问题，2015（4）：110－115.
［226］张颖，郑洪涛. 我国企业内部控制有效性及其影响因素的调查与分析［J］. 审计研究，2010（1）：75－81.
［227］张兆国，张旺峰. 目标导向下的内部控制评价体系构建与实证检验［J］. 南开管理评论，2011（1）：148－156.
［228］张子英. 国外企业内部控制研究的最新进展综述［J］. 东岳论丛，2012（8）：166－170.
［229］张宗新，杨飞，袁庆海. 上市公司信息披露质量提升能否改进公司绩效？——基于2002—2005年深市上市公司的经验证据［J］. 会计研究，2007（10）：16－23.
［230］张宗新，张晓荣，廖世光. 上市公司自愿性信息披露行为有效吗？——基于1998—2003年中国证券市场的检验［J］. 经济学（季刊），2005（1）：369－386.
［231］赵息，许宁宁. 管理层权力、机会主义动机与内部控制缺陷信息披露［J］. 审计研究，2013（4）：101－109.
［232］支晓强，何天芮. 信息披露质量与权益资本成本［J］. 中国软科学，2010（12）：125－131.
［233］周冬华. 中国上市公司信息披露质量与股权资本成本研究［M］. 南昌：江西人民出版社，2014：144－145.
［234］周嘉南，袁雨佳. 内部控制信息披露与修正、市场反应与盈余信息含量［J］. 工业技术经济，2018（7）：67－78.
［235］周薇，李筱菁. 基于信息熵理论的综合评价方法［J］. 科学技术与工程，2010（8）：5840－5843.
［236］朱彩婕，朝小伟. 基于治理视角的内部控制信息披露研究——来自农业上市公司2006—2010年的经营证据［J］. 山东社会科学，2013（12）：110－114.
［237］朱武祥，蒋殿春，张新. 中国公司金融学［M］. 上海：上海三联书

店，2005：5－6.

［238］朱云，吴文峰，吴冲锋．国际视角下的中国股利支付率和收益率分析［J］．中国软科学，2004（11）：69－74.

［239］曾颖，陆正飞．信息披露质量与股权融资成本［J］．经济研究，2006（2）：69－79.